권민수 著

짚풀의 발견

Eureka • Digerati • BoBos
에듀컨텐츠휴피아
http://www.ecbook.biz

EduContents B&B Book&Brain

짚풀의 발견

발 행 일	초판 1쇄 • 2010년 2월 26일
발 행 처	에듀컨텐츠휴피아
발 행 인	李 相 烈
서 명	짚풀의 발견
저 자	권 민 수 著
출판등록	제22-682호(2002년 1월 9일)
주 소	서울 송파구 문정동 11-8번지 2층
전 화	(02) 443-6366
팩 스	(02) 443-6376
e-mail	huepia@daum.net
출판등록	http://www.ecbook.biz
블 로 그	http://blog.naver.com/bookislove
만든사람들	기획 • 성화연 / 책임편집 • 이정희 / 표지디자인 • 이희자 / 영업 • 이강민
정 가	17,000원
ISBN	978-89-6356-033-5 (93380)

P·r·e·f·a·c·e

책을 내면서

이 책은 짚풀에 관한 이야기다. 짚을 만지면 푸근하다. 짚은 필자의 어릴 때 시골 주거생활의 원료였다. 짚은 고향의 향수를 품어 있는 것처럼 보인다. 시골태생의 도시사람들의 정신적인 원료가 되었다는 부분도 없지 않을 것이다. 가을의 들판에 벼를 베기 위해 한손은 낫을 다른 한손은 나락을 잡았고, 탈곡을 위해 논두렁을 타기도 하면서 볏단을 한 곳으로 모았고, 탈곡 후 짚가리를 위해 잡았던 짚단이나 쇠죽을 끓이기 위한 여물재료도 짚이다. 이 모든 것은 짚에서 시작되었고 이 짚이 이제는 값어치 있는 귀중품으로 여겨진다. 이것은 고향에서 있었던 짚에 대한 이야기이지만 버릴게 없는 친환경적인 자원인 것이다. 지붕위의 덮게는 이엉으로 덮고, 눈이 많이 와 나무하려 갈 수 없으면 짚이라도 아궁이에 넣어서 밥을 해먹었다. 그리고 방을 따뜻하게 해 주었다. 또, 담을 수 있는 저장용구로 섬이나 가마니와 씨오쟁이나 다래끼, 삼태기와 망태기도 만들었고, 볕 나면 말리려는 것들을 위해 멍석도 만들어 사용하였던 짚은 선민들의 소중한 생활의 원료였습니다.

세계가 하나의 공동체로 시간과 공간의 제약을 받지 않고 살아가는 현실에 우리나라의 주체성과 정체성까지 잃어버릴까 두려운 시기입니다. 언제부터인가 외국의 문화와 예술이 밀물처럼 쏟아져 들어오고 있습니다. 외국의 문명이 인터넷이나 TV와 영화 영상이나 지면 등을 통하여 청소년뿐만 아니라 국민들이 대부분 무분별하게 받아들이고 있어 우리의 뛰어난 예술성과 창의성까지 염려되는 시기입니다. 이러한 시기에 짚풀문화는 선민대대로 면면이 이어져 내려온 한민족의 아름다운 끈이요 줄기입니다. 이 끈과 줄기를 후손대대로 물려주어 민족혼을 일깨워주고 우리의 주체성과 정체성을 확립시키는데 일조가 되어야 합니다.

짚풀의 발견은 '만년이 찬란한 한국' 만들기의 초석이 되어야 한다. 만년이 찬란한 한국은 문화의 중심국가여야 한다. 세계지도를 놓고 한국을 보면 한국의 지리적 조건이 문화적 경제적 정치적으로 중요한 위치라고 아니 할 수 없을 것이다. 대륙으로 들어가는 관문이고 태평양으로 가는 관문이다. 그래서 주위의 민족국가로부터 많은 교섭과 투쟁이 있어왔다. 짚풀이 없었다면 이 투쟁에서 끝장이 났을지도 모른다. 선민들의 의식주 등의 생활 자체에 짚풀이 늘 같이 하였기 때문이다. 이제는 우리가 주인의 시대로 만들어 가야 한다. 이는 5000년의 우리 민족성을 간직한 선민의 유지가 있었기에 이제, 우리는 후손에게 만년이 찬란한 한국을 만들어 주어야 한다. 그러기 위해서는 정체성이 있고 역사가 있는 한국을 채워가야 합니다. 정치, 경제, 문화의 중심 국가이고 무너지지 않는 찬란한 미래를 남겨주어야 합니다. 짚풀이 경제나 외교부분에 비해 덜 알려진 전통문화부분의 초석이 되길 바라는 마음입니다. 관심이 없었고 낡고 진부한 것으로만 알았던 전통 민속이 오히려 변화지 않는 문화의 가치요 우리의 뿌리이자 힘이라는 것을 발견하자는 것이다.

짚풀을 처음으로 접하는 독자들이 짚풀개념을 이해하는데 많은 어려움이 있을 것으로 생각되어 되도록 내용 기술뿐만 아니라 '그림'으로 쉽게 이해할 수 있도록 집필하였다. 이 책속에 사진들은 외국의 이미지뿐만 아니라 한국의 이미지도 필자의 손과 눈으로 발로 돌면서 직접 촬영한 이미지를 사용하였다. 이것은 독자들의 이해를 쉽게 해주기 위해서임을 밝힌다.

본문의 내용은 총 8개의 장으로 구성되어 있으며, 간단하게 그 내용을 살펴보면 다음과 같다.

1장은 짚풀의 발견에 대한 배경으로 문제제기와 목적으로 구성되었고, 2장은 짚풀의 개념으로 짚과 풀의 정의에 대하여 서술하였다. 3장은 짚풀의 종류에 있어서 국제적 명명규약에 의거 글자체를 이태리체로 하였고 앞에 속명을 기재하였다. 또, 짚과 풀의 종류와 나무에 있어서 짚풀의 재료로 사용되는 것을 정리하였고 4장은 짚풀공예의 개념을, 5장은 짚풀공예의 도구를, 6장은 짚풀작업의 분류에 대하여 계절, 지역, 용도에 따라 정리하였는데, 용도는 생활・놀이・가축・신앙까지 구체적으로 나열하였다. 7장은 짚풀 민구의 종류를 정리하였고 8장은 만들기 편으로 구성되어 있다.

이 책을 발간되도록 자료 정리에 도움을 준 신현탁 박사, 괴산군에 계시는 경달호님, 정리에 도움 준 전윤숙에게 감사드린다. 끝으로 이 책의 발간을 위해 도움을 주신 에듀컨텐츠휴피아 임직원 여러분께도 감사의 말을 전한다.

저자 권 민수

목 차

Ⅰ. 짚풀의 발견에 대한 배경

제1절 서론

범람하는 외래문화 속에서 우리 민족의 정체성을 확고히 하고 국제 사회의 성원으로서 민족적 자존심을 지켜나갈 수 있게 하려면 전통문화[1]에 관심을 가져야 한다. 세계화와 국제화 시대에 접어들면서 전통문화에 대한 관심이 커지고 있다. 전통문화가 의미하는 것은 무엇이며 왜 그것이 중요한 것일까? 우리나라는 헌법을 통해, "국가는 전통문화의 계승 발전과 민족문화의 창달에 노력하여야 한다."[2]고 명시하고 있다. 이는 전통문화의 중요성을 반증하는 것이다. 하지만 여러 가지 이유들로 전통문화는 점점 사람들에게 잊혀 지게 되었고, 침체되어 왔다. 사회 일반의 전통문화에 대한 인식과 보존의 의식 부족과 편리한 것만 찾는 현대인의 습성으로 인해 우리의 것이 사라져가고 있었다. 이제 세계화·국제화 시대가 도래 하면서 '가장 한국적인 것이 가장 세계적인 것'이라는 의식의 발견과 함께 우리문화의 우수성을 깨닫게 되면서 전통문화에 대한 사람들의 관심이 필요하다는데 의견이 모아지고 있는 추세다. 특히 웰빙(well-being)[3] 열풍과 주5일제 근무로 인해 여가문화에 대해 비중이 커지면서 여가문화생활을 어떻게 알차게 채울 것인가가 화두로 떠오르고 있는 요즘, 우리의

---

1) 문화라는 용어는 라틴어의 cultura에서 파생한 culture를 번역한 말로 본래의 뜻은 경작(耕作)이나 재배(栽培)였는데, 나중에 교양·예술 등의 뜻을 가지게 되었다. 영국의 인류학자 E.B.타일러는 저서 《원시문화 Primitive Culture》(1871)에서 문화란 "지식·신앙·예술·도덕·법률·관습 등 인간이 사회의 구성원으로서 획득한 능력 또는 습관의 총체"라고 정의를 내렸다.

일반적으로 문화는 ① 구미풍(歐美風)의 요소나 현대적 편리성(문화생활 ·문화주택 등), ② 높은 교양과 깊은 지식, 세련된 생활, 우아함, 예술풍의 요소(문화인 ·문화재 ·문화국가 등) ③ 인류의 가치적 소산으로서의 철학 ·종교 ·예술 ·과학 등을 가리킨다. ③의 경우는 독일의 철학이나 사회학에 전통적인 것이며, 인류의 물질적인 소산을 문명이라 부르고 문화와 문명을 구별하고 있다.

①과 ②의 경우는 문화가 없는 인류가 과거에 존재하였고, 현재도 존재하고 있다는 것이다. 그러나 현재의 사회과학, 특히 문화인류학에서는 미개(未開)와 문명(文明:高文化)을 가리지 않고, 모든 인류가 문화를 소유하며 인류만이 문화를 가진다고 생각한다. 여기에서 문화란 인류에서만 볼 수 있는 사유(思惟), 행동의 양식(생활방식)중에서 유전에 의하는 것이 아니라 학습에 의해서 소속하는 사회(협동을 학습한 사람들의 집단)로부터 습득하고 전달받은 것 전체를 포괄하는 총칭이다.

2) 헌법 제1장 제9조 1항

3) 웰빙(well-being) : 육체적·정신적 건강의 조화를 통해 행복하고 아름다운 삶을 추구하는 삶의 유형이나 문화를 통틀어 일컫는 개념.

것을 알고 체험하면서 나와 아이들이 전통의 미를 이어가는 것은 어떨까? 전통의 미를 이어가는 것은 과거와 현재를 연결하는 것이다. 그 매개가 짚풀도 하나의 방법이다. 짚풀과 인간의 관계는 고향의 푸근함도 있기도 하고 과거와 현재를 연결하는 매개이고 한국민의 정서도 함께하고 있다고 볼 수 있다. 짚에 대하여 김문경은 짚이 부정을 불식시키는 청정한 성물(聖物)이라고도 하였다.[4] 우리 민족이 생활 자료로서 늘 함께한 짚풀에 대하여 살펴보기 위해 짚풀에 대한 정리와 짚풀로 만들기를 통하여 전통의 미를 그려보고자 한다. 이것이 짚풀의 발견이고 우리 것을 아는 것이 될 것이니까 말이다.

제2절 짚풀 문화 문제 제기

우리 것을 안다는 것은 중요하다. 사회 일반의 전통문화[5]에 대한 인식은 그

4) 김문경. 『민속의 연구』 2, 정음사, p173.

5) 전통문화 : 학자들의 견해 김복수 외(2003), 『'문화의 세기' 한국의 문화정책』, 보고사, PP.95~98.

① 이광규 - "전통문화란 한민족과 같이 하나의 민족이 오랜 세월동안 많은 약밥 만들기 시행착오를 겪으며 이루어 온 생활문화이고, 그 민족에게 가장 적절한 삶의 지혜이다."

② 한상복, 임희섭 - "전통문화란 전통사회의 문화가 아니라 현대사회에서도 적합성을 갖고 있는 문화적 유산이고 전통문화는 현대문화와 단절된 것이 아니라 연속성이 있으며, 또한 전통문화는 건축 설계, 의상 패턴, 사고방식, 행동 원리, 생활양식 또는 여러 가지 예술 에 담겨져 있는 에스프리(esprit 정신, 정수, 핵심적 요소, 의미)로서 주형(모델)이다."

③ 유재근 - "전통문화는 항상 젊고 왕성하게 살아 있으며 과거와 현재를 미래로 변화시켜 가는 문화이다."

④ 이홍순, 김충실 - "전통문화란 역사적으로 전해져 온 사상, 도덕, 풍속, 예술, 제도 등의 총칭이다. 그 면면과 발전은 약밥 만들기 언제나 시대 발전의 복잡한 과정에서 시대에 맞게 조정, 보완되며 전해지는 것이다."

⑤ 김태혁 - "전통문화란 지난 시대에 이미 형성되어 계통을 이루어 전해 내려오는, 민족이 나 사회의 전반적인 삶의 모습이며, 전통을 계승하는 것은 해로운 것은 버리고 이로운 것 은 이어가며 새롭게 적용하는 부단한 선택과 창조의 과정이다."

⑥ 이장섭 - 전통문화는 비학문적인 용례와 문화과학내의 개념규정에 대한 구분이 필요

a. 일반적인 사용 : 전통문화는 우리 조상들이 남겨준 문화유산(물질문화 또는 유형문화재, 정신문화적인 요소 혹은 관념적인 것)으로서, 현재에도 가치를 가질 수 있는 전승된 문화 와 유사한 개념으로 이해

b. 학술적인 관점 : 전통문화는 세대에서 세대로 전달되는 문화현상이나 요소로 정의

⑦ 서대진 서대진(2001), 「한국전통문화특성이 체육행정문화에 미친 영향」, 한양대 대학원, PP.6~7.

- 한 민족의 역사적 발전과정에서 생성된 정신적 또는 물질적 성향이 여러 세 대를 통해 전승된 것 → 민족의 생활양식과 가치관을 지배할 정도로 절대적 지지를 받아 왔을 뿐 아니라, 역사의 흐

분야에 따라 달라져 있는 것이 현실일 것이다. 편리하고 깨끗한 것을 찾는 요즈음 세태들로 인해 우리의 것이 분야에 따라 달리 취급되고 그에 따라 보존과 사라짐이 결정되어 왔다고 해도 과언이 아니다. 전통공예만 보아도 의상이나 보석, 종이공예, 기타 가격이 높거나 작업 환경이 깨끗한 것과 공간의 차지가 적은 것 등은 지속적으로 종사자가 있어 왔지만 힘이 들거나 깨끗하지 않는 것이거나 서민이 사용한 것들의 물건에 대해서는 공예의 범주에 아예 취급을 소홀히 하였거나 극소수만의 손에 의해서 명맥을 이어왔던 것이다. 특히 짚풀은 우리 민족의 서민층의 생활에 밀접하고 광범위하게 사용되어 왔음에도 불구하고 그 취급은 보잘 것 없었다. 짚풀로 만든 것이 길어야 50년에서 100년이라는 단점이 있지만, 그 시절에는 짚풀과 사람의 관계는 뗄 수 없는 관계였고 생활이자 짚풀 문화였던 것이다. 짚풀 문화로서 이야기할 수 있는 것은 특수한 개인이나 몇몇이 이용한 것이 아니라 우리민족의 대부분의 생활과 밀접하게 관계를 맺고 있다는 것에서 찾을 수 있다. 우리 민족이 짚풀과의 관련성은 의식주가 다 관련이 있다. 입는 옷은 삼이나 목화, 칡, 모시, 짚 등이 있고 먹는 것은 짚에서 나오는 쌀, 보리, 밀, 수수 등이 있으며 주거에는 지붕을 이는 짚, 갈대, 띠와 자리를 만드는 왕골과 부들도 주거에 사용되었다. 뿐만 아니라 의약제와 농가에 사용되는 민구는 짚풀에서 나온 것이 수도 없이 많다. 또한 우리민족의 생활사에서 짚풀과의 관계는 저장, 신앙생활, 축제놀이[6], 가축의 먹이, 운반, 등

름 속에 매몰된 것이 아닌 현재에도 그 생명력이 존속하고 있는 것

6) 각 지역의 짚풀과 관련된 축제.

1. 거북놀이 : 경기 남부와 충북 일부에서 음력 8월 15일 한가윗날에 하는 민속놀이.

   수숫대를 벗겨 거북 모양을 만든 다음, 그 속에 2명(앞에 1명, 뒤에 1명)이 들어가서 마치 거북처럼 집집마다 찾아다니면서 노는 놀이이다. 거북 앞에는 거북몰이가 거북의 목에 줄을 매어 끌고 가고, 그 뒤에는 농악대가 꽹과리 ·북 ·소고 ·징 ·장구 등 타악기를 치면서 동네를 한 바퀴 돈 다음, 비교적 부유한 집을 찾아가는데, 대문 앞에서 농악대가 농악을 울린다.

   거북놀이도 지방에 따라 약간의 차이가 있다. 경기 광주 지방을 일례로 들면, 거북이 땅에 엎드려 움직이지 않는 것을, 집주인이 보면 거북몰이가 배가 고파 떡이 먹고 싶어 그런다고 말한다. 그러면 집주인이 음식을 차려 내놓는다. 그리고 거북을 만드는 재료도 수숫대만 사용하는 것이 아니고, 왕골이나 만초(蔓草), 나뭇잎 등을 사용한다. 거북은 바다 동물 중에서는 가장 오래 살고, 또 병이 없는 동물로 알려져 있어, 십장생(十長生)의 하나이다. 거북놀이는 거북처럼 마을 사람들의 장수(長壽)와 무병(無病)을 빌고, 또 마을의 잡귀 ·잡신을 쫓는 데서 발생된 것이라고 생각된다.

2. 영산줄다리기 [靈山-] : 경남 창녕군 영산면(靈山面)에 전승되는 민속놀이.

   1969년 2월 11일 중요무형문화재 제26호로 지정되었다. 《동국세시기(東國歲時記)》에 의하면, 줄다리기는 한국에서는 오래 전부터 중부이남 지방에서 널리 하였다고 하며, 싸움이 시작되면 수많은 남녀노소가 줄을 잡는다. 심판의 신호에 따라 경기와 휴식이 번갈아 진행된다. 줄은 암줄과 수줄로 나뉘는데 암줄이 이겨야 풍년이 든다고 한다. 이긴 편의 밧줄과 꽁지줄을 풀어 짚을 한 움큼씩 떼어다가 자기 집 지붕 위에 올려놓으면 좋은 일이 생긴다고 하며, 또 그 짚을 소에게 먹이면 소가 튼튼하게 잘 크며 거름으로 쓰면

모든 생활에 활용되었다는 것이다.

그럼에도 불구하고 짚풀 문화에서 짚풀 공예가 등한시 된 이유는 수공업자 종사자는 팔천[7]에 속하는 천한 신분이었고 노예 신분이었다. 조선 후기에 장인 가포제[8]의 실시로 노예제도의 탈피라는 상태로 점장[9], 죽장[10]과 초립장[11] 및 인석장[12]이 생겨 예술성이 가미된 공예품다운 물건들을 만들 수 있었다. 그러나 이도 양반계급의 기호나 강요에 의해 제작하는 짚풀 공예품이고 그 위치는 수탈의 대상이고 약자의 위치에 있었고 사회구조로서 인정받는 신분이 아니었다. 이것이 오늘날에 와서도 그 영향이 미쳤는지 짚풀 공예의 종사자는 다른 분야에 비하여 턱 없이 부족하다.

풍년이 든다고 한다. 마산 사람들은 이 짚을 사다가 풍어를 빌었다. 줄다리기가 끝나면 농악대를 앞세워 집집마다 다니면서 지신밟기를 한다. 영산줄다리기는 풍농과 풍어를 기원하는 속신이 있으며, 집단적인 신체 단련과 경기의 즐거움 등이 깃들어 있는 놀이이다.

3. 감내게줄당기기(밀양) : 경상남도 밀양시 부북면(府北面) 감천리에서 정월 대보름날을 전후하여 마을 사람들이 즐기던 민속놀이.

1983년 8월 12일 경상남도무형문화재 제7호로 지정되었다. 일명 끼줄땡기기라고도 한다. 언제부터 시작되었는지는 알 수 없으나 마을 단위 줄다리 기류의 민속놀이라고 할 수 있다. 감내 게줄당기기는 예부터 감천리에서 이웃과의 반목해소와 주민화합을 위해 창안되었다. 마을 중심을 흐르는 이 감천에 예부터 게가 많이 잡혔다. 주민들은 서로 좋은 목을 차지하려다 보니 자연히 인심이 거칠어졌다. 그러자 마을 어른들은 게줄당기기 시합을 하여 그 결과로 구역을 할당하기로 했다. 그 후부터 마을사람끼리 반목하는 폐단이 사라졌다. 게의 생산이 줄어들면서 놀이는 한동안 중단되다가 근대 이후에 부활되어 정월 보름과 7월 백중날 등의 농한기에 하게 되었다. 농한기 때 보를 고치는 일이나 농토를 고르는 일 등의 부역을 걸고 이 놀이를 하기도 한다.

4. 고싸움놀이

전남 광산군 대조면 칠석리 옻돌 마을에서 매해 음력 정월 10경부터 2월 초하루에 걸쳐서 벌이던 놀이다. 큰 줄을 꼬아 앞쪽에 고를 짓고 이것을 양쪽에서 밀어서 부딪게 한 다음 상대방의 고를 땅에 내려뜨린 쪽이 이기게 된다. 이 놀이의 유래에 대해 마을 주민들은 옻돌 마을이 황소가 쭈그리고 앉은 와우상이라 터가 거세기 때문에 이를 풀어주기 위해 시작하였다고들 한다.

7) 팔천(八賤) 조선시대의 여덟 천민.

팔반사천(八般私賤)이라고도 한다. 모두 사천에 속하는 천민으로, 사노비(私奴婢) ·승려 ·백정(白丁) ·무당 · 광대 ·상여군(喪輿軍) ·기생 ·공장(工匠) 등이다.

8) 장인가포제는 조선 후기에 관청에 등록되었던 장인이 포목을 납부하여 부역노동을 면제받고, 이것을 장기 입역하는 장인에게 지급하는 제도이다.

9) 점장(簟匠) 관아에 속하여 삿자리를 만드는 일을 맡아 하던 사람.

10) 죽장(竹匠) 대그릇을 만드는 장인(匠人).

11) 초립장(草笠匠) 조선 시대에, 공조와 상의원에 속하여 초립 만드는 일을 맡아 하던 사람.

12) 인석장(茵席匠) 왕골이나 부들 따위로 무늬를 놓아 돗자리를 꾸미는 일을 하는 사람≒인석장이.

제3절 짚풀 문화 연구 목적

오늘날 현대문명의 발달은 급속히 진행되어 가지만 전통문화나 민속문화[13] 및 과거 민중생활사는 반대로 급속도로 사라져 간다. 개발을 앞세워 우리 문화의 소중한 자원을 밀어내고 딱딱하고 정형화된 각과 모형이 국토를 채워 나가고 있다. 또한 노인인구 중 우리민중의 생활사에 직접 체험한 세대는 이삼십년 뒤에 자연으로 돌아가고 없을 것이다. 그로 인하여 등한시해왔던 짚풀 공예에 대한 후세들에게 전수할 내용과 맥이 사라질 것이 두렵지 않을 수 없다 할 것이다. 설사 그 맥을 재현한다고 하여도 그 때에는 재현의 사실적 접근의 어려움과 연구 노력의 비용이 많은 증가로 나타날 것이 분명하다. 마이크로소프트사의 창업자 빌 게이츠의 말에 의하면 '진정한 발전의 전제로 그 대상의 재현은 물론 덧붙여 새롭고 좋게 만들어야 진정한 발전이 가능하다'고 하였다[14]. 우리문화의 사회경제적 가치에 대한 인식 전환이 필요하고 이에 짚풀 문화와 짚풀 공예를 연구하고 재현함으로 조상의 얼과 지혜를 배우고 일반인과 후세에게 보급과 전수는 물론이고 현대적인 의미를 부여하여 새로운 짚풀 공예를 통하여 자원으로서 가치 창출하는 기회제공과 문화 환경의 변화에 적극적 대응에 그 목적을 새기고자 한다.

이 책을 통하여 짚풀의 발견이 이론적 측면에 짚풀문화론을 정립하는 계기를 제공하고 정책적인 측면에서는 짚풀문화관광 상품 및 프로그램 개발의 참고자료를 제공하고 사회적 측면에서는 시민들에게 문화의 다양성을 향유하게 하여 삶의 질을 개선하는 계기가 될 것이다.

이 책의 내용 중에서 정리하는데 크게 문헌연구와 자료조사 및 면담과 현장사진 촬영 등으로 정리 되어 있다. 문헌연구는 짚풀문화에 대한 기존 서적과 그에 관련된 서적으로 근거하였으나 참고에 한계성 때문에 개념 및 유형과 분류 체계의 도출에 어려움이 있었다.

자료조사는 짚풀에 대하여 정리된 문화관련 단체의 자료, 신문기사, 인터넷 자료 등을 활용하였다. 면담은 현재 짚풀공예활동에 참가하는 단체의 담당자나 짚풀 프로그램으로 생활하는 어르신들을 대상으로 진행하였고 현장사진 촬영은

---

13) 민속문화 :고급문화나 후기산업사회의 대중문화와 구별되는 문화의 한 형태. 민속문화는 흔히 전통문화의 형식으로 존재하며, 매스 커뮤니케이션이 아닌 대인 커뮤니케이션에 근거하고, 직접 향유하는 사람들에 의해 문화의 성장이 이루어진다. 민속문화는 그 의미와 목적이 의도적으로 이루어졌다기보다는 장식적이거나 의식적인 측면이 크며, 그 내용은 보편적이지는 않지만 영구적이다. 제도화의 측면에서 과거에는 흔히 무시되어 왔지만 오늘날은 공식적으로 일부 보호받고 있다는 학자의 논지가 있다.

14) 『빌게이츠의 미래로 가는 길』. 빌게이츠. 삼성출판사

가능한 전국을 대상으로 하였고 전국의 안배에 따른 일부 짚풀의 종류는 전략적 촬영지역도 있었다. 시간적으로 4년의 넘는 기간이 걸렸고 공간적으로 짚풀의 종류로는 전국의 산야이고 짚풀용구의 활용지는 문화행사의 전국의 축제[15] 장소나 문화원 등의 짚풀 프로그램을 운영하는 곳으로 경기, 경상, 강원, 충청, 전라, 제주 등 남한 전역을 대상으로 하였다. 내용적으로는 짚풀발견에 대한 배경에서부터 짚풀의 발견 등으로 이어진다고 할 것이다.

15) 짚풀문화제: 오는 10월 24일부터 10월 26일까지 열리는 제9회 외암민속마을 짚풀문화제 기간에는 또 하나의 축제가 열려 더욱 풍성한 문화제가 될 전망이다. 이번 짚풀문화제에는 농림수산식품부가 지원하는 농촌축제가 더해져 축제와 전통이 어우러지는 풍성하고 다양한 문화축제가 될 것으로 보인다. 농림수산식품부와 충청남도, 아산시가 함께 지원하는 외암마을 농촌축제 및 문화제는 눈으로 보고 즐기는 축제에서 업그레이드되어 전통문화와 농경문화를 직접 체험하고 도농 화합의 장으로 만들어 열악한 농촌경제 활성화에 이바지할 것으로 기대된다. 외암마을의 농촌축제는 마을 청년회가 주축이 돼 마을의 특성과 문화를 바탕으로 과거시험 재연, 급제자 행렬 재연, 전통상여 재연, 널뛰기 공연, 연날리기 체험, 옛 주막거리 재연, 두부 만들기 체험, 다례 재연 등의 행사가 열린다. 특히 마을 청년회는 농경사회에서 큰 역할을 하던 마당쇠 선발대회를 실시해 양반문화와 서민문화를 접목해 관람객들의 이목을 집중시킬 것으로 기대된다. 온양신문, 2008년 10월 16일 기사

Ⅱ. 짚 · 풀의 개념

제1절 짚의 정의

짚은 이삭을 떨어낸 줄기와 잎을 말한다. 짚[16]의 종류는 벼·밀·귀리·호밀·보리·메밀·돌피(穇)와 같은 짚으로 나눌 수가 있다. 벼를 타작하고 남은 것은 볏짚이고 보리를 떨어내면 보릿짚, 밀을 제거하고 난 뒤에 남은 것은 밀짚이 된다. 즉 화본과 작물의 성숙한 식물체에서 곡식알을 제거하고 남은 줄기와 잎이 짚인 것이다. 그러나 밀이나 보리 및 메밀의 경우 줄기를 대라고도 하였다. 즉 보릿대(짚)라고도 하였다. 또한 대라고 표현하는 경우가 더 있었는데 곡식의 알

---

16) 화본과 작물의 성숙한 식물체에서 곡식알을 제거하고 남은 줄기와 잎.

보통 벼의 경우에는 볏짚, 보리는 보릿짚, 밀은 밀짚이라고 한다. 짚은 작물이 싹이 트면서부터 완전히 성숙할 때까지 자란 뿌리 ·줄기 ·곡식알의 요소로서 동일한 조건에서라면 짚의 수확량이 많은 것이 곡식알 수확량도 많아지는 관계가 있으며, 짚의 수량도 많고 곡식알 무게와 짚의 무게의 비율(곡식알 무게÷짚 무게)이 높아질 수 있는 품종 및 재배법을 이용하는 것이 다수확을 위하여 가장 효율적인 농사법임이 밝혀졌다.

단위면적당 짚의 생산량이 많다는 것은 짚의 무게를 구성하고 있는 잎과 줄기의 무게가 많다는 것으로, 잎의 무게가 많으면 광합성을 많이 한 것이고, 줄기의 무게가 많으면 줄기의 수(數)가 많아서 이삭수가 증가된 것이기 때문에 곡식알 수확량이 많아진다. 실제 종실수확량은 짚의 수량이 거의 결정된 이후에 이삭의 크기, 곡식알의 크기 및 짚으로부터 이삭으로 양분이 이전될 수 있는 양에 따라서 결정되는 것이므로, 짚은 곡식알에 대한 수확량을 올리기 위한 1차적인 요소이며, 이삭과 곡식알의 크기 및 곡식알에 대한 양분이 전율 등은 2차적인 요소라고 할 수 있다. 이와 같이 짚은 작물생산적인 면에 대단히 중요한 기능을 가지고 있을 뿐만 아니라 수확한 후에도 농작물의 부산물로서 다방면으로 이용되고 있다.

완전히 성숙한 볏짚의 화학적인 성분을 보면 셀룰로오스가 약 36 %, 리그닌 20 %, 펜토산 22 %, 조단백질 6 %, 회분(灰分)이 13 % 정도이며, 다른 농작물의 짚에도 셀룰로오스와 리그닌의 함량이 많은 것이 특징이다. 볏짚은 벼의 품종과 작황에 따라서 그 생산량이 다르나 한국에서는 보통 10 a당 500 kg 정도가 생산되며, 키가 작은 통일벼 품종에서는 400 kg 내외, 키가 큰 일반벼 품종에서는 600 kg 정도가 생산된다.

볏짚은 한우(韓牛)의 겨울철 사료로 많이 쓰이고, 그 밖에 가축의 외양간 깃으로 이용되어 결국은 퇴비의 형태로 농경지에 환원된다. 예전에는 가마니 ·새끼 ·거적 등의 각종 고공품(藁工品)의 원료로 이용되어 농가의 소득을 올려주었으나 현재는 이 부분에는 이용되지 않는다. 최근에는 생짚을 그대로 논에 집어넣어 논토양의 유기물을 증진시키는 데 많이 이용된다.

전에는 농촌의 초가지붕을 덮고 이는 이엉을 만드는 데, 그리고 농가의 주요한 연료로 많이 이용되었으나 최근에는 지붕개량과 연탄 ·석유 ·가스 등의 사용 증가로 이 부분에 이용되는 양은 크게 줄었다. 보릿짚과 밀짚도 자리나 모자를 만드는 데 쓰였고 퇴비 또는 농가연료 등으로 이용되었으나 지금은 거의 쓰이지 않는다. 호밀짚은 길고 빳빳하여 인삼밭의 해가림으로 쓰이며, 기타 비 ·바람막이를 만드는 데 많이 이용되고 있다. 돌피[穇]의 짚은 특히 겨울철의 말먹이로 많이 쓰이며 쇠먹이로도 이용되고 있다.

을 떨어내지 않고 줄기가 싱싱할 때나 논밭에서 서서 자라고 있을 때의 줄기를 대라고도 한다. 한국에 벼가 재배된 것은 대략 BC 2·3세기 무렵으로 예상하고 있다[17]. 이때부터 농가에서는 토속신앙에 근거하여 여러 생활도구의 재료로 볏짚을 쓰기 시작하였던 것으로 보인다.

짚의 부피 단위는 짚내끼[18], 짚단[19], 한뭇, 한장, 한동, 짚가리[20]로 나눌 수 있다. 볏짚 한포기에는 여러 개 볏짚이 있다. 그 중에서 하나를 짚 한내끼라고 한다. 그 짚내끼가 모여서 짚단이고 한단이 된다. 이 짚단이 열 단이 한뭇이 되고, 여섯 뭇이 한 장이 된다. 시골에서 소나무깔비[21]나무를 하거나 지푸라기를 갈쿠리로 잴 때 6장이 한 짐이 되곤 하였다. 짚동은 6장이 한동이 된다.

그림2-1. 짚의 단위

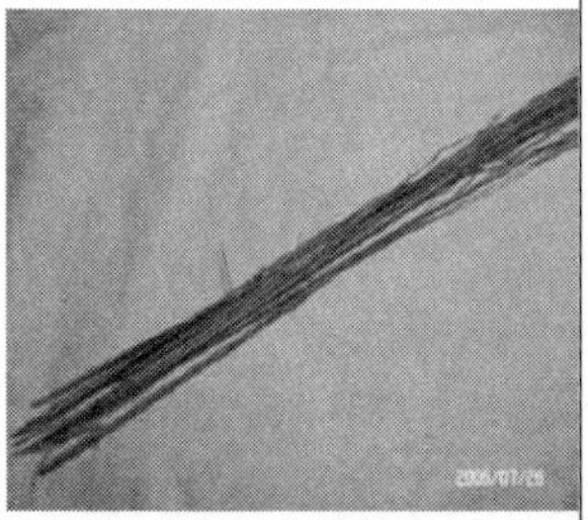		
볏 짚	짚단(2단)	한뭇(10단)

짚 동	짚가리	새로운 짚동

17) 벼는 한국의 농작물 중에서 가장 오래 된 농작물이다. 중국의 기록과 김해 조개더미에서 발굴된 탄화(炭化)된 쌀 덩어리 및 기타 유물 등으로 미루어 보아 지금부터 약 2,000년 전에 재배하였을 것으로 추정되는데, 1976년 경기도 여주에서 지금부터 약 3,000년 전의 것으로 추정되는 탄화미(炭化米)가 발굴됨으로써 한국 벼농사의 기원이 매우 오래 되었음을 추정할 수 있다.

18) 한내끼 : 필자의 어릴 적에 어르신들의 사용하던 용어이다.

19) 짚단 : [명사]볏짚을 묶은 단. ≒짚뭇.

20) 짚가리 : [명사]짚단을 쌓아 올린 더미.

21) 소나무깔비 : 소나무의 잎이 떨어진 것으로 경상도 방언

짚동은 짚단을 일정한 수와 크기로 정돈 형태로 만든 것으로 부피가 크지만 한 사람이 질 수 있었다. 짚동이나 짚가리는 탈곡 후 집 주위나 논밭에 모아 놓고서 차후에 각종 재료의 사용목적으로 비나 눈이 와도 훼손되지 않게 쌓아 둔 것이다. 유사한 말로 낟가리가 있는데 지역에 따라 볏가리라고도 하지만 낟가리는 더미를 말한다. 낟가리는 이삭을 탈곡하지 않은 상태이다. 이 낟가리를 하는 이유는 날씨가 좋지 않은 경우 한곳에 모아서 비 등으로 인해서 곡식에 피해가 가지 않게 하기위하거나 상태가 좋지 않는 진흙탕 같은 논·논밭에서는 논두렁에 들어내어서 낟가리를 한다. 일의 진행에 있어서 다음날로 넘겨야 할 경우와 일의 분업으로 모으는 작업은 여자나 어린이가 하고 운반의 짐을 지는 일은 어른이 할 경우에도 낟가리가 필요하였다. 탈곡 전의 낟가리에 비해, 탈곡 후에 실시하는 짚가리는 탈곡 후 바로 할 경우가 있고 날씨가 좋으면 바쁜 가을걷이의 일이 어느 정도 진행하고 나서 시간적인 여유가 있을 때 하기도 하였다. 이때에 혼자서도 하였지만 보통 두 사람 이상이 하였다. 짚가리의 모양은 사각이나 원기둥이 보통이다. 짚가리의 꼭대기에는 비가 들어가지 않게 하는 고깔을 씌우는데 이를 주저리라 한다. 이 주저리의 용도는 짚가리뿐만 아니라 전남 진도 지역의 유지갯대, 형구[22]로 사용한 주저리, 양봉덮개, 동파방지 무 저장고, 곡식 보관뒤주 등에 주저리를 사용하기도 하였다. 짚에 떨어낸 곡식을 재는 단위는 톨, 홉, 되, 말, 가마니, 섬으로 설명이 가능하였다. 여기서 가마니는 일제강점기 때 일본이 조선의 곡물을 가지고 가기 위해 들려온 것에서 유래가 된 것이다.

짚의 구조는 뿌리와 줄기, 잎, 이삭이 있다. 낫으로 벤 쪽을 밑둥이라 하고 이삭 쪽을 수냉이라고 한다. 탈곡의 시대적 변천사는 개상의 통나무 판에서, 훑어내는 농기구인 그네를 지나, 발로 밟는 탈곡기에서, 요즈음은 바로 자루에 담겨 나오는 콤바인에 이르고 있다. 산골의 계단식 논에는 아직도 낫으로 벼를 벤다. 낫으로 벤 벼는 나락을 떨고 나면 짚이 나오는데 이것이 짚풀 공예에 사용되는 짚이 된다.

짚의 사용용도는 선민의 생활사에 늘 함께 하였다. 이는 비료, 가축사료, 생활용구, 신앙생활 등 다양했다. 비료부분에 있어 짚은 작물생산적인 면에 매우 중요한 기능을 가지고 있다. 외양간에 깔아 주는 깃으로 이용되는 짚은 화학비료가 없던 시절의 퇴비의 형태로 논·밭 토양의 유기물을 증진시키는 거름으로 재생된다. 수확한 후 짚은 쇠죽[23]을 끓여 소에게 먹였고 염소 등 가축의 겨울철 건초 사료로도 빼놓을 수 없는 부분이다. 생활용구의 짚은 새끼, 가마니, 거적, 멍석, 삼태기, 씨오쟁이, 짚신, 삼태기, 이엉, 망태기, 용마름, 도롱이, 매판,

22) 형벌을 집행하기 위하여 사용하는 도구.
23) 쇠죽 [-粥] : 소에게 주려고 먹이로 짚, 콩, 풀 따위를 섞어 끓인 죽. ≒소죽·우죽(牛粥).

똬리, 계란 꾸러미, 메주 끈, 볏섬, 시래기두름, 닭둥우리, 지게 멜빵, 그네 줄, 낫꽂이, 종다래끼, 둥구미, 누에 섶, 방석 등의 각종 고공품의 원료로 이용되어 농가의 빠질 수 없는 생필품이 되었다. 집을 지을 때 지붕을 이는데 초가지붕뿐만 아니라 벽에 바르는 황토 흙에 짚을 넣어 흙을 버무려 벽의 경고함을 더하는데도 사용되었다. 또 토속 신앙생활에도 이용되었는데 제웅[24], 아기 탄생에 사용되는 금줄, 아기를 점지하는 삼신짚, 집안의 액운을 걷어가고 복을 갖다 준다는 터주가리[25], 정월 대보름의 만월을 바라보며 풍농(豊農)과 마을의 안녕을 기원하는 점풍(占豊)[26]의 의미를 지녔던 달집태우기 등 농촌의 신앙행사에 볏짚이 널리 쓰였다는 것이 사실이다. 또 다른 짚으로 보릿짚과 밀짚 그리고 메밀짚 및 돌피도 있다. 보릿짚과 밀짚은 퇴비나 연료로 사용되었고 자리, 모자, 베갯모, 여치집을 만드는 데도 쓰였다. 호밀짚은 길고 빳빳하여 씨앗을 파종 후 덮는데 사용되거나 땔감, 인삼밭의 해가림으로 쓰이며, 기타 비 ·바람막이를 만드는 데 많이 이용되고 있다. 돌피[稗][27]의 짚은 춥고 긴 겨울철의 여물이 되어 말먹이로 많이 쓰이며 쇠먹이로도 이용되고 있지만 재배를 목적으로 하지 않은 경우 농민의 일손을 더하게 하는 애물단지가 된다. 벼논에 주로 섞여서 자생하거나 개울가에 많이 자란다. 벼논에 자라는 돌피는 직접 낫을 들고 베어 내거나 아예 뿌리까지 뽑아내어 벼 타작할 때 피가 섞이지 않도록 하였다. 경남지역에서는 돌피를 일반적으로 피라고 한다. 옛말에 힘이 없는 사람에게 '피죽도 한 그릇 못 먹었나?'라는 말에서도 피로 끓인 죽은 영양가가 매우 낮음을 말해주고 있고 가난에 찌든 그 때는 실제로 피죽을 끓여 먹었었다.

---

24) 제웅 : 짚으로 만든 사람의 형상.

제용 ·처용(處容)이라고도 한다. 유래는 확실하지 않지만 일반적으로 신라의 구역신(驅疫神)인 처용일 것이라는 설이 지배적이다. 예로부터 매년 집안 식구 가운데 성명설(星命說)에서 나이가 액년[厄年:나후직성(羅睺直星)의 운에 해당하는 나이]을 당하는 사람이 있으면 그를 제웅직성이라 하여 제웅으로써 그를 위한 특별한 액막이 방법을 쓰는 풍습이 있었다. 즉 음력 정월 14일 밤에 제웅을 만들어 액년을 당하는 사람의 옷을 입히고 성명 또는 출생한 해의 간지(干支)를 적어서 길바닥이나 다리 밑에 버리는데 이렇게 하면 그 액이 다른 곳으로 전가된다고 한다.

액운을 맡아가는 이를 대접한다는 뜻으로 제웅의 머리 ·가슴 ·팔다리에 동전을 넣어서 버린다. 이 때가 되면 동전을 얻기 위해 미리 여러 아이들이 문 밖으로 몰려와서 "제웅이나 보름거리 주시오" 하고 외치면 집주인은 버리려고 마련해 둔 제웅을 내어준다. 그러면 아이들은 제웅을 받아서 속을 헤쳐 동전만 꺼내고 나머지는 길에다 버리는데, 이것을 제웅치기[打芻戱]라 한다. 나후직성에 해당하는 나이는 9년마다 돌아오는데, 남자는 11 ·20 ·29 ·38 ·47 ·56살, 여자는 10 ·19 ·28 ·37 ·46 ·55살로 이 해를 직성이 있는 해라 한다.

25) 터주가리 : 장독대 한쪽에 짚가를 엮어 세워두어서 악귀와 나쁜 기운의 접근을 막는 민속신앙의 한 형태이다. 가족의 건강을 책임지는 장독대를 지켜주는 상징

26) 점풍(占豊) : [명사]<민속> 점을 치는 일과 풍수 보는 일을 아울러 이르는 말.

27) 외떡잎식물 벼목 화본과의 한해살이풀.

제2절 풀의 정의

풀은 지상부인 줄기가 연하고 물기가 많아 목질(木質)[28]을 이루지 않는 식물을 통틀어 이르는 말이다. 즉, 줄기가 초질(草質)로 되었으며 지상부가 1년 또는 2년으로 고사하는 식물이다. 그래서 풀의 종류는 수천종이 될 것이다. 풀은 일년초·이년초·다년초로 나눌 수 있으며 일년초를 당년초 또는 한해살이풀이라 한다. 한해살이풀은 지상부의 줄기와 잎이 있고 지하부의 뿌리가 있다. 벼, 수박, 오이, 나팔꽃 등 지상부와 지하부가 1년 안에 말라 죽는 것이다.

씨앗에서 싹이 나 추운 겨울을 월동하여 이듬해 봄, 여름, 가을에 걸쳐 개화결실하는 것을 두해살이풀이라 한다. 두해살이풀은 보리, 무, 유채, 완두 같은 것으로 일생에 단 한번 개화 결실한다. 월년초(越年草) 또는 이년생초라고도 한다. 1년초와 2년초의 특징은 뿌리가 가늘고 수염 모양으로 되어 있다는 것이 대부분이다.

여러해살이풀은 지하부가 여러 해 이상에 걸쳐 생존하고 일생 동안 여러 번 개화 결실하는 것을 여러해살이풀 또는 다년초 또는 숙근초(宿根草)라고 한다.

숙근초는 지하 부분에 영양분을 저장할 수 있는 뿌리 ·줄기 ·잎이 발달한 덩이뿌리 ·덩이줄기 ·뿌리줄기 ·비늘줄기가 형성되어 있는 것이 다수다. 주로 고구마나 감자가 이에 해당한다. 대나무는 지상부가 몇 년 이상 생존하고 있어 나무로 보이지만 비대성장하지 않기 때문에 특수한 풀이라고 할 수 있다. 이에 비해 나무는 지상부가 단단하고 목질화가 되고 나이테가 있다는 점에서 풀과 차이가 있다. 공예에 사용되는 풀은 싸리[29], 띠, 갈대[30], 억새[31], 신서란[32], 순비기, 칡[33], 댕댕이 덩굴[34] 등이 있다.

---

28) 목질 [木質] 1 목재로서의 나무의 질. ≒나무질. 2 줄기의 내부에 있는 단단한 부분. 3 나무와 같이 단단한 성질.

29) 싸리 : 쌍떡잎식물 장미목 콩과의 낙엽관목.

30) 갈대 : 외떡잎식물 화본목 화본과의 여러해살이풀.

31) 억새 : 외떡잎식물 벼목 벼과의 여러해살이풀.

32) 신서란 : 쌍떡잎식물 백합목 백합과의 여러해살이풀.

33) 칡 : 쌍떡잎식물 장미목 콩과의 덩굴식물.

34) 댕댕이덩굴 : [명사]<식물> 새모래덩굴과의 여러해살이 덩굴풀. 줄기는 목질에 가깝고 잔털이 있으며 물체에 감기어 뻗는다. 잎은 어긋나고 달걀 모양이다. 초여름에 황백색의 잔꽃이 잎겨드랑이에 취산(聚繖)꽃차례로 피고, 열매는 핵과(核果)로 10월에 푸른 흑색으로 익는다. 뿌리는 약용하고 줄기는 바구니 제조용으로 쓴다. 산기슭 양지나 들에 절로 나는데, 한국의 황해도 이남, 일본, 대만, 중국, 필리핀 등지에 분포한다. ≒댕강넝쿨·댕댕이·상춘등·용린(龍鱗)·토고등. (Cocculus trilobus)

제3절 짚풀의 개념

풀이 수 천 종류가 있고 나무도 그 종류가 너무도 많다. 그 많은 종류의 모두가 이 글에서 짚풀의 범위에는 들지 않는다. 짚풀의 개념을 정의하기 위하여 몇 가지 제시 될 내용을 살펴보고자 한다. 첫째는 짚풀의 종류에 관한 것이고, 두 번째로 짚풀의 채취시기에 관한 것이고, 세 번째는 짚풀로 사용되기 위한 재료의 다듬기에 관한 것이고, 네 번째로 짚풀작업 방법이 주로 손으로 이루어져야 한다는 것이고, 다섯째로 짚풀공예의 결과물이 생활전반의 민구(民具)[35)]여야 한다는 것으로 나누어 살펴볼 수 있다.

첫째 짚풀의 종류에 관한 것은 주위에는 짚의 종류도 한두 가지가 아니고 풀의 종류도 너무도 많다. 많은 종류의 짚풀 중에 짚풀의 재료로 사용되는 것은 벼와 부들과 가래나무 등 수십 여종에 불가하다. 이는 짚풀의 내구성 즉, 섬유질이 많은 것이 이에 해당되어 짚풀 공예 재료로 사용될 수 있는 짚과 풀, 그리고 나무를 말 한다. 섬유질이 많은 것은 완성된 민구 용품이 외형적으로 보기도 좋지만 무엇보다도 질기고 튼튼하여 원하는 안전과 오래 동안 사용될 수 있는 특징이 있다. 두 번째로 채취시기에 관한 것으로 보통의 짚풀 재료는 봄·여름·가을·겨울 언제라도 채취해서 사용하면 되는 것이 아니다. 채취시기에 맞지 않게 사용하면 짚풀 재료로서 쓸모가 없거나 기대하는 만큼의 작업이 이루지지 않는다. 설사 만들었다고 하여도 근방 사용하지 못하는 결과가 도래한다. 예컨대 조릿대를 지금[36)] 잘라서 복조리를 만들려고 한다면 대가 부러져서 만들 수가 없다. 제 철에 잘라서 만들어야 한다. 세 번째로 짚풀로 사용되기 위한 재료의 다듬기에 관한 것은 재료의 준비 상태를 말한 것이다. 제대로 된 작업을 위해서나 재료로서 기본적으로 과정상 필요한 조치이다. 두드리거나 다듬거나 삼거나 벗기거나 말리거나 여러 가지의 그 성질에 맞는 절차가 필요하다. 예컨대, 짚신을 만들기 위해서는 가을에 타작을 하여 채취하여진 볏짚을 먼저 추린다. 그리고 부드럽게 하기위하여 나무 해머로 두드리고 물을 축이고 하여 작업이 쉽게 될 수 있게 준비하는 작업이 필히 요구된다. 네 번째로 작업 방법이 주로 손으로 이루어 져야 한다는 것과 다섯째로 짚풀공예의 결과물이 생활전반의 민구였다는 것은 우리 민족의 생활 그 자체를 말한다고 하여도 과언이 아닐 것이다. 짚풀은 옛날부터 우리 민족의 민구 생활 속에 있었다. 주거에서 의복과 먹는 것, 실생활의 운반에도 필요하였다. 일상의 노동과 놀이와 신

35) 민구 : 예로부터 민중이 일상생활에서 써 온 도구나 기구. 공예품에 상대하여 실용적인 농기구, 문방구, 상구(商具), 놀이 기구 따위를 이른다.

36) 필자가 집필하는 2008년 6월 초

앙 등 애환과 기쁨을 함께하였다. 짚과 풀에 대한 것을 알면 짚풀에 대하여도 접근이 쉽다. 우리 민족은 자연과 늘 함께하면서 행복해하고 조화를 이루면서 풍부한 상상력으로 짚풀의 아름다움을 창조해 왔다. 자연재인 짚풀에는 자연의 아름다운 정감이 깃들어 있고, 이상적인 세계로의 동경, 행복의 추구 등이 담겨 있으며, 일상에서 필요한 물건을 쉽게 만들 수 있어 자신의 손끝에서 특별한 작품을 창조하고 색다른 감동을 간직하고 있다고 볼 수 있을 것이다.

짚풀은 재료의 특성상 자연과 함께하는 주변에서 쉽게 찾아볼 수 있는 짚과 풀이다. 짚풀은 우리민족의 행복과 아름다운 정감이 담겨있는 창조물이다. 선민들은 자신이 원하는 짚풀의 종류를 선택하여 그 재료의 특징을 살려 일상에서 필요로 하는 훌륭한 민구제품을 만들어 사용할 수 있었던 것이다. 결국 짚풀은 짚풀 공예 재료로 사용될 수 있는 짚과 풀이 적정 시기에 채취되어 절차에 따라 다듬어진 민구의 재료를 말한다. 우리는 짚풀의 발견을 통하여 조상의 지혜와 슬기를 배우고 짚풀에 대한 민속 문화의 맥을 이어갈 수도 있는 것이다.

Ⅲ. 짚 · 풀의 종류

짚풀의 종류는 짚과 풀 그리고 나무의 대나 섬유질이 많은 나무껍질들로 나누어 설명할 수 있다. 짚풀공예를 하려면 짚과 풀의 재료가 있어야 한다. 무엇보다도 짚풀 공예 재료로 사용될 수 있는 짚풀의 종류는 단지, 수십 종에 불과하다. 물론 짚과 풀 그리고 나무에 대한 여러 가지의 정의가 있고 구체적인 설명이 있을 수 있겠지만 모든 벼과의 식물은 풀이다. 나무는 여러해살이식물 중에서 지상 부분이 1년 이상 생존하고 있는 것으로 나이테가 있으면 나무고, 없으면 풀이라는 것으로 정리될 수 있다. 그렇지만 식물과 나무를 모두 짚풀의 재료로 사용할 수가 없고 종류에 넣어서 분류시킬 수도 없다. 식물 중에서도 다시 짚과 풀로 나누었고, 수천 종의 풀 중에서도 문헌이나 실제 이용자들의 사례을 찾아서 짚풀재료로 사용되는 것을 분류하였다. 또 나무 중에서도 섬유질이 많은 몇 종류를 짚풀의 재료로 사용될 수 있는 것을 짚풀의 종류에 넣어서 분류한 것이다. 이를 열거하면 가래나무 껍질, 갈대, 개나리, 골풀, 들아마(개아마), 귀리, 남총낭[37](종려), 닥나무, 달피나무(피나무), 대나무, 댑싸리, 댕이덩굴(댕댕이덩굴), 띠, 무명, 모시, 모시풀, 밀짚, 박쥐나무, 버드나무(물버들, 쪽버들, 키버들), 볏짚, 빵쑥, 보리짚, 부들, 산겨릅나무, 삼, 수수대, 싸리(참싸리, 고듭싸리, 고양싸리, 꽃싸리, 쉽싸리), 솔새, 순비기나무, 신서란, 그령, 억새, 왕골, 자오락, 줄, 조릿대(설대), 종려잎, 참회나무, 칡덩굴 등의 짚풀 재료를 이용하여 멍석이나 삼태기와 발, 문짝, 짚 지붕, 망태기, 도롱이, 짚신 등 많은 생활용구를 만들었다. 이 생활용구 중에는 운반이나 저장과 주거 등의 다양한 분야에서 사용하였다. 짚풀의 종류를 설명함에 있어서 명, 학명, 영명, 다른명, 형태, 과, 개화기, 분포, 생육환경, 크기, 표면, 잎, 줄기, 꽃, 꽃색, 열매, 뿌리, 번식, 활용, 촬영장소, 촬영일자에 대해서는 언급을 하였다. 그러나 이 내용 중에서 명, 학명, 영명, 다른명, 형태, 과, 개화기, 분포, 생육환경, 크기, 표면, 잎, 줄기, 꽃, 꽃색, 열매, 번식은 국가생물종지식정보시스템과 일부 포털 사이트에서 참고 자료로 활용하였으며 개별적 짚풀재료로서의 특징, 뿌리, 활용과 표는 직접 연구 정리하였다. 촬영지의 날씨, 일자의 시간, 온도, 고도에 대하여 준비하지 못하였고 특히, 촬영 장소에 대하여는 한국 내에서의 4년 기간 동안 짚풀재료를 촬영하여 연구에 활용하였다. 또 짚풀의 종류에 대하여 상세설명부분에서 짚풀의 개략적인 정보만을 제시하였고 실제로 살펴보고자 한 부분은 짚풀의 활용부분에 약간 더 의미를 깊게 두고 살펴보았다.

37) 당종려의 제주자치도 방명

표 3-1. 짚풀의 종류

짚풀의 종류	세부적 종류	수	비고
짚	벼, 밀, 귀리, 돌피, 보리, 메밀, 호밀	3(7종[38])종	밀, 보리, 벼 정도가 짚풀의 재료이고 나머지는 짚의 종류에 포함 될 뿐이다.
풀	갈대, 들아마(개아마), 골풀, 댑싸리, 댕이덩굴(댕댕이덩굴), 띠, 모시, 모시풀, 부들, 삼, 수수, 솔새, 신서란, 순비기, 암그령, 억새, 왕골, 자오락, 줄, 칡덩굴[39]	20(수천 종)종	짚풀의 재료(자리 만드는 빵쑥을 제외함)
나무	가래나무, 개나리, 남촣낭(종려), 닥나무, 달피나무, 대나무, 박쥐나무, 버드나무(물버들, 쪽버들, 키버들), 싸리(참싸리, 고듭싸리, 고양싸리, 꽃싸리, 쉽싸리), 산겨릅나무, 소나무, 조릿대(설대), 참회나무	13(수천 종)종	짚풀의 재료
계		36(수천 종)종	

제1절 짚의 종류

짚은 한해살이 식물이다. 짚의 종류는 벼, 밀, 귀리, 호밀, 보리, 메밀, 돌피가 있는데 주로 곡물을 건조하여 타작한 후 얻어지는 줄기를 말한다. 짚은 줄기와 잎이 짚풀 공예 재료로 사용된다. 볏짚은 줄기와 잎이 사용되고 밀이나 보리는 줄기를 짚풀 재료로 사용한다.

---

38) 짚의 종류가 몇 종 되지 않아 상세 설명에 넣었다.

39) 칡은 줄기에는 형성층이 있고 나이테도 확인할 수 있으므로 수목으로 인정되지만 줄기가 가는 덩굴성 식물이어서 풀로 취급하였다.

1) 귀리

명	귀리
학명	*Avena sativa*
영명	Oats
다른명	귀보리
형태	2년생 초본 식용
과	벼과
개화기	5, 6월
분포	유럽과 아시아
생육환경	전국 각처에서 가축사료로 재배
크기	1m정도
표면	보릿대와 같은 관이 있고 녹색
잎	잎이 반반하고 길이 18~30㎝, 폭 5~10㎜로서 잎이 시작되는 곳에서 줄기를 집처럼 감싸는 부분이 길며 짧고 잘게 갈라지는 엽설[40]이 있다.
줄기	아래쪽에서 총생[41]하여 줄기가 80~100cm 정도
꽃	원뿔꽃차례는 길이 20~30cm이고 녹색의 대가 있는 소수는 아래로 처진 상태이며 2개의 소화가 들어 있다. 포영은 양쪽으로 벌어지고 능선이 없고 맥이 많다. 호영은 까락이 없거나 1개의 소수에 1개가 있으며 곧추서고 털이 없다.
꽃색	녹색
열매	영과[42]는 내외영으로 싸이고 한쪽에 홈이 파지고 털이 있다.
뿌리	잔뿌리가 많고 길이가 15cm정도
번식	씨앗
활용	가축사료 및 주류와 과자 원료로 사용된다.

40) 잎집과 잎몸이 맞닿는 곳의 안쪽에 생기는 작은 돌기로 혓바닥 모양으로 얇은 종이처럼 반투명하며 잎집속으로 빗물이 들어가는 것을 막는다.
41) 총생 : 잎 여러 장이 한 지점에서 한꺼번에 나오는 모양.
42) 영과 : 벼과 식물의 열매로 내영과 호영 속에 암술과 수술이 들어 있는데 암술이 열매로 익어도 보통 이 껍질이 그대로 남아 열매를 감싸므로 영과라고 한다.(화본과)

충청남도 천안시 성남면 봉양리	
2006년 10월 9일	
날씨, 시간, 온도, 고도 생략	

2) 돌피

명		돌피
학명		*Echinochloa crusgalli*
영명		
다른명		피
형태		한해살이풀
과		벼과
개화기		7, 8월
분포		전 세계의 온대와 열대와 전국 각지
생육환경		벼와 같은 생육환경으로 논이나 도랑에 생육한다.
크기		높이 70-100cm이다.
특징		외떡잎식물의 잡초이고 도랑에 자란다.
잎		잎은 부채꼴로 반반하고 길이 30~40cm, 나비 1~2cm로서 털이 없다. 엽초 밑쪽의 것은 홍자색이 돌고 잎혀는 없고 가장자리에는 가는 톱니가 있다.
줄기		지름 2-5mm정도이고 뭉쳐나기를 하며 위에서 총생이듯 아래에도 가지가 갈라진다.
꽃	원추화서	원추화서는 자주 빛을 띠며 길이 10-25cm이고 화서 축은 굵고 기부에 가시털이 있다. 가지는 길이 3-5cm정도고 소수는 난형이고 길이 3-4mm로서 가시털이 있고 적자색이다.
	포영	포영은 5맥이 있고 끝은 점점 뾰족한 까락으로 마감된다.
	호영	호영(護穎:화본과 식물 꽃의 맨 밑을 받치고 있는 조각)은 막질이고 까락이 있거나 없다.
	내영	내영(內穎:화본과 식물의 꽃을 감싸는 포 중 안쪽에 있는 것)은 길이 3~3.5mm이고 영과(穎果)는 길이 3mm 정도이다.
꽃색		자주색
열매		영과는 타원형으로서 0.3cm정도이다.
뿌리		뿌리는 수염뿌리이다.
번식		종자
활용		가축사료, 땔감

촬영장소- 경상남도 양산 2006년 9월 1일	
충남 천안시 2008년 8월2일	
충남 천안시 2008년 8월2일	

3) 밀

명		밀
학명		*Triticum aestivum*
영명		Wheat
다른명		소맥·진맥·참밀
형태		일년생 또는 이년생 초본
과		벼과
개화기		5월
분포		아프가니스탄 등 온대지방의 전 세계
생육환경		밭에서 재배
크기		1m~1.5m정도
특징		밀의 꽃은 아침부터 피기 시작하지만 오후에 가장 많이 핀다.
잎		길이 13-15㎝, 폭 10-20㎜로서 양면이 매끈하고 끝으로 갈수록 좁아지면서 뒤로 처진다. 엽초 위 가장 자리에는 백색 부속물이 있어 원줄기를 감싼다.
줄기		20개 내외의 마디가 있고 각 마디에 1개의 작은 이삭이 어긋나면서 달린다.
꽃	소수	조그마한 이삭은 대가 없고 화서축 양쪽에 인접하여 달리며 넓은 난형으로서 길이 1cm정도이고 4~5개의 소화로 된다.
	포영	포영[43]은 호영과 비슷하며 그 크기가 작다.
	호영	길이 9mm로서 9맥이 있고 끝에 까끄라기[44]가 있는 것과 없는 것이 있다.
	수술	3개
꽃색		흰색
열매		영과는 넓은 타원체이며 갈색이고 영에서 잘 떨어지며 중요한 식용작물의 하나로서 많은 품종이 있다.
뿌리		보리보다 더 깊이 들어가므로 수분과 양분의 흡수력이 강하여 가뭄이나 척박한 토양에도 잘 견디고 잔뿌리가 많다.
번식		씨앗(파종)
활용		재배작물로 간장, 된장, 빵, 과자 따위의 원료와 밀대는 짚공예의 밀짚모자 및 여치집의 재료로 사용된다.

촬영장소- 경상남도 산청군 신등면	
2008년 5월 22일	
날씨, 시간, 온도, 고도 생략	

메밀은 짚의 종류로 분류가 되지만 식용과 때감이나 가축사료, 거름으로 이용되고, 요즈음은 집단 대량생산하여 꽃을 화려하게 피워서 관광객을 위한 관상용으로 이용되고 있다. 대표적으로 될 수 있는 곳으로 강원도 평창군 봉평면에서 메밀축제를 열고 있다. 또 도로가의 관상용으로 활용하여 많은 사람들에게 눈을 즐겁게 하고 있다. 그러나 짚풀 재료가 아니라서 상세하게 정리하지 않았다.

부산광역시 '번영로'의 도로가 메밀

43) 포영 苞穎 : [명사]<식물> 사초과 및 볏과 식물의 잔이삭의 밑동에 있는 몇 개의 잎.
44) 까끄라기 : [명사] 벼, 보리 따위의 깔끄러운 수염. 또는 그 동강. ≒망각(芒角).

4) 벼

명		벼
학명		*Oryza sativa* var. *sativa*
영명		Rice
다른명		나락
형태		일년초
과		벼과
개화기		7~8월
분포		동아시아 및 온대와 열대 등 세계에 두루 분포하고 있다.
생육환경		주로 물 논에서 자라고 일부에서는 밭에서도 재배된다.
크기		60~100cm
특징		주식작물로 재배된다.
잎		잎은 가늘고 긴 편으로 길이 30㎝, 나비 3~5㎜이고, 표면과 가장자리가 거칠다.
줄기		줄기에는 약 15~20개의 마디가 있으며, 개화기가 가까워지면 위쪽의 4~5마디 사이가 자라나서 이삭이 밖으로 나타나고, 마디 사이는 속이 비어 있다.
꽃	원추화서	꽃이 개화 때는 바로 서고 무게가 있는 때는 고개를 숙여 처진다.
	소수	많은 소수는 가지에 호생하며 짧은 대에 1개의 꽃으로 된다.
	포영	퇴화되고 호영과 내영으로 발달한다.
	호영	길이가 나비의 2배 이상 길고, 양쪽 가장자리가 나란히 달린 것이며 좌우가 편평하고 길이 6mm 가량이며 짧은 털이 있다. 내영은 호영과 비슷하다.
	수술	6개이고 암술은 1개다.
꽃색		흰색
열매		이삭이 맨 위의 잎[止葉] 속에서 밖으로 나오는 현상을 출수(出穗)[45]라고 하는데, 출수한 이삭은 당일 또는 다음날부터 개화하기 시작하며 이것이 나락으로 된다.
뿌리		잔뿌리가 많고 사방 고르게 물 논이나 밭에서 뻗어 난다.
번식		씨앗
활용		쌀은 주식이나 양조원료, 과자와 빵으로 사용된다. 짚은 멍석, 짚신, 새끼줄, 거적으로 사용되거나 가축사료나 거름으로 이용된다.

경상남도 산청군 신안면	
2006년 9월 14일	
날씨, 시간, 온도, 고도 생략	

5) 보리

명		보리
학명		*Hordeum vulgare* var. *hexastichon*
영명		barley
다른명		것보리, 겉보리
형태		2년초
과		벼과
개화기		4~5월
분포		전 세계 각지에서 재배작물로 분포하고 있다.
생육환경		다양한 기후에 적응 가능하고 온대와 열대 및 생육기관이 짧아도 되지만 비교적 습기가 많은 곳에 잘 자라며 논밭에서 재배된다.
크기		1m~1.5m정도
특징		주로 식용이다.
잎		잎은 어긋나며 가늘고 길며 끝이 뾰족하고 중간쯤부터 아래쪽이 약간 볼록한 모양으로 폭 8~15mm이며 흰빛 띤 녹색이다.
줄기		둥글며 속이 비어있고 마디 사이의 길이가 길다.
꽃	수상화서[46]	길고 가느다란 꽃줄기에 꽃대 없는 작은 꽃들이 촘촘히 달린 모양으로 5~8cm
	소수	좌우로 3개로 6줄의 1개 꽃이다.
	포영	2맥이며 호영은 까락(망)이 있거나 없다.
	수술	3개
꽃색		흰색
열매		6줄 보리가 있고 2줄 보리가 있다.
뿌리		흰색으로 된 뿌리가 주로 물이 없는 논이나 밭에서 잔뿌리가 많은 수염뿌리다.
번식		종자
활용		식용과 약용 및 맥주 원재료로 활용되며 보리 짚은 짚풀 재료로 베개와 모자나 여치 집을 짓는데 활용된다. 거름이나 땔감으로도 활용된다.

45) 출수(出穗) : [명사]<농업> 벼, 보리 따위의 이삭이 팸. 또는 그런 일. ≒발수 (發穗)

46) 수상꽃차례 [穗狀—, spike] 꽃자루가 없거나 또는 짧아서 축에 접착하여 수상이 되어 있는 꽃차례로 수상화서(穗狀花序)라고도 한다. 무한꽃차례[無限花序]의 하나이며, 질경이 ·오이풀 · 화본과식물 등의 꽃이 이에 속한다. 화본과식물과 같이 수상꽃차례가 다시 수상으로 배열하는 것을 복수상꽃차례[複穗狀花序]라 하며, 사초과식물처럼 수상꽃차례가 총상(總狀)으로 집합한 것을 수상총상꽃차례라고 한다.

경상남도 함안군 법수면	
2007년 4월 17일	
날씨, 시간, 온도, 고도 생략	

6) 호밀

명	호밀
학명	*Secale cereale*
영명	Common Rye
다른명	라이맥, 라이보리
형태	월년초
과	벼과
개화기	5월
분포	유럽 남부와 아시아 서남부에서 재배작물로 분포하고 있다.
생육환경	강한 내한성(耐寒性)[47]을 갖고 기후와 토양이 다른 작물을 재배하기에는 상대적으로 부적합한 곳, 겨울 밀을 재배하기에는 기온이 너무 낮은 곳인 북부지역에서 겨울 작물로 주로 재배된다.
크기	2m정도
특징	밀이나 보리보다 키가 큰 편이다.
잎	어린잎의 윗면에는 벨벳 모양의 털이 밀생하고 녹청색이다. 백색을 띄며 작은 편의 잎혀[48]와 잎귀가 있다.
줄기	상부 5~7마디 사이가 늘어나게 된다.
꽃[49] 수상화서	길이 10-15㎝로서 다소 편평하고 중축 양쪽에 백색털이 있다.
꽃[49] 소수	소수(小穗)가 2줄로 배열되고 2개의 소화로 된다.
꽃[49] 포영	호영보다 짧으며 1맥이 있고 맥위에 털이 있다.
꽃[49] 호영	까락이 있는 호영은 길이 15mm정도로서 중륵[50]에 잔돌기가 있고 양쪽이 서로 다르다.
꽃색	흰색
열매	밀보다 긴 크기로 녹갈색 또는 자색을 띠고 표면에 주름이 있는 것이 많으며 등쪽에 세로 홈이 있다.
뿌리	흰색으로 된 뿌리가 주로 물이 없는 논이나 밭에서 잔뿌리가 많은 수염뿌리다.
번식	종자
활용	식용, 특히 빵을 만드는 밀가루 원재료로 활용되거나 보드카나 맥주 원료로 사용되며 호밀짚은 짚풀 재료로 베개와 모자나 종이나 지붕을 덮는데 활용된다. 거름과 깔개로 사용되고 땔감으로도 활용된다.

47) 내한성 耐寒性 : [명사]추위를 견디어 내는 성질. 또는 그런 능력.
48) 잎혀 [ligule] : 잎집과 잎몸의 경계부에 있는 막상돌기로 엽설(葉舌)이라고도 하는데 화본과식

촬영시기- 2007년 4월 17일	
촬영장소- 경상남도 함안군 법수면	
날씨, 시간, 온도, 고도 생략	

제2절 풀의 종류

여기서 풀은 짚풀 공예에 사용되는 풀을 말한다. 풀은 지상부가 연하고 물기가 많아 목질을 이루지 않는 초본 식물들이며 목질(木質)이 아니어 줄기가 연하다. 이는 다시 한 해를 지내고 생을 마감하는 한해살이와 여러해살이로 나누어진다. 그리고 풀에 있어도 재료로 사용되는 부위에 따라 분류가 가능하다. 표 3-2. 사용부위에 따른 풀의 종류를 줄기·잎 사용, 껍질 사용, 덩굴사용, 뿌리 사용으로 분류하여 나열한 것이다.

짚풀 공예에 사용되는 풀은 갈대, 들아마(개아마), 거북꼬리, 댑싸리, 댕이덩굴(댕댕이덩굴), 띠, 모시, 모시풀, 부들, 삼, 수수, 솔새, 신서란, 순비기, 암그령, 억새, 왕골, 자오락, 줄, 칡덩굴 등이 있다.

표 3-2. 사용부위에 따른 풀의 종류

구분	줄기·잎 사용	껍질 사용	덩굴사용	뿌리 사용
종류	갈대, 골풀, 들아마, 댑싸리, 띠, 모시, 부들, 수수, 싸리, 신서란, 암그령, 억새, 왕골, 자오락, 줄	삼	댕이덩굴, 순비기, 칡덩굴	솔새
비고	대나무와 조릿대는 나무로 분류함			

물에서 볼 수 있다. 가늘고 긴 혀 모양의 얇은 막편이며 선단이 갈라지는 것과 그렇지 않은 것, 날카롭고 뾰족해지는 것과 그렇지 않은 것으로 대별되고 이들의 형상은 분류상의 지표가 된다.

49) 국가생물종지식정보시스템. 도감정보. 호밀

50) 중륵맥 [中肋脈] : [명사]<식물> 잎의 한가운데를 세로로 통하고 있는 굵은 잎맥. ≒ 중륵·중맥.

1) 갈대

명		갈대
학명		*Phragmites communis*
영명		Common Reed, Carrizo
다른명		갈때, 북달, 달, 갈
형태		다년초
과		벼과
개화기		9월
분포		온대 및 아한대에 분포하고 우리나라 전역
생육환경		보통 습지, 연못이나 개울가에서 자생한다.
크기		높이 3~5m
특징		군락을 이룬다.
잎		가늘고 길며 뾰족하게 생긴 모양의 2줄로 어긋나며 길이 55㎝, 나비 3㎝ 내외이며 끝이 점점 뾰족하고 가장자리가 거칠거칠하며 녹색이다. 엽초는 털이 없으며 설편(舌片)은 짧고 가장자리에 털이 난다.
줄기		길고 곧으며 원기둥형이고 크고 단단하며 모여 난다.
꽃	원추화서	끝이 밑으로 처지며 길이 20-45cm로서 넓은 난형이다.
	소수	소수는 길이 10-17mm로서 2-4개의 소화로 된다.
	포영	호영 보다 짧고 3맥이 있으며, 첫째 작은 꽃은 수꽃이다.
	호영	끝이 까락처럼 안쪽으로 말려 있다. 수술은 3개이며 꽃밥은 길이 2mm 정도이다.
꽃색		처음에 자주색이나 점차 담백색으로 변한다.
열매		영과(穎果)이고 종자에 갓털[51)]이 있다.
뿌리		거칠고 긴 뿌리는 가로 뻗고 마디에서 많은 황백색의 수염뿌리가 난다.
번식		종자와 줄기에 의해 번식이 보통이다.
활용		어린순은 식용이 되며 푸른 잎이나 줄기는 가축 사료나 두엄으로 이용된다. 가을에 꽃이 핀 이후는 관상용으로 꽃꽂이 재료에 사용되고 갈대는 빗자루나 삿갓, 발, 울타리나 지붕을 이을 때 사용된다.

51) 갓털 : <식물> 씨방의 맨 끝에 붙은 솜털 같은 것. 꽃받침의 형태가 변한 것이다. 버들가지, 민들레 따위의 견과(堅果)에 붙어 있다. ≒관모(冠毛) ·상투털.

촬영장소- 전라남도 무안	
2006년 9월 2일	
날씨, 시간, 온도, 고도 생략	

2) 들아마(개아마)

명	들아마
학명	*Linum stelleroides*
영명	Wild Flax
다른명	개아마
형태	일년생 초본
과	아마과
개화기	6월
분포	한국, 중국, 일본, 러시아 등에 분포
생육환경	들녘의 풀밭에 주로 자생
크기	높이가 40-60cm 정도
특징	잎이 어긋나게 나고 줄무늬가 있으며 3맥이다. 껍질은 섬유질이다.
잎	잎은 어긋나고 잎자루가 없으며 바소꼴[52]의 구둣주걱 모양이거나 길고 좀 넓은 바늘 꼴이며 끝이 날카롭고 톱니가 없다.
줄기	가늘고 곧으며 털이 없고 윗부분에서 가지를 치고 원줄기는 둥글다.
꽃	원추꽃차례로서 드문 방상(房狀)이며 꽃자루가 가늘다. 꽃받침조각은 5개이며 달걀모양의 바소꼴인데 끝이 뾰족하다. 꽃잎은 5장이고 끝이 둥글며 길이는 약 1cm이다. 5개의 수술이 있고 암술이 1개 있다.
꽃색	연한 자주색
열매	삭과[53]는 지름 3.5-4mm가량으로 둥글고 5실이며 끝이 예리하다.
뿌리	중심뿌리가 2~4개 정도가 보통이며 잔뿌리가 많은 편이 아니며 약간 긴 편이다.
번식	씨앗
활용	목화가 나오기 전에 섬유로 많이 사용되었다. 아마인유를 채취하는 데 쓰며, 사료나 목재, 정원수나 온실의 장식용으로 쓰인다.

52) 바소꼴 : [명사]<식물> = 피침 모양
<식물> 잎이나 꽃잎 따위의 모양을 나타내는 말의 하나. 가늘고 길며 끝이 뾰족하고 중간쯤부터 아래쪽이 약간 볼록한 모양이다. ≒바소꼴·바소 모양·침형·피침형.

	출처 : 국가생물종정보시스템

53) 삭과 [蒴果, capsule] : 과일의 속이 여러 칸으로 나뉘어져서, 각 칸 속에 많은 종자가 들어있는 과실을 말한다.

3) 골풀

명		골풀
학명		Juncus effusus var. *decipiens*
영명		Common Rush
다른명		
형태		다년생 초본
과		골풀과
개화기		5~7월
분포		한국, 일본, 중국, 타이완
생육환경		습지나 연못가
크기		30cm~1m
특징		위에 올라 온 옆줄기가 없고 한 줄의 줄기가 있고 마디가 없다.
잎		잎은 위쪽에 없고 아래에 비늘처럼 원기둥 모양의 줄기 밑에 엽포가 퇴화되어 15~20cm정도로 달렸다.
줄기		줄기는 속이 가득 차 있고 높이 40-100cm, 2-4mm로서 원주형이며 마디가 없고 흐릿한 종선이 있다.
꽃	포	위의 포는 곧게 선 원줄기 모양으로 줄기의 끝처럼 보이는데 15~20cm정도 자란다.
	수술	수술은 3개로 화피조각보다 3분의 1정도 짧고 꽃밥은 꽃실과 길이가 비슷하다.
꽃색		녹갈색
열매		삭과로 종자는 갈색이며 길이 0.5mm 정도이고 9~10월에 익고 각이 있는 계란형이다.
뿌리		수염뿌리이고 짧다.
번식		분주
활용		약재, 돗자리, 관상용으로 활용된다.

2008년 6월 16일	
경기 포천시	
날씨, 시간, 온도, 고도 생략	

4) 댑싸리

명	댑싸리
학명	*Kochia scoparia*
영명	Summer Cypress
다른명	비싸리, 공쟁이, 대싸리
형태	1년생 초본
과	명아주과
개화기	7, 8월
분포	유럽, 남아시아, 중국, 한국
생육환경	빈터나 길가
크기	높이 1~1.5m
특징	밑동이 흔히 목질화
색	진녹색
잎	잎은 어긋나며 여러 개이고 바소꼴로 양끝이 뾰족하고 톱니가 없으며 3줄의 맥(脈)이 뚜렷하고 가장자리는 밋밋하며 기부가 가늘어지면서 자루를 이룬다. 길이 2-5㎝, 폭 2-8㎜로서 긴 털이 약간 있다.
줄기	곧고 단단하며 전체에 약간의 털이 있고 줄기에 가지가 많다. 처음에 녹색이었다가 점점 붉게 변한다.
꽃	암수딴꽃으로 2~3송이가 잎겨드랑이에서 나며 꽃이 작고, 꽃자루가 없으며 꽃 아래에 잎모양의 꽃턱잎이 있다. 꽃받침은 5개로 갈라지며 수술은 5개로 길게 나오고 암술은 하나이며 씨방은 납작한 원형이고 암술대는 2개이다. 꽃받침은 꽃이 핀 다음 자라서 열매를 둘러싸고 뒤쪽의 것은 날개같이 된다.
꽃색	엷은 녹색
열매	과실은 꽃받침에 싸인 포과(胞果)로서 납작한 구형이며 뒷면에 날개모양으로 확장된 숙존악이 있고, 그 속에 종자 하나가 싸여 있고 과실을 지부자(地膚子)[54]라 한다.
뿌리	흰빛이 나는 잔뿌리가 많고 질긴 편이다.
번식	씨
활용	식용, 약재와 빗자루

54)지부자 [地膚子] : [명사]<한의학> 댑싸리의 씨. 오줌을 순하게 하고 피부를 깨끗하게 하는 데에 쓴다. ≒낙추자·천두자.

촬영장소- 전라남도 무안 2006년 9월	
2007년 6월 충청남도 성남	
2006년 9월 전라남도 무안	

5) 댕이덩굴(댕댕이덩굴)

명	댕강덩굴
학명	*Cocculus trilobus*
영명	Japanese Snailseed
다른명	댕댕이덩굴, 끗비돗초
형태	낙엽활엽 만목
과	방기과
개화기	5, 6월
분포	한국
생육환경	산기슭 양지 및 밭둑·들판이나 숲가
크기	길이 3m정도, 잎 3~12cm, 나비 2~10cm, 열매 지름 5~8mm
특징	싱싱한 녹색의 잎, 여름에 피는 황백색 꽃 아름다운 모양으로 줄기 식물로 정원수로 가능하다.
잎	잎 끝은 뾰족하고 밑은 둥글며 길이 3~12cm, 나비 2~10cm로서 3~5맥이 뚜렷하다
줄기	길이가 3m에 달하고 줄기와 잎에 털이 있다. 줄기가 어릴 때는 녹색이지만 오래되면 회색으로 된다.
꽃	꽃받침열편과 꽃잎은 각각 6개, 수꽃의 수술이 6개이고 암꽃에는 6개의 헛수술, 3개의 심피와 1개 암술이 있다. 암술대는 원주형[55]으로서 갈라지지 않는다.
꽃색	황백색
열매	핵과[56]는 구형이고 지름은 6-8mm이며 10월에 흰 가루로 덮여 파란빛이 나는 흑색으로 익는다. 종자는 지름 4㎜정도 원반형에 가까우며 중심에 홀이 있고 많은 루프선이 있다
뿌리	뿌리는 약제로 사용된다.
번식	씨앗, 그루나누기
활용	식용, 약재, 줄기로 바구니나 둥거리, 정원수

55) 원주형 圓柱形 : [명사]<수학> '원기둥꼴'의 전 용어.

56) 핵과 [核果, drupe] : 중과피(中果皮)는 육질이고 내과피(內果皮)는 나무처럼 단단하게 되어 그 안에 종자가 들어 있는 열매로, 벚나무·매실나무· 매화나무· 복숭아나무· 감탕나무· 올리브· 체리· 호두나무· 멀구슬나무의 열매가 그 예이다

충청남도 천안시 성남면	

2006년 10월 29일	

6)띠

명		띠
학명		*Imperata cylindrica* var *koenigii*
영명		Cogongrass
다른명		띅, 삘기, 삐비
형태		다년생 초본
과		벼과
개화기		5월
분포		동부아시아 온대
생육환경		들이나 길가
크기		높이 40-90cm
특징		이삭 모양의 흰색 또는 흑자색 꽃이 가지 끝이나 줄기 끝에 수상(穗狀) 꽃차례로 핀다.
잎		잎은 더부룩하게 무더기로 나고 길이 20-50cm, 나비 8-12mm로서 끝이 날카롭고 밑부분도 점차 좁아지며 엽초에 털이 있는 것이 있고 잎혀(엽설)는 짧으며 절두이고 막질이며 가늘게 갈라진다.
줄기		높이 30-80cm이고 곧게 서고 굽으며 마디에 털이 있거나 또는 없다.
꽃	화수	5월에 잎보다 먼저 나온다.
	꽃차례	길이 10-20cm로서 원줄기에서 1-2회 갈라지며 각 소분지의 마디에 길이가 같지 않은 2개의 소수가 달린다.
	소수	조그마한 이삭은 긴 타원형이고 길이 3.5-4.5mm로서 피침형 예두이며 털이 없고 밑부분에는 길이 12mm정도의 은백색 털이 빽빽하게 자란다.
	영	막질이며 피침형 예두[57]로서 맥이 약간 있고 호영은 극히 작으며 까락이 없다.
	수술	길이 2.5-3mm로서 2개이다
	암술	2개로 갈라져서 길게 나오며 흑자색이다.
꽃색		자주
열매		
뿌리		근경[58]은 가늘고 길며 백색이고 땅속 깊숙이 뻗는다.
번식		근경이동, 씨앗
활용		약초

57) 예두 銳頭 : [명사]뾰족한 머리.

58) 근경(根莖) : 뿌리줄기 [rhizome] 식물의 줄기가 뿌리처럼 땅속으로 뻗어서 자라나는 땅속줄기이다.

경남 산청군 신등	
2008년 9월 21일	
2008년 9월 21일	

7) 모시

명	모시풀
학명	*Boehmeria nivea*
영명	Ramie
다른명	남모시
형태	다년생 초본(20년)
과	쐐기풀과
개화기	7, 8월
분포	한국·일본·타이완·중국 등지에 분포
생육환경	습기가 많고 기후가 따뜻한 지방
크기	1-2m 정도
특징	암수한그루로서 원추화서로 엽액에 달리고, 화서가 엽병보다 짧다
잎	잎은 넓은 달걀 모양이며 어긋나고 잎자루가 있다. 잎 밑은 둥글거나 쐐기 모양이며 끝이 날카롭고 거친 톱니가 있다. 잎 표면은 까칠까칠하고 뒷면에는 흰 솜털이 나 있다.
줄기	둥글며 약간 가지가 갈라지기도 하고 녹색으로서 엽병과 더불어 퍼진 잔털이 많다.
꽃	수꽃 화서는 줄기 밑부분에, 암꽃 화서는 줄기 윗부분에 달리며 화서는 길이 5-11cm이다. 수꽃은 황백색으로 화피 4장, 수술 4개로 되어 있다. 암꽃은 연녹색으로 통모양의 화피에 싸이고, 여러 개가 모여 작은 공 모양을 형상한다.
꽃색	녹색 또는 노란색
열매	수과로 타원형이며 길이 1mm 정도로서 여러 개가 함께 붙어 있다.
뿌리	뿌리는 목질로 땅속에서 옆으로 뻗는다.
번식	땅 속에 가지를 뻗어 번식
활용	섬유에 이용 줄기껍질에서 실을 뽑아 짠 천을 모시로 양복이나 와이셔츠 등으로 쓰이며, 모시풀로 만든 종이는 질겨서 돈의 재료로 사용되고 뿌리는 약재로 사용

경기도 용인시 기흥	
2007년 10월 17일	

8) 부들

<table>
<tr><td colspan="2">명</td><td>부들</td></tr>
<tr><td colspan="2">학명</td><td>Typha orientalis</td></tr>
<tr><td colspan="2">영명</td><td>Oriental Cattail</td></tr>
<tr><td colspan="2">다른명</td><td>부득이, 잘포, 좀부들</td></tr>
<tr><td colspan="2">형태</td><td>여러해살이풀</td></tr>
<tr><td colspan="2">과</td><td>부들과</td></tr>
<tr><td colspan="2">개화기</td><td>6~7월</td></tr>
<tr><td colspan="2">분포</td><td>유럽과 지중해 연안이나 아시아의 온대와 난대에 분포</td></tr>
<tr><td colspan="2">생육환경</td><td>연못가와 습지에서 자란다.</td></tr>
<tr><td colspan="2">크기</td><td>1~2m</td></tr>
<tr><td colspan="2">특징</td><td>양성식물로 습지나 물가에서 자라며 환경내성이 강하고 가늘고 길어 짚풀 공예에 좋은 재료다.</td></tr>
<tr><td colspan="2">잎</td><td>잎은 부채꼴이고 원줄기를 감싸고 있다.</td></tr>
<tr><td colspan="2">줄기</td><td>원주형이고 높이 1-1.8m로서 털이 없으며 매끈하다.</td></tr>
<tr><td rowspan="4">꽃</td><td>수꽃이삭</td><td>윗부분에 달리며 길이는 4~10cm이다.</td></tr>
<tr><td>암꽃이삭</td><td>바로 밑에 달리며 길이 5~12cm이고 화수에 달린 포는 2~3개로서 조기에 진다.</td></tr>
<tr><td>수꽃</td><td>황색이고 분이 있다</td></tr>
<tr><td>암꽃</td><td>소포는 없고 자방[59] 대는 있다.</td></tr>
<tr><td colspan="2">꽃색</td><td>황색</td></tr>
<tr><td colspan="2">열매</td><td>긴 타원형이며 붉은 갈색이다</td></tr>
<tr><td colspan="2">뿌리</td><td>주로 옆으로 뻗고 백색이며 수염뿌리다.</td></tr>
<tr><td colspan="2">번식</td><td>씨나 포기나누기</td></tr>
<tr><td colspan="2">활용</td><td>돗자리, 부채, 방석, 똬리, 도롱이, 짚신</td></tr>
</table>

59) 자방 : 자성생식기관(雌性生殖器官)인 암술의 일부로서 내부에 밑씨를 가진 부분

촬영장소- 경상남도 산청군 신안면 2006년 9월 14일	
경상남도 산청군 신안면 2006년 9월 14일	
충남 아산시 2008년 8월 2일	

9) 삼

명		삼
학명		*Cannabis sativa*
영명		Hemp
다른명		대마
형태		씨로 번식하는 1년생 초본
과		삼과
개화기		6~7월
분포		유럽과 아시아
생육환경		주로 물이 잘 빠지는 사질토양에 잘 자라고 야생도 있다.
크기		3~6m
특징		고대부터 섬유식물로 재배하여 옷이나 신발로 사용하였고 효능에는 마취효과가 있고 암수의 그루가 다르다.
잎		아래 잎이 마주나고 잎자루가 길며 5~9개로 갈라진 손바닥 모양이고 잔털이 있다. 윗부분에 달린 잎은 어긋나고 3개의 작은 잎으로 갈라지거나 홑잎이며, 잎자루가 짧고 폭이 좁은 긴 바소꼴이다.
줄기		녹색으로 재배삼중에 줄기의 삼베목적의 삼은 높게 3~6m까지 자라고 야생삼이나 씨나 꽃을 목적으로 심은 삼은 줄기의 크기가 1.5~3m정도다.
꽃	수꽃	가지 끝의 잎겨드랑이에 원추꽃차례를 이루며 달리고 수꽃은 큰 꽃밥을 가진 5개의 수술과 5개의 꽃받침조각이 있으며, 꽃이 피면 꽃밥이 가운데에서 세로로 갈라져 많은 수의 화분을 날려 보낸다.
	암꽃	줄기 끝 짧은 수상꽃차례의 암꽃은 매우 작고 꽃자루가 없으며 1개의 암술이 있다.
	씨방	씨방은 1개의 꽃받침에 싸여 있다.
	암술대	암술대는 2개로 갈라져 꽃받침 밖에 자리하고 있다.
꽃색		7~8월에 연한 녹색으로 핀다.
열매		열매는 수과이고 타원형이며 잿빛이 도는 흰색의 단단한 껍질이 있고 9월에 익는다.
뿌리		곁뿌리가 별로 없고 수직으로 30~40cm까지 뻗는다.
번식		종자
활용		잎과 꽃에서 얻는 마약제인 마리화나와 해시시를 얻고 줄기 껍질에서 섬유를 얻고 속은 울타리나 땔감으로 사용된다. 섬유는 삼베옷이나 로프, 그물, 미투리 재료로 사용된다. 속의 대는 어린이 장난감 화살대로도 많이 사용되었다.

촬영장소- 전라남도 보성군	
2007년 7월 17일	

10) 수수

명		수수
학명		*Sorghum bicolor*
영명		Sorghum
다른명		쑤시
형태		한해살이풀
과		벼과(화본과)
개화기		8~10월
분포		미국·인도·나이지리아·멕시코·중국 등 세계 각 지역과 한국 전지역
생육환경		고온의 척박한 땅이나 건조한 땅인 개간지에서도 잘 자란다.
크기		높이 1.5~3m
특징		주로 밭에 재배한다.
색		색은 흰색·노란색·갈색·붉은 갈색 등 여러 가지가 있다. 보통 처음에는 녹색이지만 적갈색으로 된다.
잎		잎은 어긋나고 길이 40-60㎝, 나비 5㎝내외로서 한줄기에 10개 정도 달리며 끝이 처진다. 처음에는 잎이 녹색이지만 적갈색으로 된다.
줄기		줄기에는 10~13개의 마디가 있고 줄기 끝에 이삭이 달리고 원줄기의 속이 충실하며, 마디가 뚜렷하다.
꽃	꽃	원추화서에 많은 꽃이 밀생하고 가지는 반윤생이다.
	암꽃	암꽃은 화병이 없고 길이 4㎜정도로서 넓은 타원형이며 아래에 속모가 있다.
	포영	포영은 혁질이고 윗부분에 털이 있다.
	내영	내영은 길이 5㎜정도의 테가 있으며 각 마디에 대가 있는 수꽃이 1~2송이 있다.
꽃색		적갈색
열매		여름에서 가을에 줄기 끝에 큰 이삭이 달린다. 1개의 이삭에는 2,000개의 영과(穎果)가 맺는다. 영과는 지름 3~6m의 납작한 둥근모양이며 색은 빨강·갈색·노랑·흰색 등 품종에 따라 다르고 배젖은 녹말질이다.
뿌리		뿌리는 땅밖 눈으로 보일정도로 줄기 옆에서 원형으로 붙어서 자라고 보통 평균적인 굵기로 뿌리를 내린다.
번식		종자 파종
활용		열매는 떡·엿·술 등 식용으로 사용되고 잎이나 줄기는 가축 사료나 땔감으로 사용된다. 줄기 대는 빗자루나 짚풀 공예 재료로 사용되거나 울타리나 발로도 사용된다.

촬영장소- 전라남도 무안	
2006년 9월 2일	

11) 솔새

명	솔새
학명	*Themeda triandra* var *japonica*
영명	Japanese Themeda
다른명	솔줄, 솔풀
형태	여러해살이 풀
과	벼과
개화기	8월
분포	한국·일본·중국·인도 등
생육환경	야산이나 밭둑
크기	높이는 70-100cm
특징	뿌리와 줄기가 무더기로 나며 뿌리가 짚풀 재료로 사용된다.
색	연보라
잎	잎은 뿌리나 땅속줄기에서 땅 위에 나온 뿌리잎[60]과 줄기에서 잎이 나는 경생엽의 두 가지가 있으며 길이 35~55cm, 폭 4~8mm로서 가장자리가 될 말리고 뒷면은 분백색이며 아래 부분에 긴 털이 있고 엽설은 길이 1~3mm이고 기부와 엽초 가장자리에는 털이 많은 편이다.
줄기	뿌리에서 많은 잎과 꽃줄기인 화경(花莖)[61]이 뭉쳐나기를 한다.
꽃	꽃은 8월 여름에 잎겨드랑이에서 나온 수상꽃차례가 연속하여 원뿔모양을 이루어 피고 이삭은 작고 바퀴모양으로 배열된 4개의 수꽃과 1개의 암꽃으로 되어 있다. 포영에 흙색까락이 있고 잔털이 있다.
꽃색	보라
열매	막대형 금갈색으로 10월경에 결실을 맺으며 털이 있다.
뿌리	뿌리는 수염처럼 뭉쳐서 무성하게 자라고 2~3mm간격으로 톱니날모양으로 꺽어진 직선 형태로 뻗어난다.
번식	종자
활용	거름이나 땔감으로 사용되고 짚풀 재료로 뿌리로 솔을 만든다.

60) 뿌리잎 : [명사]<식물> 뿌리나 땅속줄기에서 돋아 땅 위로 나온 잎. 고사리, 씨름꽃, 연꽃, 봄

촬영장소- 경상남도 산청군 신등면	
2008년 1월 6일	

맞이꽃 따위에서 볼 수 있다. ≒근생엽·근엽(根葉)·근출엽.

61) 화경(花梗) : 꽃자루 [peduncle] 꽃을 받치고 있는 작은 가지이다. 꽃자루를 다수 달고 있는

12) 신서란

명		신서란
학명		*Phormium tenax*
영명		New Zealand hemp
다른명		신사라, 뉴질랜드삼
형태		여러해살이풀
과		백합과
개화기		7~8월
분포		뉴질랜드, 오스트레일리아, 아일랜드 남부, 한국의 제주도, 울릉도
생육환경		물이 잘 빠지고 영양분이 적당한 토양과 비가 적당하게 내리는 온대지역이다.
크기		높이 1~2m, 잎 길이 1~3m, 폭 5cm
특징		줄기는 짧은 편이고 잎이 길다.
잎		너비가 5cm, 길이가 1~4m 정도로 위쪽으로 갈수록 가늘고 짙은 녹색을 띤다. 잎 앞면은 부드럽고 단단하다. 뒷면은 잎 한가운데 있는 큰 잎맥이 뚜렷하게 나 있다.
줄기		뿌리줄기에서 어린줄기가 나온다. 어린줄기는 8~12개로 이루어졌으며 각각의 어린줄기에 5개의 창같이 생긴 잎이 나와 부채 모양이 된다.
꽃	꽃줄기	꽃줄기에 복총상꽃차례를 이루며 많은 수가 달린다. 꽃의 길이는 4~5cm이고, 대롱 모양의 통꽃이다.
	꽃대	꽃대는 식물체의 가운데에서 나오고 높이 3.6~4.5m 정도이며 길이가 약 3.8cm인 노란 꽃이 무리지어 핀다.
꽃색		검붉은빛 또는 황색
열매		익으면 벌어지는 마른 열매의 삭과이고 검은색으로 10월에 익는다.
뿌리		뿌리줄기로 잔털이 있다.
번식		씨뿌리기, 포기나누기(뿌리줄기)
활용		정원수, 선박밧줄, 바구니, 종이제조, 짚풀 재료(짚신, 멱둥구미, 팽이채 줄)

큰 가지를 꽃줄기라고도 한다.

제주시 연동	
2007년 6월 6일	

13) 순비기

명		순비기나무
학명		*Vitex rotundifolia*
영명		
다른명		만형자, 풍나무, 만형자나무, 만형
형태		상록활엽관목
과		마편초과
개화기		7~9월
분포		동아시아와 태평양 연안
생육환경		해변 모래땅
크기		높이 30~80cm
특징		불가사리모양처럼 바닷가 모래땅에서 옆으로 기어가듯 자라면서 뿌리가 내린다.
잎		잎은 마주보고 나며 두툼하고 계란형이나 타원형이고 길이 2.5~5㎝, 나비 1.5~3㎝로 앞면은 잔털이 많고 뒷면은 은백색이며 가장자리가 밋밋하다.
줄기		불가사리가 기어가듯 옆으로 자라며 회백색의 잔털이 있고, 소지는 각이 져 있고 전체가 백색털이 밀생한다.
꽃	꽃받침	술잔처럼 생기고 털이 빽빽이 난다.
	화관	지름 약 13mm이고 4개의 수술 중 2개가 길다.
	꽃밥	자줏빛이다.
	암술	암술은 1개이고 암술대는 2개로 갈라진다.
꽃색		자줏빛 입술 모양
열매		핵과로 딱딱하고 둥글며 9~10월에 검은 자주색으로 익는다.
뿌리		약용으로 사용되고 강한 향이 있다.
번식		종자, 줄기삽목
활용		향료와 약용, 밀원용, 베게 속, 줄기는 짚풀 재료인 바구니 닭둥우리, 키, 삼태기 만드는데 사용하였다.

경상남도 진주시 반성면	
2007년 8월 14일	

14) 암그령

명		그령
학명		*Eragrostis ferruginea*
영명		Stinkgrass
다른명		암그령, 암크령
형태		한해살이풀
과		벼과
개화기		7, 8, 9월
분포		전 세계의 온대와 열대에 분포하고 우리나라 전역에 자생한다.
생육환경		개울가나 초지에 잘 자란다.
크기		20~80cm
특징		생장이 강하고 전국 어디서나 흔히 볼 수 있다.
잎		성기게 어긋나며 줄모양이고 끝은 뾰족하며 폭1~2cm, 길이 8~16㎝로 평평하고 넓다.
줄기		높이 20-80cm, 지름 3-6mm정도이고 총생하며 밑부분에서 가지가 갈라지고 털이 없다.
꽃	원추화서	길이 6-18cm이며 가지는 마디에 1개씩 달리고 겨드랑이에 털이 있다.
	소화경	연한 환상선(環狀腺)이 있으며 소수는 길이 5-15cm, 폭 2.5-3mm로서 10-30개의 소화가 들어 있고 연한 녹색과 자주색이다
	포영	포영, 호영, 내영이 있고 작은 맥이 있고 맥 뒤에는 잔털이 있다.
꽃색		녹색 또는 자주색
열매		화미초로 작고 깨알만 하다.
뿌리		옆으로 많이 퍼지며 벼의 뿌리와 비슷하다.
번식		종자로 주로 퍼진다.
활용		약용이나 거름으로 사용되지만 농가에서는 잡초로 여겨진다.

강원도 철원군 동송읍 상노리	
2008년 5월 12일	

15) 억새

명	억새
학명	*Miscanthus sinensis*
영명	Eulalia
다른명	자주억새
형태	다년초
과	벼과
개화기	9월
분포	전국 각 지역과 중국, 일본 등
생육환경	산과 들
크기	높이 1~2m
특징	빽빽하게 포기로 모여서 자란다.
잎	잎은 원줄기를 둘러싸고 줄 모양이며 길이 50~90cm, 나비 1~2cm이다. 끝이 갈수록 뾰족해지는 선형이다. 맥은 여러 개이며 털이 없거나 긴 털이 난다. 뒷면은 연한 녹색 또는 흰빛을 띠고 얇은 종이처럼 반투명한 상태이며 길이 1~2mm이다.
줄기	빽빽하게 여럿이 촘촘히 모여서 난 모양으로 곧게 서 있다.
꽃	꽃은 9월에 피며 화수(花穗)는 길이 20~30cm이고 중축은 花序 分枝(화서분지)길이의 1/2이하이다. 가지는 길이 15-30cm이며 소수(小穗)는 대가 있는 것과 없는 것이 1마디에 1쌍씩 달리고 길이 5-7mm이며, 속모(束毛)는 길이가 7~12mm이다. 포영은 약간 딱딱하고 끝이 뾰족하며 가장자리와 끝이 막질이고 첫째 포영에 4맥이 있다. 내영은 끝이 2개로 갈라지며 길이 8-15mm의 까락이 돋는다.[62]
꽃색	자줏빛을 띤 황갈색
열매	
뿌리	뿌리줄기는 모여 나고 굵으며 원기둥이고 근경은 굵고 짧으며 옆으로 뻗는다.
번식	
활용	땔감이나 가축사료로 사용되고 지붕이나 울타리의 재료로 사용된다.

2008년 9월 21일	
경남 산청군	
2008년 9월 21일	

62) 국가생물종지식정보 참고

16) 왕골

명		왕골
학명		*Cyperus exaltatus* var *iwasakii*
영명		
다른명		골
형태		한해살이 또는 두해살이풀
과		벼목 사초과
개화기		9, 10월
분포		한국, 중국, 일본과 우리나라 전역에 분포한다.
생육환경		무논이나 습지에서 재배하거나 자생한다.
크기		높이 80~140cm이다.
특징		굵고 둔하게 세모지고 이삭가지가 나오고 또 이삭가지마다 다시 가지가 나와 큰 이삭을 이룬다.
잎		줄기 아랫부분에 나며 잎의 기부는 잎집으로 되어 줄기를 감싸고 있다.
줄기		땅 가까이에 짧은 땅속줄기가 있고 땅 위의 줄기는 세모져 있다.
꽃	화수	화수는 원주형이고 길이 2-4cm, 지름 1-1.2cm로서 소수가 다소 성글게 열린다.
	소수	소수는 비스듬히 퍼지고 길이 4-6mm로서 8-18개의 꽃이 있다.
	암술대	암술대는 수과보다 2배 정도 길고 끝이 3개로 갈라진다.
꽃색		황갈색
열매		작고 난타원형으로 길이 0.8~1㎜내외이다.
뿌리		뿌리는 사방으로 뻗어 있고 질기다.
번식		종자를 못자리에 뿌려 모종을 키워 무논에 옮겨 심는다.
활용		짚신, 돗자리, 방석, 여름베개, 모자, 발, 누에섶 등 짚풀 공예와 세공품 원료

충청북도 괴산군 소수면	
2008년 7월 19일	

17) 자오락 및 줄의 상세한 설명은 생략하며 자오락은 바닷가 펄에서 60~80cm정도의 크기로 자라고 주로 짚풀 공예의 사용처로 망태기나 배의 닻줄, 맷방석을 만드는 사용된다. 줄은 야산에 자생하며 높이가 150~200cm정도이고 넓이도 부들처럼 넓지만 두께가 띠처럼 얇다. 주로 도롱이나 방석과 자리 만드는데 좋은 재료이다.

18) 칡덩굴

명	칡(덩굴)
학명	*Pueraria lobata*
영명	
다른명	츩, 칙, 칙덤불
형태	다년생 덩굴식물
과	콩과
개화기	8월
분포	한국·중국·일본·타이완 등
생육환경	산기슭 양지
크기	길이는 지속적으로 자라고 보통 10m~30m, 직경 20㎝ 이상
특징	지면이나 다른 나무를 왼쪽으로 감아 올라간다.
잎	잎은 어긋나기로 달리고 잎자루가 길며 세 장의 작은 잎이 나오고 길이와 넓이가 각각 10-18㎝로서 털이 있고 가장자리가 밋밋하거나 얕게 3갈래로 갈라지며 선단이 뾰족하다. 엽병은 길이 8-18cm로서 털이 있으며 탁엽은 피침 형이고 중앙 부근에 붙어 있으며 길이 15-18mm정도다.
줄기	보통 줄기는 길게 자라지만 끝부분의 마디에 뿌리가 나서 땅에 새로운 뿌리를 내리지 못하면 영양공급부족으로 겨울 동안에 말라 죽으며 줄기는 흑갈색으로 갈색 또는 백색의 퍼진 털과 구부러진 털이 있다. 세력이 큰 줄기는 목질화되어 직경이 15㎝이상 되는 것도 있다.
꽃	꽃이 길다란 무한꽃차례에 속하는 총상화서(總狀花序)로 중심축에 꽃대가 있다. 무리지어 피는 하나하나의 꽃이 짧은 꽃자루에 달려 있고 모든 꽃자루는 길이가 거의 같다. 총상꽃차례로 겨드랑이에 핀다. 포는 줄모양이고 긴 털이 있으며 길이 6~10㎜이다.
꽃색	붉은빛이 도는 자주색(홍자색)
열매	협과[63]는 넓은 선형이고 편평하며 길이 4-9cm, 나비 8-10mm로서 길고 굳은 갈색의 퍼진 털이 있으며 열매는 9-10월에 익고 종자는 갈색인데 작다.
뿌리	1~3m, 지름 15~30cm로 땅 속 깊은 곳으로 들어가거나 옆으로 뻗고 섬유질로서 회백색을 띠며 녹말을 저장한다.
번식	포기나누기가 쉽다. 삽목법, 분주법, 종자재배법, 종내 잡목법
활용	뿌리는 약용, 식용은 냉면·국수·차·과자·떡으로, 줄기는 짚풀 재료로 밧줄·삼태기·바구니·그물을 만드는데 사용되고 특히 칡 줄기를 중복 때 캐서 삶은 다음 껍질을 벗겨내 만든 하얀 섬유로 짠 갈포 옷감을 만들기도 하며 잎은 가축 사료나 퇴비로 활용된다.

강원도 강릉	
2007년 9월 8일	

63) 협과 [莢果, legume] : 콩과의 열매로서 심피에서 발달하고 성숙한 후 건조하면 두 줄로 갈라지는데 씨가 방출하게 된다. 두과(豆果)라고도 한다.

제3절 나무 짚풀공예 재료의 종류

목질로 된 나무 짚풀 공예 재료의 종류는 가래나무, 개나리, 남총낭(종려), 닥나무, 달피나무, 대나무, 박쥐나무, 버드나무(물버들, 쪽버들, 키버들), 싸리(참싸리, 고듭싸리, 고양싸리, 꽃싸리, 쉽싸리), 산겨릅나무, 소나무, 조릿대(설대), 참회나무로 나누어 볼 수 있다. 나무 짚풀 공예의 재료는 나무나 줄기의 껍질을 사용하는 경우의 종류는 가래나무, 닥나무, 달피나무(피나무),박쥐나무, 버드나무(물버들, 쪽버들, 키버들), 산겨릅나무, 참회나무가 있다. 나무의 줄기 자체를 사용하는 종류는 개나리, 대나무, 싸리, 조릿대(설대)가 있고 잎을 사용하는 남총낭(종려)이 있으며 뿌리를 사용하는 소나무도 있다. 표 3-3. 나무짚풀 공예재료의 분류는 껍질사용, 줄기사용, 잎사용, 뿌리사용으로 나눌 수 있다.

표 3-3. 나무 짚풀 공예 재료의 분류

구분	껍질 사용	줄기 사용	잎 사용	뿌리사용
종류	가래나무, 닥나무, 달피나무(피나무),박쥐나무,버드나무(물버들, 쪽버들, 키버들), 산겨릅나무, 참회나무	개나리, 대나무, 싸리[64], 조릿대(설대)	남총낭(종려)	소나무뿌리
비고	줄기부분의 껍질사용	대나무, 조릿대는 풀의 부분에서 나무로 분류함	장식 여치·잠자리 만들기에 사용	둥구미나 칡덩굴처럼 매는데 사용

64) 싸리는 껍질을 벗기지 않고 바지게(발채)나 삼태기를 만들 수 있지만 물오른 싸리를 껍질을 벗기고 나면 하얀 색의 속대로 광주리를 만들 수 있다.

1) 가래나무

명	가래나무
학명	*Juglans mandshurica*
영명	
다른명	산추자나무, 가래추나무, 산추나무
형태	낙엽 활엽 교목
과	가래나무과
개화기	4월
분포	한국의 중부이북 지역과 중국의 단동이나 러시아의 시베리아 지역에 분포한다.
생육환경	산기슭과 계곡의 양지쪽
크기	높이는 18~21m에 달하고 직경이 70cm
특징	잔잎이 7장 이상이며 잔잎의 가장자리가 톱니처럼 되어 있는 점이 호두나무와 차이가 난다.
잎	홀수깃꼴 겹잎이고 소엽은 7-17개이며 긴 타원형 또는 난상 타원형이고 길이 7-28cm, 너비 10cm 정도다.
줄기	수피[65]는 회색이며 세로로 골이 있고 가지는 굵고 성글게 나오며 소지에 털이 보인다.
꽃	꽃은 자웅일가화로서 화축에 털이 있고 웅화수는 길이 12-20cm이며 수술은 12-14개로 피고 자화수에 5-10개의 꽃이 핀다.
꽃색	붉은색
열매	타원형인 달걀 모양의 열매가 달린다.
뿌리	
번식	종자
활용	나무는 가구목재나 총대, 조각재로 사용되고 나무껍질은 짚신의 댕기나 망태기(주루목)의 댕기, 둥구미(봉생이)나 매판의 무늬를 넣을 때 사용된다.

촬영장소- 경상남도 진주시 반성면	
2007년 7월 14일	

2) 개나리

명	개나리
학명	*Forsythia koreana*
영명	Korean Forsythia
다른명	개나리나무, 어사리, 개나리꽃나무
형태	낙엽활엽관목.
과	물푸레 나무과
개화기	4월
분포	한국 전역과 중국의 단동지역
생육환경	한국의 음지, 양지 어디서나 잘 자란다.
크기	크기는 뻗은 대가 3~5m 정도
특징	한국의 봄꽃이고 노랗다.
잎	잎은 마주나고 타원형이며 톱니가 있고 길이 3~10cm이다. 잎 양쪽 모두 털이 없다. 잎자루는 길이 1~2cm이다.
줄기	줄기 끝 부분은 늘어지고 초기에는 녹색이지만 점차 회갈색으로 변한다.
꽃	꽃잎과 꽃받침, 화관은 각각 4개로 갈라진다. 화관은 길이 2-2.5cm정도고 열편은 긴 타원형이고 꽃잎은 종모양이다.
꽃색	노란색
열매	삭과는 뾰족한 엷선이며 9월에 익고 길이는 1.6~2.0cm이고 종자는 갈색이고 길이 4-6mm로서 날개가 있고 튀어나온 돌기가 있다.
뿌리	잔뿌리가 많은 편이다.
번식	번식은 꺾꽂이나 휘묻이[66], 포기나누기로 한다.
활용	정원수나 생 울타리에 사용되고 꽃잎은 술을 담그는 재료로 사용되고 줄기는 짚풀 재료로 채반이나 발로 사용된다.

65) 수피 [樹皮, bark] : 나무줄기의 코르크 형성층(形成層)보다 바깥 조직을 말한다. 보통 수목이 비대해지면, 처음 피층에 코르크층이 생기고 그 후 새로운 코르크층의 형성이 체관부의 안쪽까지 미치게 되어 그 바깥쪽으로 격리된 체관부 등의 조직세포는 죽게 된다. 이러한 죽은 조직과 코르크층의 호층을 수피라 한다. 수피에는 체내외의 통기작용을 하는 피목이라는 조직이 있다. 두산백과사전

66) 휘묻이 [layerage] : 식물의 가지를 잘라내지 않은 상태에서 뿌리를 내어 번식시키는 방법. 일반적으로 휘는 줄기를 땅에 묻어서 뿌리를 내는 저취법을 가리킨다. 두산백과사전

<table>
<tr><td>전라북도
장수군 계북면</td><td></td></tr>
<tr><td>황해북도
개성시 봉동
2007년
4월 20일</td><td></td></tr>
<tr><td>충청북도
음성군 삼성면
2008년
5월 12일</td><td></td></tr>
</table>

3) 남총낭(종려)

명	종려
학명	*Trachycarpus fortunei*
영명	Fortune Palm
다른명	당종려, 남총낭
형태	상록활엽교목
과	야자과
개화기	5월
분포	한국, 중국, 버마, 일본
생육환경	반그늘에서 재배하며 겨울에는 직사광선에서 잘 자라고 20℃에서 잘 생육한다.
크기	5-10m
특징	빳빳하고 정원수로 널리 사용된다.
잎	잎은 광택이 없고 진녹색이고 부채살 같은 타원형에 장상엽으로 길이가 45-60cm, 폭은 30-45cm이다.
줄기	외대로 직립하고 줄기 끝에서 많은 잎이 나오고 줄기 직경은 13-18cm이고 흑갈색의 털실 같은 섬유질이 싸고 있다.
꽃	육수화서[67]는 길이 50-60cm이고 엽액에서 나온다. 꽃은 노란 조이삭 비슷하게 생겼다.
꽃색	담황색
열매	액과이며 둥글거나 계란형이고 지름이 1~1.5㎝ 정도인데, 9~10월에 청흑색으로 결실을 맺는다.
뿌리	뿌리가 일반나무에 비해 짧고 뭉텅하다.
번식	씨에서 싹터 자라는 실생
활용	분재용, 정원수로 사용되고 짚풀 공예 재료는 여치나 잠자리 만들기에 사용된다.

67) 육수화서(肉穗花序) : 육수꽃차례 [spadix] 꽃대가 굵고, 꽃대 주위에 꽃자루가 없는 수 많은 작은 꽃들이 피는 꽃차례이다.

경상남도 산청군 신등면	
2006년 11월 5일	

4) 닥나무

명		닥나무
학명		*Broussonetia kazinoki*
영명		Kazinoki Papermul-berry
다른명		딱나무, 저상(楮桑)
형태		낙엽 활엽 관목
과		뽕나무과
개화기		5, 6월
분포		중국과 만주, 몽고, 한국 분포
생육환경		경사진 언덕이나 야산 산기슭의 양지쪽이나 밭둑. 재배하는 곳도 있다.
크기		3~5m
특징		표면은 거칠며 뒷면은 처음에 털이 있다.
색		회갈색
잎		잎은 어긋나며 난형 또는 난상 타원형이며 긴 점첨두이고 원저 또는 아심장저이며 길이 5-20cm로서 끝은 날카로운 톱니가 있다. 잎자루는 1~2cm 털이 잔존
줄기		소지는 유연하며 갈색이고 짧은 털이 있으나 곧 없어진다. 수피는 매우 질기고 회갈색이다.
꽃	특징	자웅동주[68]로 봄에 잎과 같이 핌.
	수꽃이삭	길이 1.5cm의 타원 모양이고 어린 가지 밑 부분에 달린다. 수꽃의 화피 조각과 수술은 각각 4개이다.
	암꽃이삭	둥글고 가지 윗부분의 잎겨드랑이에 맺고 암꽃의 화피는 통 모양으로 2~4개이며 씨방에 실 같은 암술대가 있다.
꽃색		핑크와 흰색
열매		핵과는 편구형(偏球形)이며 취합과(聚合果)는 구형이고 9월에 익는다. 외과피는 과경과 더불어 굵어지며 육질로 되어 적색으로 익으므로 딸기와 비슷하고 내과피에 입상의 돌기가 있다. 과실을 저실자(楮實子)라 한다.
뿌리		뿌리는 질기고 3m가량 뻗는다.
번식		씨앗
활용		짚신이나 망태기의 떨어지기 쉬운 부분에 닥나무의 질긴 성질을 이용하여 쉽게 헤지지 않게 하기 위하여 사용. 섬유 저포로 베로 사용되었고 고려시대부터 흑피·백피를 가지고 한지를 만든데 사용하고 한방에서도 약제로 사용, 피부를 하얗게 하기위해서 끓여서 마시기도 함

경상남도 의령군	
2005년 10월 15일	

68) 자웅동주 [雌雄同株, monoecism] : 종자식물에서 수술만을 가진 수꽃과 암술만을 가진 암꽃이 같은 그루에 생기는 현상으로, 초본류에는 호박 ·오이 등이 있고, 목본류에는 오리나무 ·삼

5) 달피나무(피나무)

명		피나무
학명		*Tilia amurensis*
영명		Amur Linden
다른명		달피나무, 꽃피나무, 달피, 참피나무, 털피나무
형태		낙엽활엽교목
과		피나무
개화기		6월
분포		한국, 중국과 만주, 몽고, 아모루에도 분포
생육환경		전국 산야의 표고 100~1,700m의 계곡과 산록 및 산복에서 야생
크기		수고 20m, 직경 1m
특징		열매 대궁에는 프로펠라 모양의 포가 달려있는 것이 특이하다.
잎		잎은 어긋나고 길이 3~9cm의 넓은 달걀 모양이다. 잎 끝이 급히 길어진 첨두이며 심장저이고 길이 3-9cm로서 표면에 털이 없으며 뒷면은 회록색으로서 맥액에 갈색 털이 밀생[69]하고 가장자리에 예리한 톱니가 있으며 엽병은 길이 1.5-6cm이다.
줄기		줄기는 곧게 자라며 회갈색이고 어린 가지에 짧은 단모가 있거나 없다.
꽃	꽃자루	중앙에 바소꼴 또는 거꾸로 선 바소꼴의 포가 달려 있다.
	포	끝이 둔하고 길이 5cm 내외이다.
	꽃받침조각	타원형으로 선단 겉에 털이 있고 꽃잎은 바소꼴로 꽃받침보다 길다.
	수술	꽃잎보다 길다.
	암술	길이 4mm이며, 씨방에 흰색 털이 있다.
꽃색		엷은 노란색
열매		열매는 견과로 원형 또는 도란형으로서 능선이 없고 백색 또는 갈색 털이 밀생하며 9-10월에 익는다.
뿌리		일반적인 나무와 같이 뿌리내림이 비슷하다.
번식		씨, 그 자체가 갈라지거나, 싹이 나거나 땅속줄기에서 나와 두 개 이상의 새로운 개체를 만드는 무성생식[70]과 실생
활용		나무는 조림수, 가로수로 사용되고 목재는 공작이 쉬워 가구재·조각재·연필재·성냥개비로 사용되고 꽃은 향기와 꽃이

나무 ·소나무 등이 있다.

	많아 밀원에 좋다. 껍질은 물에도 잘 썩지 않고 1년에 1겹씩 자라며 밧줄 만드는 데 사용되고 짚풀 재료로 짚신이나 망태기 등에 볏짚보다 질겨, 잘 닳는 부분에 사용되기도 하다.
2007년 7월 17일	
경상남도 진주시 이반성면	
	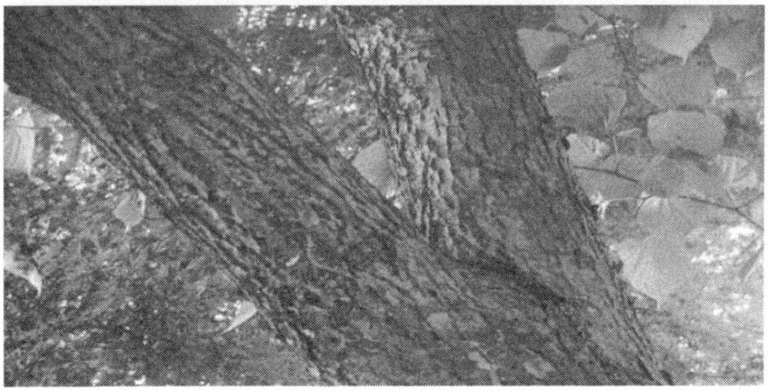

69) 밀생 [密生] : [명사]풀이나 나무 따위가 매우 빽빽하게 자람.

70) 무성생식 [無性生殖, asexual reproduction] : 암수 개체가 필요없이, 한 개체가 단독으로 새로운 개체를 형성하는 방법. 한 개체에서 만들어진 생식세포가 단독으로 새로운 개체가 되는 경

6) 대나무

명	대나무
학명	*Phyllostachys bambusoides*
영명	bamboo
다른명	녹경
형태	여러해살이 상록 교목
과	벼목 화목과
개화기	6, 7월
분포	전 세계
생육환경	열대지방의 비가 많이 내리는 지역에 잘 자라고 추운지방은 크기도 작다.
크기	높이 30m 지름 20cm 정도
특징	나이테가 없고 비대생장을 하지 않는다.
잎	푸르고 좁고 길다.
줄기	줄기가 꼿꼿하고 둥글며 속이 비어 있다. 땅 속 줄기는 옆으로 뻗어 마디에서 뿌리와 순이 나온다.
꽃	꽃이 자주 피지 않고 필 경우 영양의 과잉섭취로 고사가 있다.
꽃색	흰색이며 꽃 아래에 검은 가루가 나중에는 꽃자루에 검고 굳은 덩어리로 남아 있기도 하다.
열매	영과(穎果)로 가을에 익는다.
뿌리	뿌리보다는 땅속줄기이고 땅속줄기는 분지하여 자라고 퍼진다. 새로운 땅속줄기에는 각각의 마디마다 1개씩 곁눈이 달린다.
번식	그루나누기를 할 수 있다.
활용	용도가 매우 다양하며 관상용, 식용, 죽순껍질은 바구니나 액자를 만들고 화살·가정용구·농기구·어구·악기·완구·다도구 등 여러 방면에 이용 된다.

우가 무성생식이다.

부산시 금정구 노포동 2008년 5월 29일	
경상북도 울진군 평해읍 2008년 5월 28일	
부산시 금정구 2008년 5월 29일	

7) 박쥐나무

명		박쥐나무
학명		*Alangium platanifolium* var *trilobum*
영명		
다른명		누른대나무, 털박쥐나무
형태		낙엽활엽성 관목
과		박쥐나무과
개화기		5~7월
분포		한국·일본·중국 등 아시아
생육환경		습기가 적당한 야산 숲속
크기		2.5~4.5m
특징		박쥐같은 잎과 가을 하늘색처럼 아름다운 벽색의 열매는 진주 같다.
잎		잎은 어긋나고 사각상 심원형 또는 원형이며 길이와 나비가 7~20cm로서 끝이 3~5개로 얕게 갈라지고 가장자리가 밋밋하다. 또한 양면에 잔 털이 있고 밑에서 손바닥 모양 맥이 갈라지며 잎자루는 길이 2~4cm이다
줄기		밑에서 올라와 수형을 만들고 외피가 떨어지기도 하고 수피는 검은빛을 띤 자주색이다.
꽃	취산꽃차례	액생 또는 액상생하며 털이 있기도 하며 양성의 꽃이 1-4개의 꽃이 달리고 작은 꽃자루에 환절이 있다.
	꽃받침	환상으로서 4-10개의 얕은 톱니가 있다.
	꽃잎	꽃잎은 선형이고 8개이며 길이 23mm로서 노란 빛이 돌고 꽃이 피면 뒤로 말린다.
	수술	수술은 12개이고 수술대는 길이 10mm로서 견모가 있다
	암술	암술은 1개이고 대는 매끈하고 꽃잎과 길이가 보통 비슷하다.
꽃색		노란빛을 띤 흰색
열매		핵과는 난상 원형이고 길이 6-8mm로서 9월에 짙은 벽색으로 익는다.
뿌리		팔각풍의 수염뿌리
번식		실생[71] 및 삽목
활용		어린순 식재, 약재, 경관수, 정원수, 공원, 도시녹지에 식재, 섬유 자원

71) 유형 [幼形, juvenile form] : 유식물(幼植物) ·실생(實生)이라고도 한다. 성형(成形)에 대응되는 말이다. 장란기를 가진 식물이나 그 이하의 하등식물에서는 배와의 경계가 뚜렷하지 않으나, 겉씨식물이나 속씨식물에서는 발아에서부터 거기에 이어지는 일정한 기간을 구별할 수 있

경상남도 진주시 이반성면	
2007년 8월 14일	

는데, 그 상태를 유형이라고 한다. 많은 식물에서 영양생장상(營養生長相)과 생식생장상이 명

8) 버드나무(물버들, 쪽버들, 키버들)

명		버드나무
학명		*Salix koreensis*
영명		Korean Willow
다른명		버들, 뚝버들, 버들나무, 개왕버들
형태		낙엽활엽교목
과		버드나무과
개화기		4월
분포		한국·일본, 중국 북동부
생육환경		습기가 있는 냇가나 산기슭과 계곡
크기		10m 이상, 직경 90cm
특징		꽃이 먼저 개화하고 다른 나무에 비해 가지가 잘 부러진다.
잎		잎은 피침형이고 길이 5-12cm, 폭 7-20mm 정도고 둥글며 가에 톱니가 있고 끝이 뾰족하다.
줄기		물관부 바깥의 껍질는 암갈색이고 얕게 터지며 어린가지는 황록색으로서 털이 있으나 점차 없어진다. 동아는 털이 있고 붉은 빛 또는 황홍색을 띠며 가늘고 긴 탁엽은 끝이 뾰족하다.
꽃	수꽃이삭	길이 1-5cm로서 화축에 털이 있으며 포는 타원형이고, 길이 1.5mm정도로서 면모가 밀생하며 밀선[72]과 수술이 각각 2개이고 수술대 밑에 털이 있다.
	암꽃이삭	길이 1-2cm이며 화축에 털이 있고 포는 녹색으로서 난형이며 털이 있고 밀선은 1-2개이다.
	씨방	난형으로서 대가 없으며 털이 있다.
	암술대	빽빽한 꽃이 있으며 약간 길며 암술머리는 4개이다.
꽃색		연한 노란색
열매		과실은 삭과로서 난형이며 과실꼭지가 없다.
뿌리		물기가 있는 곳을 잘 찾은 뿌리가 많다.
번식		실생 및 삽목
활용		목재와 약재로 사용되고 녹화에 사용되고 울타리에 이용된다.

확히 다르며, 유형은 영양생장상의 초기에 보인다. 쌍떡잎식물에서는 떡잎 또는 제1엽 등이 남아 있는 기간을 말하며, 일반적으로 배축(胚軸) ·어린뿌리[幼根] ·떡잎 ·어린줄기[幼莖]와 어린싹[幼芽]이 있다. 이 시기의 식물체에는 성형이 되면 소실되는 계통학상 및 분류학상 중요한 많은 형태상의 특징이 있다. 동물에 대해서도 유형이라는 용어가 쓰이는데, 변태가 뚜렷할 경우에는 유생(幼生)이라고 한다.

72) 밀선(蜜腺) : 꿀샘 (nectary)이라고도 한다. 식물의 분비조직의 일종으로, 구조는 종류에 따라

경기도 포천군 영북면	
2008년 5월 11일	
갯버들 경기도 여주군 가남면 2008년 5월 10일	

다르다. 표피세포가 유두상(乳頭狀) 또는 책상조직(柵狀組織)과 같이 신장되어 있고, 각 세포는 벽이 얇으며 세포질이 많이 함유되어 있는 것이 보통이다. 그러나 형태학적으로 별로 특징이 없는 것도 있고, 표피 바로 아래층의 세포도 벽이 얇으며 세포질이 많고 꿀샘조직에 첨가되어 있는 경우도 있다. 꽃안꿀샘[花內蜜腺]은 씨방기부[子房基部:씨방 상위의 꽃에서는 씨방의 상부]나 수술기부 등 꽃 속에 있으면서 곤충이나 새를 유인하여 꽃가루의 매개 역할을 한다. 꽃바깥꿀샘은 벚꽃의 잎자루 상부, 예덕나무의 잎몸 상부 등과 같이 줄기나 잎에 있는 경우를

9) 싸리(참싸리, 고듭싸리, 고양싸리, 꽃싸리, 쉽싸리)

명		참싸리
학명		*Lespedeza cyrtobotrya*
영명		Shortstalk Bushclover
다른명		고듭싸리, 고양싸리, 꽃싸리, 쉽싸리
형태		낙엽 활엽 관목
과		장미목 콩과
개화기		7~9월
분포		한국, 일본, 중국 등
생육환경		산이나 들의 양지
크기		150~250cm
특징		건조에 강하고 줄기가 굵다.
잎		잎은 어긋나며 한 잎자루에 3개의 작은 잎이 생기며 타원형이 보통이고 앞면은 털이 없는 편이나 뒷면은 털이 약간 있다.
줄기		줄기가 원형이며 꺾이지 않고 잔가지가 많은 편이다.
꽃	꽃	잎겨드랑이에서 총상꽃차례로 달린다.
	꽃부리	꽃부리는 10~15㎜의 길이에 나비모양이고 꽃받침에 털이 있으며 끝이 4개로 나누어져 있다.
	꽃대	꽃대에 털이 빽빽이 나고 짧은 꽃대에 꽃이 다닥다닥 달리므로 두상화[73] 같이 보인다.
꽃색		홍자색
열매		꼬투리 열매로 길이 8mm이며 난형이고 털이 있다.
뿌리		질기고 원뿌리가 길게 뻗고 그 주위에 잔뿌리가 자란다.
번식		종자파종
활용		관상용, 사방용, 양봉밀원, 잎은 사료, 삼태기, 바구니, 울타리, 빗자루와 땔감, 껍질은 짚풀 재료로 사용된다.

말한다

73) 두상화 [頭狀花] : [명사]<식물> 꽃대 끝에 많은 꽃이 뭉쳐 붙어서 머리 모양을 이룬 꽃. 국화, 민들레, 해바라기 따위가 있다. ≒두화(頭花).

전라북도 장수군 계북면 양악리	
2008년 5월 12일	
참싸리	

10) 산겨릅나무

명		산겨릅나무
학명		*Acer tegmentosum*
영명		Manchustriple Maple
다른명		산저릅, 참겨릅나무(벌나무 : 산청목)
형태		낙엽활엽소교목
과		단풍나무과
개화기		5월
분포		경상북도, 강원도, 황해도 등의 표고 200~1,700m에 자라고 중국, 만주 등지다.
생육환경		중용수로 음지나 양지에 잘 자라고 부식질[74]에 더 잘 자란다.
크기		15m
특징		세로로 된 백색 줄이 수피에 나 있다.
잎		잎은 마주나고 넓은 달걀 모양으로서 길이 8~16cm, 나비 8~12cm이다. 끝은 뾰족하고 가장자리가 3~5개로 얕게 갈라지고 밑부분에서 5개의 커다란 맥이 있고 털이 없다. 잎자루는 길이 3~8cm이다.
줄기		섬유질이 많고 털이 없다.
꽃	꽃	암수한그루 또는 암수딴그루
	꽃차례	아래로 처진 8cm
	꽃받침	5개의 계란모양
	수술	수술은 8개이다.
꽃색		노란빛
열매		9~10월에 익으며 길이 3cm의 날개모양의 열매다.
뿌리		뿌리의 통이 크고 단단하며 햇빛을 받으면 고사되기도 하다.
번식		종자. 채종하여 노천매장 후 파종하는 방법과 가을에 직파
활용		공원수나 악기재료와 껍질은 짚풀 재료로 사용된다.

74) 부식 扶植 : [명사] 초목을 뿌리를 박아 심음≒ 부식질

2007년 8월 14일	
경상남도 진주시 이반성면	

11) 조릿대

명		조릿대
학명		*Sasa borealis*
영명		
다른명		기주조릿대, 산대, 산죽, 신우대, 조리대
형태		여러해살이 외떡잎식물
과		벼과
개화기		4월
분포		한국, 중국, 일본
생육환경		산중턱 이하에 주로 생육하고 추위에 강하며, 수분이 적당하고 비옥한 사질양토를 좋아한다.
크기		키는 1~2m, 지름은 3~6㎜
특징		광택이 나고 줄기와 엽초 등에 털이 없다
잎		잎은 긴 타원상 바소꼴로 길이 10~25cm이고 끝으로 갈수록 뾰족하거나 꼬리처럼 길다. 잎 양면에 털이 없거나 뒷면 밑동에 털이 있고 가장자리에 가시같은 잔 톱니가 있으며 잎집에 털이 있다.
줄기		포가 2~3년간 줄기를 싸고 있으며 털과 더불어 끝에 피침형의 엽편이 있고 마디사이는 역모와 백분으로 덮이지만 4년째 줄기를 둘러싸 마치 칼집 모양인 초상엽이 벗겨지면서 같이 사라진다.
꽃	화서	털과 백분으로 덮여 있고, 기부가 자주색 포로 싸여 있다.
	소수	2~5개의 꽃으로 구성되며, 아랫부분에는 2개의 포가 있다.
	포영	길이 7~10mm로서 연모가 있고 뒷면에 홈이 있으며 내영은 3개이다.
	수술	6개이고 꽃밥은 길이 3mm정도이다.
꽃색		자주색
열매		종자는 5~6월에 익는다.
뿌리		뿌리줄기로 마디가 있고 마디 사이에 잔뿌리가 난다.
번식		봄에 포기나누기나 땅속줄기 끊어 심기가 있다.
활용		약용으로 사용되고 발, 조리나 바구니를 만들고 관상용이며 울타리로 많이 사용된다.

울산시 울주군 2006년 4월 27일 조릿대	
울산시 울주군 2006년 4월 27일 이대	
경남 마산시(창원시) 상대마도 2008년 8월 10일 조릿대	

12) 참회나무

명		참회나무
학명		*Euonymus oxyphyllus*
영명		Pendulous Euonymus
다른명		노랑회나무, 뿔회나무, 회나무, 회똥나무, 회뚝이나무
형태		낙엽 활엽 관목 또는 소교목
과		노박덩굴과
개화기		5, 6월
분포		한국, 중국, 일본
생육환경		산중턱 및 산골짜기에 주로 생육한다.
크기		20m까지 자란다.
특징		대기오염에 대한 저항성이 강하다.
색		진녹색
잎		잎은 긴 타원형이거나 달걀꼴로 마주나기하며 길이 4~8cm로 밑은 둥글고 끝은 날카로우며 잔 톱니가 있고 잎자루는 길이 2~6mm이다.
줄기		가지에는 털이 없으며 늦여름부터 가을 사이에 생겨 겨울을 넘기고 이듬해 봄에 자라는 싹 동아(冬芽)는 길이 4~6mm로서 끝이 뾰족하다.
꽃	취산꽃차례	먼저 꽃대 끝에 한 개의 꽃이 피고 그 주위의 가지 끝에 다시 꽃이 피고 거기서 다시 가지가 갈라져 끝에 꽃이 피는 취산화서는 화경이 길며 액생하고 여러 개 때로는 1개의 꽃이 달린다.
	꽃	꽃은 5-6월에 피고 지름 0.6~0.8cm로서 가장자리가 연한 녹색이며 안쪽은 자갈색이고 꽃받침잎, 꽃잎 및 수술이 각 5개이며 중앙으로 1개의 암술이 있다.
꽃색		자주빛이 도는 흰색
열매		삭과는 밑으로 처지고 지름 1cm정도로서 둥글며 마르면 5개의 능선이 약간 나타나고 9~10월에 암적색으로 익으며 5개로 갈라지고 밑으로 처지며 적색 종의 속에 종자가 들어 있다.
뿌리		일반나무와 같다.
번식		뿌리를 잘라 삽목으로 증식시키거나 파종으로 가능하다.
활용		약용이나 정원수에 사용되고 나무껍질은 밧줄 대용이나 짚신에 이용된다.

촬영장소- 경상남도 진주시 반성면	
2007년 8월 14일	

IV. 짚풀공예의 정의

제1절 공예의 개념

공예의 개념과 고유영역은 명확히 규정하기가 쉽지 않다. 공예의 사전적 의미로 (《세계미술용어사전》, 월간미술편, 1989, 중앙일보사)에서는 『....미술을 응용한 공작·금속기·칠기·목죽세공·도자기 염직품·자수 등을 말한다. 조각이나 회화는 실용이라는 점에 구속되지 않고 자유로운 구상에 바탕을 두고 창작되는 예술 이른바 자유미술인데 반하여, 공예는 실제로 사용되는 물건을 예술적으로 형성하는 것, 이른바 응용미술이다. 손과 도구로 하는 수공예도 있고, 기계의 힘을 빌어 생산하는 기계공예도 있다. 공예가 조형예술의 한 특수영역으로 간주된 것은 19세기 중반 이후의 일이다....』 위의 내용대로라면 공예는 실생활에 쓰여 지는 응용미술에 의한 공작품이다. 이런 공예는 실제 쓰기에 알맞은 물건에 장식적인 가치를 부가함으로써 그 가치를 높이려고 하는 미적인 기예이다. 여기서는 공예 중에서도 민속공예의 개념에 대해서도 조금은 다루어야겠다. 그러면 여기서 <민속>이란 개념과 별 분별없이 혼용되고 있는 고전·전통 등이 과연 같은 것인지를 알아본다. 고전(古典)이란 글자 그대로 옛식으로서 학문이나 예술에 있어서, 역사적으로 널리 모범이 될 만한 것을 이르니 그대로 자생력을 지니고 있는 것은 아니다. 다음 민속(民俗)은 민간의 풍속, 또는 민중의 습속의 준말이니 오늘에 살아 있는 것임을 뜻한다. 그렇다면 우리의 공예부분에서는 이 문제가 얼마만큼 분별되어 쓰여지고 있을까? 실상 공예분야에 있어서는 고전공예라는 호칭은 쓰여지지 않고 있다. 전통공예·민속공예·전승공예·민간공예 등의 용어가 역시 가기 개념의 분별없이 쓰여지고 있다. 위에서 전통공예 또는 전승공예라 하면 그 속에 고전적인 것과 민속적인 것이 다 포함되니 별문제가 없겠고, 민간공예 역시 오늘날 민간에서 쓰고 있는 모든 공예품을 대상으로 하는 것이니 개념에 무리가 없다. 다만 민속공예가 문제이다. 민속이란 민간의 습속일진대 그것은 분명히 오늘에 살아 있는 것이어야 한다. 만약에 그것이 자생력이 없이 제구실을 못하고 있다면 독창적인 자기문화를 향유하지 못하고 있다는 결론에 이른다. 전통공예 가운데 민속공예품이라는 이름의 실용도구나 살림도구 들이 실제는 실용성 없는 예스러운 것이라면 그 이름은 마땅히 바뀌어야 한다. 전통공예 또는 전승공예라 해야 한다. 민속이란 용어야 이처럼 까다로운 것임을 심우성 선생님의 글을 통해서도 다시 한 번 새겨봄직하다.[75)]

그림 4-1. 뉴욕 메트로폴리탄박물관의 조각품

공예의 분류는 여러 각도에서 가능하지만, 손으로 가공하기도 하고 기계로 기술화된 공예도 있다. 보통의 분류방법에는 용도나 의장에 의한 분류와 재료나 기술에 의한 분류도 가능하다할 것이다.

공예는 선사시대의 돌을 두들겨서 날카롭게 만든 돌을 도구로 사용하던 뗀석기와 간석기 때에 사용하던 효용성이 있고 균형 잡히고 아름다운 문양을 넣은 도구를 사용하면서부터 생겼을 때부터라고도 볼 수 있을 것이다. 금속을 주된 재료로 하여 생활에 필요한 일용품이나 장식품을 만드는 금속공예는 시대에 따라, 또는 용도·재료·기술에 따라 다양하게 나타난다. 우리나라에서 금속공예품이 나타난 것은 청동기 시대인 기원전 700년경이며, 제작하여 사용한 시기는 이보다 약 300년 뒤로 추정된다.[76] 그럼에도 불구하고 공예라는 용어는 조선후기 1876년 이후부터 쓰이기 시작했으며 1932년 조선미술전람회[77]에 공예부가 신설되었고 그때부터 공예가 정착되었다. 우리말 '생활한다.'나 '일한다.'는 뜻을 지닌 '성녕'이라는 것으로 근대이전 조선시대에는 쓰였다.

75) 심우성, 『민속문화론서설』 동문선. 1998. p154

76) 박기석, 『한국의 문화유산2』 코리아비주얼스 편집부, 2005. p21.

77) 조선미술전람회 [朝鮮美術展覽會]

: 일제가 식민지 문화정책의 일환으로 해마다 개최하였던 전국 규모의 미술 공모전(公募展).

수상분야 - 동양화, 서양화, 조각, 서예, 사군자

주최 - 조선총독부

개최원년 - 1922년

개최장소 - 조선

'선전(鮮展)'으로 약칭되었다. 이보다 앞서 오세창(吳世昌) ·고희동(高羲東) ·안중식(安中植) 등이 조직한 서화협회(書畵協會)와 서화협회전이 심상치 않은 민족의식과 주체성 있는 단합으로 창작활동을 하는 데 주목한 조선총독부는 1922년 조선에서의 문화정책을 표방하고 최대 규모의 종합미술전으로서 조선미술전람회를 설정하고 작품을 공모하여 그해 6월 1일 제1회 전람회를 열었다. 동양화 ·서양화 ·조각 ·서예 ·사군자의 5개 부문으로 나누어 공모 시상하였으며 1944년 제23회를 끝으로 폐지되었다.

그림 4-2. 중국 상하이 박물관의 목공예품

공예의 종류는 여러 가지로 분류할 수 있다. 조선왕조의 몰락과 더불어 겪게 된 민족적 수난과 급격히 밀려온 서구문명의 유입으로 우리나라의 전통적 생활양식은 붕괴되어, 민속공예의 많은 분야는 기법이 단절되고 일부의 명맥만이 유지되어 왔다. 이러한 현실에 대해 정부에서는 전통공예기술의 보존과 전승을 위해 문화재보호법을 제정하고 기능 보유자를 중요무형문화재로 지정 보호하고 있다. 현재까지 지정한 공에 분야는 각골공예의 궁시, 금속공예의 조각·장도·두석·백동연죽·유기·입사, 도토공예의 기와·옹기, 목칠공예의 악기·소목·나전칠기·끊음질·소반, 석공예의 벼루, 죽세공예의 낙죽·채상·바디·전통, 직물공예의 한산모시·나주 샛골나이·곡성 돌실나이·명주 짜기·매듭·자수·침선, 채화공예의 단청, 피모공예의 북메우기·망건·탕건·갓일 등 9개 분야 31개 종목이다. 이러한 종목은 조선시대에 제작되었던 전통수공업 생산품의 극히 일부에 불과한 것이다.[78] 공예의 분류는 [경국대전]에 의하면 조선 초 경공장(京工匠)에 각종 공예기술 분야가 129종이 있었으나 근대를 거치면서 점점 사라졌다. 이것이 지금에는 30여 종만이 중요무형문화재로 지정되어 오늘에 이어지고 있다. 이 공예는 먼저, 용도 또는 의장에 의한 분류가 될 수 있다. 두

78) 민속학회, 『한국민속학의 이해』 문학아카데미. 1999. p451

번째로 인간의 생활환경을 마련하고, 그것에 대한 형태에 의해서도 분류된다. 세 번째로 가장 보편적으로 통용되는 재료와 기술에 의한 것으로도 분류가 가능하다. 물론, 공예라는 것은 가공하는 방법은 다양하고, 가공방법이 달라지면 만들어진 작품도 달라지므로 수없이 분류할 수 있다. 그러나 이 공예에 대한 개념에서 빼놓을 수 없는 현대공예의 기본적 주류를 이루는 것은 금속공예·도자공예·목칠공예·염직공예의 네 분야를 나누어 설명하는 것이 보통이다.

표4-1. 공예의 구분

	공예요소	구분	입체적인 것에서 평면적 배열
공예	재료 가공기술 의장	용도 또는 의장	기계—가구—기구—장신구—의복—도서—직물—포장—광고·포스터
		생활 또는 형태	미용—장신구—기구—가구—실내장식—건축장식—가로장식
		재료와 기술	유리—도자기—보석—금속공예—목공예—칠공예—조(엮음)—염직—인쇄—제지—사진.
	현대공예	금속공예, 도자공예, 목칠공예, 염직공예	

공예를 성립시키는 직접적 요소에는 재료·가공기술·의장 등의 요소가 조화와 통합이 되어 아름다움이 창조되어 져야한다. 물건을 만들려면 원재료가 필요하다는 것은 자명하다. 재료의 종류에 따라서 그 성질에 맞는 물건이 만들어져야 한다. 예컨대, 짚으로는 보석보다 짚으로 만들면 좋은 멍석을 만들어야 한다. 이는 무엇에 쓰일 것인가를 이야기 하는 것이며 무엇을 만들 것인가에 따라 재료의 종류도 달라진다는 것을 설명하는 것이다. 물건과 도구는 재료가 있었기 때문에 가능하다.

또 물건과 도구는 가공하지 않으면 단지 재료일 뿐이며 가공에도 좋은 기술이 필요하며 의장에 있어서도 우리 인간의 동작과 신체·기관 모두가 연관을 가지고 무엇을 원하는가를 알고 여기에 활용하기나 쓰기 쉬운 형태와 동시에 아름다운 형태로 만들어야 한다.

어떤 형태로 만들 수 있다는 것은 재료와 가공과 의장을 제대로 적용시켜야 하며 이에 따라 원하는 진정한 아름다운 창조물이 나오게 된다는 것이다.

표4-2. 공예의 성립요소

구분	분류	종류
공예성립요소	재료	금속공예, 도자공예, 목칠공예, 염직공예, 유리공예, 옥석공예, 지공예[79], 가죽공예, 골각공예[80]
	가공기술	절단, 늘림, 녹임, 붙임, 파기, 두들김, 절삭
	의장	조건에 맞는 형태를 작가의 사상, 의지, 눈, 손으로 창조

이와 같은 공예를 설명하는 것에는 여러 가지가 있다. 뛰어난 솜씨나 미술적 장식과 조형적 아름다운 도구를 만드는 인간의 활동을 공예라고 할 수 있다. 공예는 장식과 구조적인 아름다움이 있어야 하고 무엇보다도 핵심적이고 일치점은 쓰임이 좋아야하고 아름다워야 한다는 것이다.

제2절 짚풀공예의 정의

짚풀공예는 짚과 풀로서 실제 쓰기에 알맞은 물건에 장식적인 가치를 부가함으로써 그 가치를 높이려고 하는 미적인 기예이다. 짚풀공예의 용어는 사용된 지 오래되었다고 볼 수 없다. 왜냐하면 짚풀의 사용은 오래되었지만 공예용어의 도입이 짚풀공예의 용어도입기라고 볼 수 있지만 '짚풀공예'의 용어가 '공예'의 용어보다 먼저 도입되었다고 보기는 어렵다. 또 금속공예나 목공예 등은 그 용어 사용이 지금은 일반화되어 있다. 하지만 짚풀의 사용자와 사용자체가 기계 산업의 발전에 따라 발전 속도만큼이나 짚풀 사용처의 사라짐도 빨랐다.

먼저, 짚풀의 사용처(使用處)에 관한 것이다. 사용처는 농가나 시골 또는 산골과 어촌에서 생활필수품으로 사용되었다. 농사를 본업으로 하는 농가와 도시에서 떨어져 있는 시골지역이 사용처다. 주로 도시보다 인구수가 적고 인공적인 개발이 덜 되어 자연을 접하기가 쉬운 곳이나 산속 깊은 산골과 바닷가에 사는 어민들에는 생활용구가 짚풀로 채워졌다고 볼 수 있다. 농촌 들녘의 짚가리를 위한 주저리와 동네의 길에는 멍석[81]으로 벼를 말리고, 집 입구에 싸리나

79) 지공예 : 종이로 기물을 만들거나 장식하는 기예 및 그 만드는 그 일련의 작업
80) 골각공예 : 쇠뿔이나 뼈를 재료로 이용하여 무늬나 장식을 넣는 등의 제작 작업
81) 멍석 : 조선왕조실록에 멍석에 관한 단어는 선조 33년 1월 29일의 1개가 검색되었다. 훈련도감 제조로 있을 적에는 2~3일 간격으로 매번 노자(奴子)를 보내어 쌀 3~4석과 적두(赤豆)와 대두(大豆) 2~3석을 가져갔는데 계속해서 이렇게 가져다 썼으며, 한번은 새로 난 밀 15석을

수수깡울타리도, 처마 밑에는 볏짚으로 만든 낫꽂이와 매판이 있고, 외양간에는 볏짚으로 만든 떰치와 부리망이 있고, 장독간에는 두트레방석과 부정 타지 않고 좋은 간장이 되기를 바라는 금줄 등도 짚풀의 사용처인 것이다. 또, 시골 또는 산골에는 당산의 금줄이 있고 집 옆에는 터줏가리가, 집안의 처마에는 성주걸립이나 제웅이 새끼에 매달려 있고, 디딤돌위에는 벗겨 놓은 싸리의 껍질인 비사리를 섞여 만든 짚신이 놓여 있다. 어촌에는 신서란으로 만든 밧줄이 있고 고기를 잡기위한 통발이 있고 댑싸리 빗자루도 짚풀의 사용처였다.

그러나 짚풀제품들이 산업발달속도가 빠르면 빠를수록 짚풀제품은 반대로 사라지는 속도도 빨라지는 현상이 일어났다. 세계적으로 산업의 발달로 기계화와 정보화로 짚풀의 사용처는 급속히 사라졌다. 새마을운동으로 우리가 살던 초가집이 걷어내어지면서 민속생활양식은 사라지고 각이 진 빌딩과 포장된 도로들이 채워졌다는 것도 짚풀 사용처의 소멸을 뜻하는 결과를 가지고 온 것이다.

두 번째로 짚풀의 이용자(利用者)에 관한 것으로 사용자는 서민이고 하층민이였다. 따라서 그들의 사용물에 대하여 짚신이나 삼태기 등의 개개의 용어는 있었으나 짚풀공예는 없었다. 특히 궁중이나 양반의 문화보다 서민이고 하층민의 문화에 대하여 관심이 낮았고 등한시 되었다. 궁중의 것이나 양반의 것만이 우리의 것이라기보다는, 값비싸고 깨끗한 보석공예만 공예가 아니며 우리조상이 늘 함께하던 짚풀작업도 우리의 것이고 우리문화로서 재현하고 세계에 알려야하는 소중한 유산인 것이다. 따라서 짚풀에는 우리민족생활의 가치와 혼이 담겨있다. 서민적이고 하층민이 하였던 일이라도 결국은 우리 민족의 생활이고 문화였다.

현대에 와서 짚풀의 사용처와 이용자가 줄었지만 이제는 새로운 영역에서의 사용처와 이용자가 생겨나고 있다. 지난 과거에서는 일상생활에 짚풀로 된 민구를 필수품으로 늘 소비재로 사용하였다. 그래서 짚풀 제작이라는 용어가 어울린다. 그러나 지금의 상황은 그때와는 다른 생활구조이다.

가져간 적도 있었다. 낭청 박자우(朴子羽)가 마침 도감의 공사(公事) 때문에 덕형의 집엘 갔더니 밀을 짊어진 자가 덕형의 집으로 들어왔는데, 뜰에다 멍석을 펴고 이를 말리더라고 하였다. 조선왕조실록 【태백산사고본】 74책 121권 29장 B면

그림 4-3. 짚신도 변형되어 신을 수 없는 매우 작은 애장품

요즈음 짚풀작업으로 생산된 물건이 TV나 영화의 영상소품으로 사용되기도 하지만 짚풀은 담는 그릇을 만드는 작업이나 짚신을 만드는 것 등의 짚풀 이용자도 늘어나고 있다. 이는 단지 기능적인 쓰임에 국한되는 것이 아니라 장식으로 사용되는 경우가 많아지고 짚신도 변형되어 신을 수 없는 매우 작은 애장품의 짚신이 제작되고 있다.

그림 4-4. 문화축제에 짚풀공예시연과 민속생활체험 안내 현수막 모습[82)]

82) 문화축제 : 사진의 모습은 부산국제교류재단의 주최, 민속마당이 주관한 '한국관'을 운영하고 있는 '외국인과 함께하는 2006 어울마당'.

또 이러한 작업을 하는 것 자체가 문화상품이고 생산된 물건 또한 문화상품의 일부이다. 짚풀작업 과정을 시연하는 것과 시민을 대상으로 체험학습을 하는 것이 문화활동이고 활동 후 생산된 상품은 기념품이나 장식품으로 시민에게 호기심을 불러일으키고 있다.

그림 4-5. 문화축제에 짚풀공예품이 전시되어 있는 모습

또 어떤 문화축제는 짚풀작업으로 생산된 짚신이나 망태기 등으로 전시만을 하는 곳이 있으며 이 작업과정이 전국의 각종 문화축제행사에 기본 메뉴로 되어 초청되는 회수가 높아지고 있는 추세다.

그림4-6. 문화축제에 짚풀공예품이 다양하게 전시되어 있는 모습

이는 짚풀 작업이 우리 전세대인 50대나 60대 어른들에게는 볼거리와 어릴 적에 사용하던 푸근한 향수가 있고 30대나 40대는 어린 아이의 손을 잡고 정겨운 호기심과 선조의 지혜를 담을 좋은 기회이고 시간일 것이다.

그림 4-7. 문화축제에서 우리의 전통 생활문화에 대한 욕구가 높아지고 있는 현상

또 이 작업은 전통적이고 민속적이다. 과거에서는 누구나 일상생활에서 할 수 있었던 짚풀 작업이 사라진 것들에 대하여 역사의 시간이 지나고 나서 이제는 기념품이나 장식품으로 재탄생되고 있는 것이 짚풀 작업이고 이 작업의 공정과 쓰임이 공예라는 틀에 어울린다는 것이다. 작업의 공정이 아주 세심하고 긴 시간이 걸리며 아름다움을 창조함에 공예의 성격을 지니고 있다는 것을 보여주는 것이다. 이러한 현대의 짚풀 작업이 다양하고 그 쓰임이 장식적이고 나름의 아름다운 모양새는 공예라는 요소를 다분히 담고 있다고 할 수 있어 '짚풀공예'이라 할 수 있는 것이다.

V. 짚풀공예의 도구

짚풀 공예의 도구는 짚풀 공예를 하는데 필요한 기본적인 도구이다. 실제로 짚풀 공예를 하는데 필요한 도구란 두 가지로 나누어서 설명할 수 있을 것이다. 하나는 짚풀 재료에 필요한 도구이고 또 하나는 짚풀 민구 만드는 과정에 필요한 도구로 분류하여 설명이 가능하다. 먼저, 짚풀 재료에 필요한 도구는 짚풀을 채취하기 위한 도구와 작업 이전에 필요한 도구인 다듬기에 필요한 도구가 있다. 여기서 다듬기란 짚풀 공예를 할 수 있는 재료로서의 적당한 조건이다. 따라서 다듬기는 적당한 크기와 굵기의 조절이 필요하고 자르거나 두드리거나 찢거나 삼거나 말리거나 재우거나 축이거나 등의 공정을 말한다. 두 번째로 짚풀민구를 만들면서 필요한 도구는 이 도구가 없다면 작업자체가 될 수 없는 재료와 작업 틀을 말한다.

제1절 짚풀재료에 필요한 도구

재료	채취시기에 필요한 도구	다듬기 도구	비고
갈대	낫 	수작업	나무의 경우는 수분이 충분한 채취 후 바로 껍질을 벗기기나 두드리기의 작업에 들어가지만 볏짚이나 풀은 베어다가 3~7일 정도 건조시킨 뒤 음지에 보관 뒤 필요 작업을 하는데 추리고 두드리고 축이는 과정이 필요하다.
개나리	낫	수작업	
들아마	낫	수작업	
남총낭	칼, 낫, 절단 가위	칼, 절단 가위	
닥나무	낫	삶기, 수작업	
달피나무	낫, 톱, 도끼	껍질 벗기기	

			대나무로 복조리를 만들 경우는 경과과정이 필요한데 먼저 조릿대를 산에서 잘라와 칼로 +자로 갈라서 껍질을 벗기어 낸다. 그리고 성긴 조릿대를 칼로 다듬어 3일정도 말린다. 그 후 물에 12시간 이상 담갔다가 건져서 작업에 임해야 된다.
대나무	낫, 톱	톱, 칼	
댑싸리	낫	칼	
댕이덩굴	낫이나 손	수작업	
띠	낫	자연 말림	
모시	낫	껍질 벗기기	
밀짚	낫	대 만들기	
박쥐나무	낫, 톱, 도끼	껍질 벗기기	
버드나무	낫, 톱, 절단 가위	절단 가위 	
볏짚	낫	나무해머, 물에 적신 볏짚 	
뺑쑥	낫, 손, 절단가위	수작업	
보리짚	낫	보리대가리기 (선별)	

		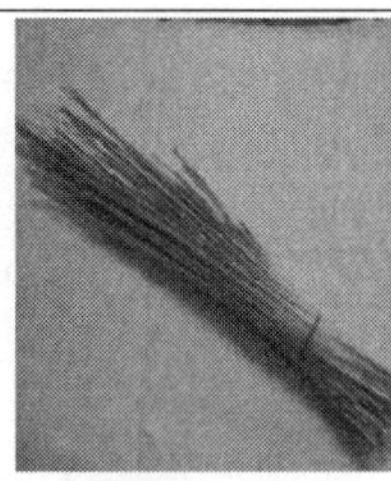	
부들	낫, 손	칼 	
산겨릅나무	낫, 톱, 도끼	껍질 벗기기	
삼	낫, 손	삶기, 껍질 벗기기	
수수대	낫	낫	
싸리	낫	절단 가위	
솔새	호미, 괭이	절단 가위	
순비기	낫	절단 가위	
신서란	낫, 절단 가위	칼, 삶거나 말림, 쪼개기	
암그령	낫	가위	
억새	낫	절단 가위	
왕골	낫	절단 가위	
자오락	낫	절단 가위	
줄	낫	절단 가위	
조릿대	낫	절단 가위	
참회나무	낫, 톱, 도끼	껍질 벗기기	
칡덩굴	낫	칼, 덩두렁막개	

	실제로 작업에 있어서 주로 많이 사용되는 도구를 기술하였으며 필요에 따라서는 도구의 사용이 다를 수 있다.		

제2절 짚풀 민구 만드는 과정에 필요한 도구

짚풀 민구를 만드는데 필요한 도구는 첫 번째로 작업 중에 필요한 도구가 있고 두 번째로 마무리작업에 필요한 도구가 있다고 할 수 있을 것이다. 또 짚풀 작업의 도구 사용에 있어 작업 이전에 나무재료와 볏짚과 풀의 성질이 차이가 있다. 그래서 나무의 경우는 수분이 충분한 채취 후 바로 작업에 들어가지만 볏짚이나 풀(억새 등)은 3~7일 정도 건조시킨 뒤 작업이 필요하다. 짚풀 공예의 도구는 사람의 개개의 취향에 따라 약간의 차이가 있어 실제로 작업에 있어서 주로 많이 사용되는 도구를 기술하였으며 필요에 따라서는 도구의 사용이 다를 수 있을 것이다.

과거의 농민이나 산골사람들의 일상에서는 짚풀 제작의 도구가 무엇이 필요한 것에 대해서는 별로 중요하지 않았을 것이다. 그 이유는 그 때는 누구나 다 아는 사실이기 때문이다. 어린이나 어른이나 할 것 없이 누구나 아침부터 저녁까지, 들녘이나 부엌이나 어디에든지 생활 민구로 사용되었던 짚풀로 제작되는 필요한 도구를 다 알고 있을 만큼 생활화 되어 있었다. 그러나 현대에 사는 도시인들은 짚풀 공예의 도구에 대하여 잘 알고 있지 못하다고 할 것이다. 그래서 짚풀 재료에 필요한 도구와 짚풀로 만든 생활 용구 만드는데 필요한 도구에 대하여 훗날 다른 도구가 필요할지라도 기존에 사용하던 도구나 지금에 사용하는 도구에 대하여서는 살펴 볼 필요가 있다.

민 구	짚 풀 재 료	작업순간에 필요한 도구 및 재료	마무리 작업
가마니 	볏짚	가마니 틀, 가는 새끼, 돗바늘	절단가위, 낫, 칼
갈쿠리 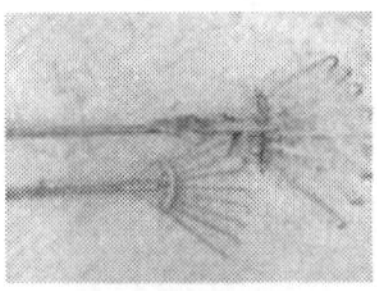	대나무	가래나무 껍질, 닥줄, 삼줄	칼 갈쿠리의 구부린 부분은 짚이나 줄로 묶어서 솥에 삼거나 불에 굽는다.
거적 	볏짚	가는새끼, 틀	절단가위
광주리	대, 싸리, 버들, 등나무	수작업	칼이나 절단가위(톱-채취)
고삐	볏짚, 삼, 신서란	수작업	칼
고침 	볏짚	수작업, 나무목침	칼 상을 당한 사람이 베는 베개로 속에 나무가 들어 있는 것이 보통이다.
금줄	볏짚	수작업, 고추나 숯, 솔잎이나 대나무 가지	칼 왼 새끼
키	버들가지	수작업	
낫꽂이	볏짚	수작업, 나무	나무나 볏짚에 꽂는다.
누에섶	볏짚	수작업	칼이나 절단가위

민 구	짚 풀 재 료	작업순간에 필요한 도구 및 재료	마무리 작업
다래끼	볏짚, 칡덩굴, 싸리	수작업	칼이나 절단가위
달걀꾸러미	볏짚	계란	칼
닭둥우리 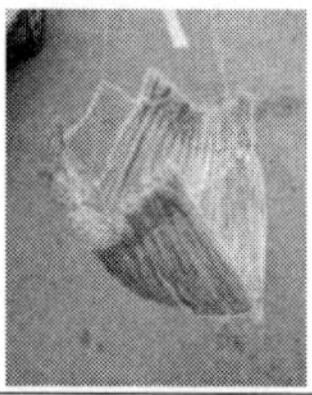	볏짚	수작업, 가는 새끼줄	칼
닭어리[83] 	대나무, 볏짚, 싸리	수작업, 엮음 줄	칼 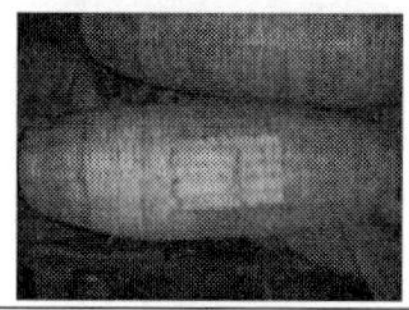
떰치[84]	볏짚	수작업	칼
도래멍석[85]	볏짚	수작업	칼이나 절단가위
도리깨	대나무, 칡덩쿨	칼	
두투레방석	볏짚	수작업	칼이나 절단가위
도롱이 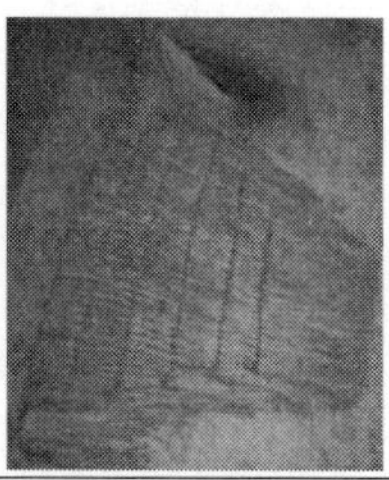	그량, 띠, 볏짚	수작업, 멜빵새끼줄, 작업틀(섬틀)	칼이나 절단가위 
돗자리 	왕골, 부들	속줄, 돗틀(고드렛돌) 또는 작업틀, 바늘대	칼이나 절단가위

민 구	짚 풀 재 료	작업순간에 필요한 도구 및 재료	마무리 작업
동고리	버드나무 가지	수작업	절단가위
똬리 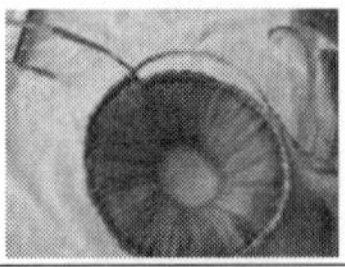	볏짚, 부들	수작업	칼이나 절단가위
둥구니신[86]	볏짚	수작업	칼이나 절단가위
둥구미	모시, 볏짚, 왕골, 소나무뿌리[87]		칼이나 절단가위
뒤주	대나무	수작업	칼
등태[88] 	볏짚	수작업	칼이나 절단가위
망태기 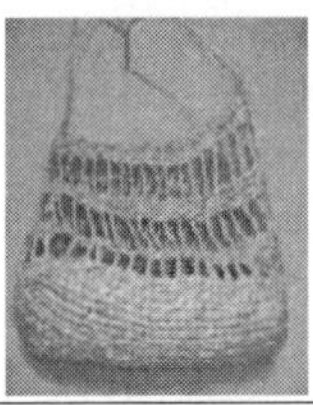	볏짚, 피나무 껍질	수작업	칼이나 절단가위
멍석(덕석) 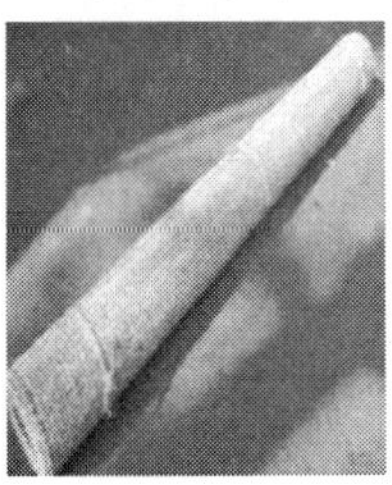	볏짚	수작업, 새끼, 자(주로 대나무자)	칼이나 절단가위 

민 구	짚 풀 재 료	작업순간에 필요한 도구 및 재료	마무리 작업
맷방석 	볏짚, 왕골, 자오락, 그령, 싸리껍질	수작업, 새끼	칼이나 절단가위
매판 	볏짚	수작업, 새끼	칼이나 절단가위 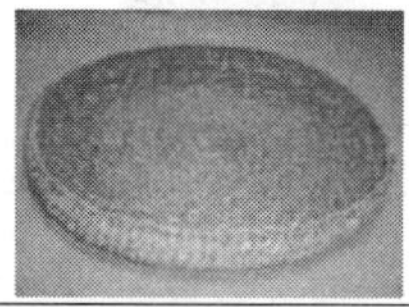
멜빵	볏짚	수작업	칼이나 절단가위
멱서리 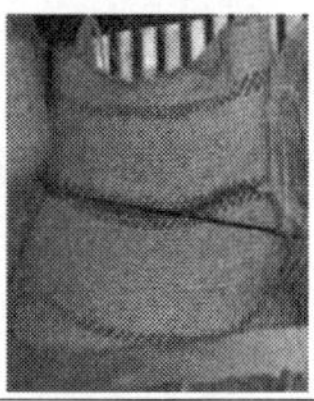	볏짚	수작업	칼이나 절단가위
미투리 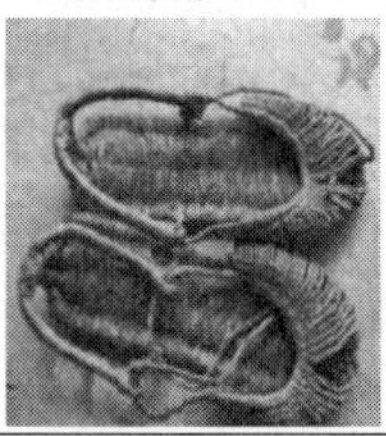	삼	수작업, 신골(앞골, 배족, 뒷골)나무망치	칼이나 절단가위
밀짚모자	밀짚, 보리짚	수작업	칼이나 절단가위
바구니 	대나무, 댕댕이덩굴, 싸리	수작업	칼
바자울	싸리	수작업	칼

민 구	짚 풀 재 료	작업순간에 필요한 도구 및 재료	마무리 작업
바지게(발채)= 바소쿠리 	싸리	수작업, 엮음줄[89]	칼
밧줄	볏짚, 삼, 신서란, 남총낭	수작업, 호랭이	칼이나 절단가위
발 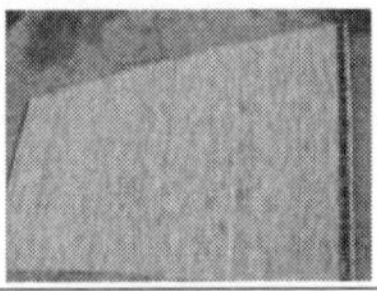	대나무, 싸리, 빵쑥	속줄, 섬틀(고드렛돌)	칼
벌멍덕	볏짚	수작업	칼
베솔 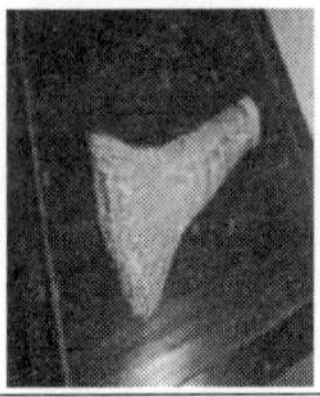	솔새	수작업	절단가위
벼개잎	보리짚	수작업	절단가위
복조리 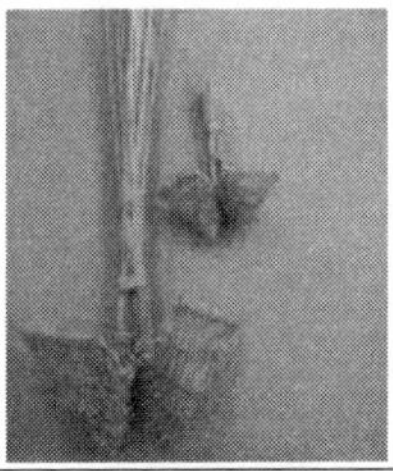	조릿대, 볏짚	수작업	절단가위
봇줄[90]	삼, 가래나무껍질, 볏짚, 닥나무 껍질	수작업	칼

민 구	짚 풀 재 료	작업순간에 필요한 도구 및 재료	마무리 작업
부리망 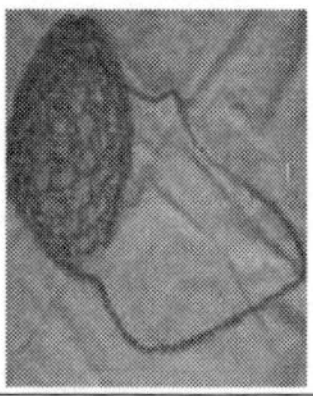	볏짚	수작업	칼
빗자루 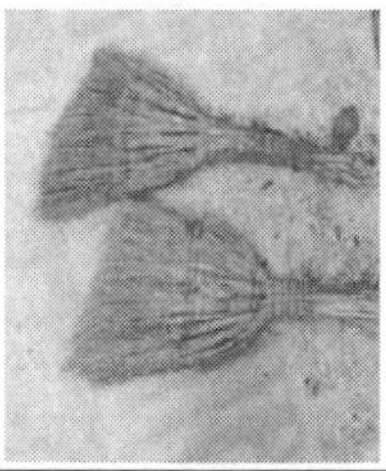	대나무, 댑싸리, 수수, 싸리, 억새	수작업, 조임줄	칼
삿갓 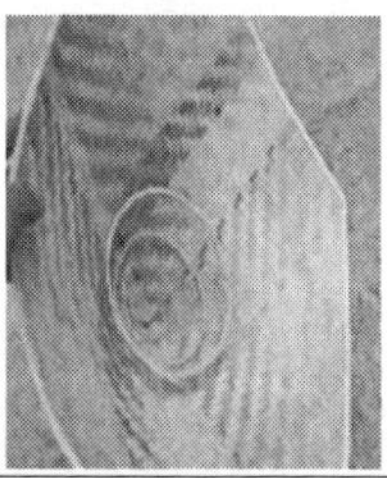	대나무, 갈대	수작업	칼 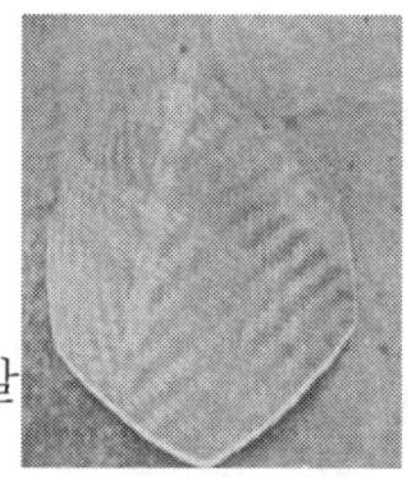
삿자리[91]	갈대	섬틀	
삼태기 	볏짚, 싸리, 시누대	수작업	볏짚삼태기는 고정대가 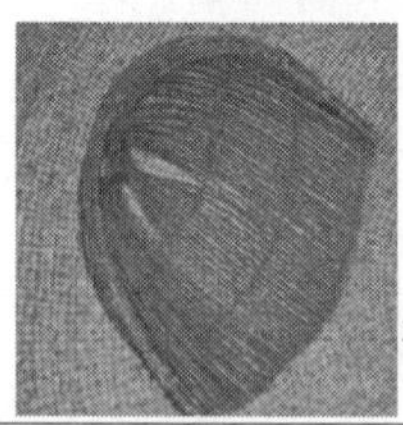 필요
쌀독	볏짚, 보리짚	수작업	칼이나 절단가위
수질	볏짚	수작업	칼
소덕석	볏짚	수작업	칼이나 절단가위
솔솔	솔새	수작업	절단 가위

민 구	짚 풀 재 료	작업순간에 필요한 도구 및 재료	마무리 작업
새끼 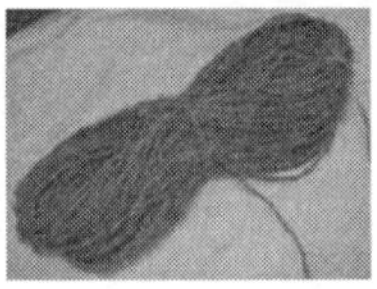	볏짚	수작업, 호랭이, 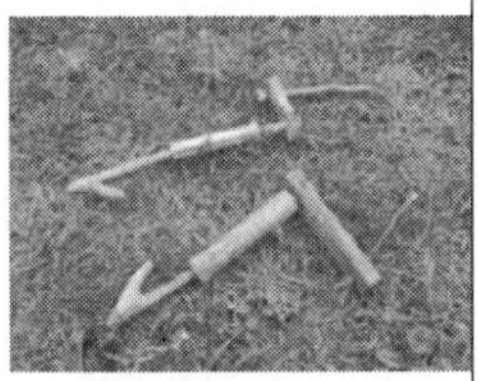 새끼틀(수동, 자동새끼틀)	칼
섬 	볏짚	수작업, 섬틀(고드렛돌)	칼
쇠신	볏짚	수작업	칼
시루밑 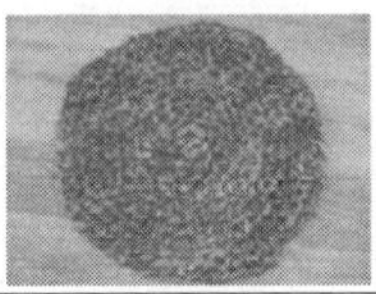	그령	수작업	칼
업왕가리92)	볏짚	수작업	칼
여치장난감 	종려잎	칼	칼 개구리나 곤충 만들기가 가능하다.
여치집 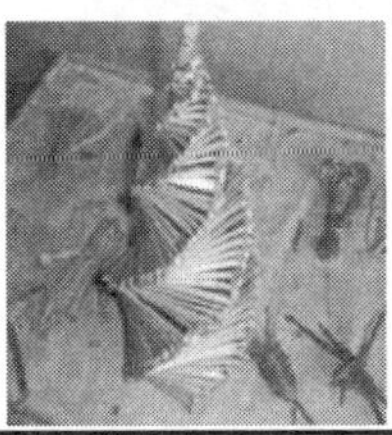	밀짚, 보릿짚	수작업	절단가위93)

민 구	짚 풀 재 료	작업순간에 필요한 도구 및 재료	마무리 작업
요질 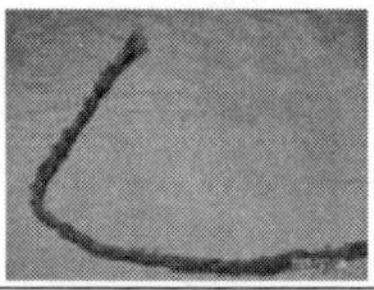	볏짚	수작업	칼
용마름 	볏짚	수작업	칼
이엉 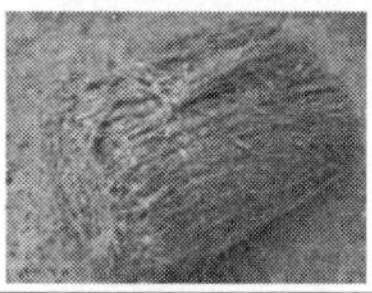	볏짚	수작업	칼
자리	왕골, 줄, 띠	섬틀, 수작업	칼, 절단가위
제웅 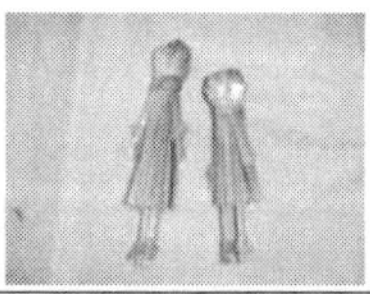	볏짚, 보릿짚, 밀짚	수작업	절단가위
종다리끼	볏짚, 싸리, 댕댕이덩굴	수작업	칼이나 절단가위
주루막 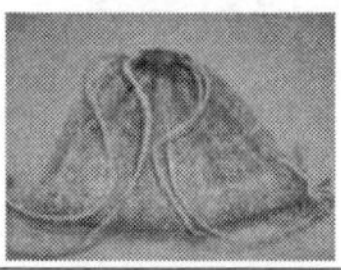	볏짚, 피나무 껍질	수작업	칼이나 절단가위
주저리	볏짚	수작업	수작업
죽부인 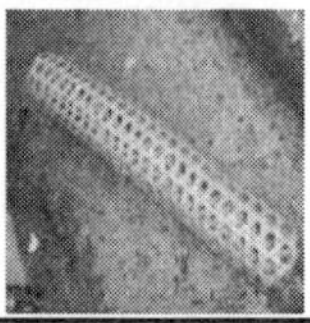	대나무	수작업	칼

민 구	짚 풀 재 료	작업순간에 필요한 도구 및 재료	마무리 작업
지붕 	볏짚, 억새, 띠	수작업	대형 가위 처마밑 정리에 필요하다.
징채 	볏짚	수작업, 속나무 필요	칼
짚공 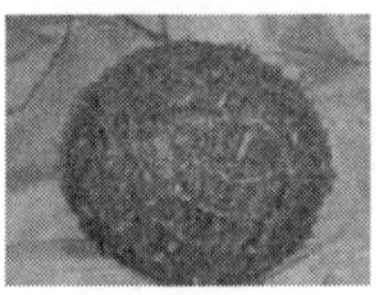	볏짚	수작업, 속 짚 필요	칼 
짚신	가래나무껍질(짚신 갱기),볏짚, 피나무(짚신갱기)	신골(앞골, 배족, 뒷골), 덩두렁막개 등 필요	칼 
채반 	댕댕이 넝쿨, 개나리	수작업	칼이나 절단가위
키 	대나무, 버들가지	수작업	칼
터주가리	짚	수작업	칼

민 구	짚 풀 재 료	작업순간에 필요한 도구 및 재료	마무리 작업
통발	대나무, 싸리	수작업	칼
팔랑게비	대나무	칼	칼
패랭이 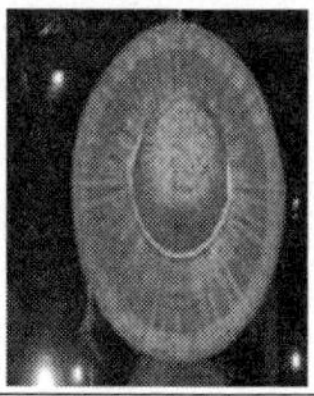	대나무	수작업	칼
화승	가을 억새꽃과 볏짚	수작업	칼이나 절단가위

83) 닭어리 : 닭어리는 주로 병아리를 가두어 기르는데 쓰인다.
84) 쇠등과 길마사이에 끼워 소 등이 아프지 않도록 방석 역할을 하는 것
85) 도래멍석 : 멍석기능을 하나 사각이 아니라 원형이고 보통 지름이 150cm가 많다.
86) 둥구니신 : 설화
87) 소나무뿌리 : 인병선(2005). 『우리가 알아야 할 우리짚풀문화』 현암사. p81.
88) 등태 : 짐을 질 때 등이 배기지 않게 짚 따위로 엮어서 등에 걸치는 물건으로 주로 지게에 많이 사용된다.
89) 엮음줄 : 역음즐은 새끼나 가래나무 껍질, 삼줄이나 닥나무껍질들이 이용된다.
90) 봇줄 : 써레나 쟁기를 마소에게 연결하여 붙들어 매는 줄
91) 삿자리 : 갈대를 엮어서 만든 자리로 유사한 말로 노점(蘆簟)이나 의양(倚佯)이라고도 하고 줄임말 삿이라고도 한다.
92) 업왕가리 : 부에 대한 염원으로 부엌이나 곳간에서 집안의 재물을 지킨다는 것
93) 절단가위 : 칼을 사용하면 밀짚이나 보리짚 속이 비어 있어 관이 찌그러질 수 있어 제품의 질이 떨어져 가위를 주로 사용한다.

Ⅵ. 짚풀 작업의 분류

짚풀 작업은 봄, 여름, 가을, 겨울 아무 때나 작업을 할 수 없고, 서울, 부산, 대구, 광주, 제주 등 어느 지역에서나 가능한 것이 아니고 꾸밈이나 건조, 운반, 주거, 놀이, 신앙, 기타 지역별로 문화재에 사용된 짚풀 재료 등 짚풀의 용도 또한 다양하다고 할 것이다. 짚풀 작업에 대한 분류는 크게 3가지로 나누어 설명이 가능할 것이다. 그러나 여기서는 먼저, 기타 지역별로 문화재에 사용된 짚풀재료의 예를 '부산지역'에 국한하여 살펴보고 계절에 따른 짚풀 작업과 지역별 짚풀 작업, 용도에 따른 짚풀 작업으로 구분하여 설명하고자 한다.

그림 6-1. 짚풀 작업을 위하여 준비한 섬유질이 많은 짚풀 재료들

달피나무 껍질 / 닥나무 껍질 / 삼 껍질 / 볏짚으로 준비한 짚신 총

이러한 분류 이유는 짚풀의 기본 섬유질 성질이나 채취시기, 계절에 따라 나무껍질 벗기기의 용이성, 짚풀 작업 후의 생활에 활용시기와 특정지역의 재료 존재여부와 확보 방안과 사용처의 적소, 해당지역의 신앙적 성격 등에 따라서 다양한 분류가 필요하기 때문이다.

우선, 기타 지역의 문화재에 사용된 짚풀 재료 활용을 2009년 기준의 부산 지역만을 대상으로 문화재에 사용된 짚풀 재료를 살펴보고자 한다. 하지만 기타 지역의 문화재에 사용된 짚풀 재료 활용에 대한 연구과제의 요구에 대하여도 간과(看過)해서는 안 될 것이다.

부산 문화재에 사용된 짚풀은 '수영농청놀이'와 '동래지신밟기' 및 '구덕망게터다지기'가 있다. 수영농청놀이는 부산광역시 지정 무형문화재 제2호의 민속놀이(농요)로 부산광역시 수영구 수영동 229-1(수영고적민속예술보존회협회)에서 전승·보존에 힘쓰고 있는데 그 내용은 다음과 같다.

먼저 영각수가 땡갈(영각)을 불어 집합 신호를 하면 남녀농청원들이 농기구를 가지고 모여든다. 농기, 농악대, 소, 농부들, 부인들 순으로 정렬하면 남녀 두 사람이 차례로 풀 노래를 부른다. 이어서 일동은 농악 장단에 춤을 추며 일터로 상징되는 놀이마당으로 들어간다. 이후 여자 농청원이 퇴장하고 농부들이 논갈이, 써레질, 가래질을 하면서 가래소리를 부른다. 이들이 퇴장하고 나면 여자 농청원들이 들어와 모찌기를 하면서 모찌기 소리를 부르고 이어서 모심기를 하면서 모심기 소리를 하는 동안 농청원들이 보리타작을 하면서 도리께 타작소리를 하는데, 그 옆에 여자농청원들이 풍석으로 보리를 손질하고 밭을 매고 논두렁의 풀을 뽑는 등 잔일을 한다. 모심기가 끝나면 남자농청원들이 논매기를 한 뒤에 동서 농청으로 나누어 소싸움을 붙이고, 칭칭소리를 하며 한바탕 놀다가 퇴장한다.[94]

수영농청놀이에서 짚풀 작업의 활용은 바로 '농부들이 논갈이, 써레질, 가래질'에서 이러한 일련의 작업이 필히 짚풀 재료가 사용되는 "고삐"부분이나 '도리께'에서 도리께자체는 짚풀 작업이고 짚풀 작업의 활용이 이에 해당된다고 할 것이다.

동래지신밟기는 짚풀 작업에 대한 직접적인 행위가 아니라 2차적인 행위라고 말할 수 있다. 즉 직접적인 짚풀 작업이 이루지는 것이 아니라 간접적이라서 하는 말이다.

정월 초사흘 경부터 지신밟기를 시작하는데 처음에 주산[95]과 당산에 가서 고

94) 부산광역시문화예술과(2006). 『부산의 문화재』 대원애드컴. p136
95) 주산 : [主山] <명사> ≪민속≫ 풍수지리에 묏자리나 집터나 도읍터의 운수 기운이 매였다는 산.

사를 지내고풀이를 한 후 마을로 내려와 마을 우물샘에 가서 또 고사를 지내고 풀이를 한다.[96]

여기서 '주산과 당산'은 당연히 금줄이라는 것이 처져 있고 짚풀 작업이 들어간다.

구덕망게터다지기는 부산광역시 지정 무형문화재 제11호의 민속(노동요)로 부산광역시 서구 대신동 산2-3(부산구덕민속예술보존회협회)에서 전승·보존에 힘쓰고 있다.

위의 것은 부산광역시에 국한 된 것이나 서울, 경기, 강원, 제주, 전라, 충청 등 다른 지역에도 문화재에 사용된 짚풀 재료를 조사할 필요가 있다.

96) 부산광역시문화예술과(2006).『부산의 문화재』대원애드컴. p138

제1절 계절에 따른 짚풀 작업

계절은 규칙적으로 되풀이되는 자연현상에 따라서 일 년을 구분한 것으로 우리나라에는 4계절이 뚜렷하고 24절기가 있다. 24절기는 봄에 해당하는 입춘(立春), 우수(雨水), 경칩(驚蟄), 춘분(春分), 청명(淸明), 곡우(穀雨)와 여름에 입하(立夏), 소만(小滿), 망종(芒種), 하지(夏至), 소서(小暑), 대서(大暑)가 있고 가을의 입추(立秋), 처서(處暑), 백로(白露), 추분(秋分), 한로(寒露), 상강(霜降)와 겨울의 입동(立冬), 소설(小雪), 대설(大雪), 동지(冬至), 소한(小寒), 대한(大寒)이 있다. 계절도 환경의 일부이고 인간도 환경일부라서 이 계절의 흐름에 순응하면서 살아 왔다. 계절에 따른 짚풀 작업은 우리민족이 짚풀을 이용하여 생활사의 그의 전 부분에 있어서 해당절기에 따라 그 시기에 필요한 짚풀 작업을 하였다는 것이다. 이에 대한 짚풀 작업은 시기가 중요하다.

표 6-1. 짚풀 재료와 채취시기

짚풀 재료 종류	채취시기	비고
가래나무	음력 7월	
갈대	6~10월(새순이 나는 6월과 대가 굳어 있는 가을)	
개나리	4~5월	
남총낭	필요시 수시로 가능	
닥나무	봄에 물오를 때	
달피나무	7월	
대나무	짚풀 재료로서는 음력 11월~이듬해 2월	
댑싸리	음력 10월 하순	
댕이덩굴(댕댕이덩굴)	6월	
띠	7, 8월	
모시풀	6월~10월(줄기의 밑둥이 갈색으로 변하고 밑에 있는 잎이 시들어 버릴 때)	
밀짚	5월 중순	
버드나무	7~8월	
볏짚	10월	
보리짚	5월	
부들	8월	
싸리	음력 7월	
산겨릅나무	음력 6~7월	
삼	음력 7월	

수수	10월	
솔새	11월	뿌리
순비기나무	음력 6~7월	
신서란	10월~12월	
억새	9월	
왕골	8~9월	
자귀풀		
자오락		
줄		
조릿대	11월~다음 2월	
참회나무	음력 6~7월	
칡	음력 6월 중순~중북(음 7월 15일)	

이 시기는 두 가지로 나누어 설명할 수가 있다. 먼저, 짚풀 작업의 선행으로 '채취의 시기'가 필요합니다. 채취의 시기는 채취의 적정시기와 시기에 맞는 짚풀 재료 대상으로 나눌 수가 있지만 상호 유기적인 관계에 있다고 볼 수 있습니다. 이는 선행 짚풀 작업에 관련된 것으로 여름이냐 처서냐 또는 특정일이냐에 따라 구별됩니다. 보릿대를 겨울에 채취할 수가 없고 왕골을 이른 봄에 채취할 수가 없다는 것이다. 여기에는 '시기에 맞는 재료대상'도 제 각각이여서 그 시기에 맞는 '밀대'의 5월이나 '싸리'의 처서 후와 '조릿대'의 11월~다음 해 2월에 채취가 필요한 것처럼 적당한 시기가 필요하다고 할 것이다. 예컨대 7월에 복조리를 만들고 싶다하여 7월에 조릿대를 채취하여 바로 짚풀 작업을 실시한다면 조릿대는 부서지고 복조리를 만들기 어렵게 될 것이다. 두 번째로, 그 시기에는 '시기에 맞는 작업물'이 필요하다는 것이다. 짚풀 작업은 그 시기에 알맞은 짚풀 작업이 필요하다는 것이다.

이 분류는 해당 계절에 만들어야 되는 민구와 제작과 작업을 왜 그때에 만들어야 하느냐에 관한 내용이다. 짚풀공예라고 하여 어떠한 시기라도 만들면 된다고 생각할 수도 있겠지만 꼭 그렇지만 않다는 것이다. 물론 조건에 맞는 재료만 있다면 그 시기가 어느 때라도 만들 수 있지만 그 조건을 맞추려면 재료를 채취하는 시기가 매우 중요하지 않을 수 없다. 봄, 여름, 가을, 겨울의 해당 철에 그 재료를 채취하고 만들어야 본래의 공예품으로서 가치를 지닐 수가 있는 것이다. 볏짚이나 보리짚, 밀짚은 자연스럽게 대부분 수확시기에 수확과 동시에 채취가 가능하나 싸리나 조릿대 등에 있어서는 벼나 보리와 밀처럼 정기적인 수확이 없어서 필요에 의한 필요한 사람만이 준비하기 때문에 채취시기를 누구나 알기가 쉽지 않다는 것이다. 싸리나 설대 등은 절기와 관련하여 채취시기가 달라진다. 아래는 꼭 그 시기가 정하여진 것도 있으나 대부분 그 시기에 작업을 하면 유익하다.

표 6-2. 시기에 맞는 작업물

구분	채취의 시기		시기에 맞는 작업물
	적정 시기	시기에 맞는 재료대상	
짚풀작업	5월	밀대, 보리대, 왕골	여치집, 자리
	처서 후	싸리	삼태기
	11월~다음 2월	조릿대	복조리

봄의 짚풀작업은 여러 가지 있을 수 있으나 양잠의 누에섶도 해당된다. 누에치기를 하면 누에가 생활하고 고치를 만들 수 있는 공간이 필요로 하는데 그 공간이 누에섶이다. 명주실은 원료인 누에고치에서 짜낸다. 물론 누에는 가을에도 치기를 하고 그에 따라 누에섶은 가을에도 필요하다.

여름의 작업은 여치집을 만들기 때문에 보리짚이나 밀짚이 필요하다. 물론 밀과 보리의 수확은 5월의 모내기 전에 했어야 할 것이다. 허수아비도 다른 계절에도 필요하지만 보통은 가을을 대비하여 늦여름에 만든다.

가을에는 수확한 나락을 담아야하는 가마니나 볏섬이 필요하고 거둬들인 나락을 말려야 하므로 멍석이 필요하다. 손쉽게 해 먹을 수 있는 다른 계절과 달리 긴 겨울에는 겨울 반찬을 대비하여 무청을 엮는 데 볏짚으로 시래기두름을 만든다. 또 겨울은 복조리를 만드는 시기다. 복조리는 11월부터 이듬해 2월까지 만들어야 조릿대가 부서지거나 터지지 않는다. 겨울의 때감을 구하기 위해서 산에 나무하러 가는데 이때에 지게의 등태나 멜빵과 새끼와 짚신이 필요하고, 겨울은 농한기로 많은 사람들이 모여 앉아 짚풀 작업을 할 수가 있었다. 겨울 사랑방에서 한해에 필용한 민구용품을 이 시기에 다 제작하였다하여도 과언이 아니다. 새끼꼬기부터 섬이나 가마니, 삼태기, 멍석 등 온갖 민구용품을 만들었다.

일반적으로 짚풀 작업은 계절에 관계없이 많은 종류의 민구제작이 가능하다 할 것이다.

제2절 지역별 분류

짚풀작업에 있어서 지역별 분류는 두 가지로 나누어서 설명이 가능하다. 첫째로 지역별 용어의 차이이고 두 번째는 특정지역 짚풀작업이다. 특정지역에만 생산되는 짚풀로 그 짚풀작업이 있다는 것으로 구분하여 살펴 볼 수 있을 것이

다. 먼저 지역별 용어의 차이는 똑같은 '갈퀴'의 민구이지만 경남과 전남은 '갈쿠리(까꾸리)'라 부르고 충청도의 '갈키'라고 부르는 등의 것처럼 지역별 용어의 차이가 있기도 한 것이다. 그러나 지역별 분류에 있어서도 실제로는 많은 용구의 용어가 '금줄'과 같은 것은 충청도, 전라도, 경상도 등 전국이 이름과 뜻이 같이 사용되고 있었다. 지역의 분류에 있어서도 같은 지역에도 약간의 차이가 있었는데 사람에 따라 달리 사용된 경우가 있었던 것이다. 경상도에서는 '주저리'를 어떤 사람은 '주지지', 또 다른 사람은 '우저지'라고 말하기도 하였다.

1. 지역별 용어의 차이

지역별 용어의 차이는 짚풀 종류의 용어와 짚풀용구 중에서 지역별 용어가 차이가 있는 것을 위주로 현재의 현지 어르신에게 여쭈어 사용되는 언어를 정리하였다. 즉, 확인되지 않은 용어이거나 전국이 동시에 사용되는 짚풀 종류와 짚풀용구에 대해서는 정리하지 않았다는 것이다. 아래의 조사에 도움 주신 분은 해당지역에 수십 년간 짚풀공예가로서 활동하신 어르신으로 강원도에서는 강원도 정선군 광하노인정의 최봉호 외 5분이 도움 주셨고, 전라도에서는 서광언, 충청도에서는 충청북도 괴산군 소암경로당의 경길호 형제분 외 여러분, 경기도 김명기 외 여러분이 도움 주셨다.

지역별 용어의 차이는 실제에 있어서 같은 지역이라도 차이가 나는 곳도 있고 반대로 경계를 달리하는 다른 지역이라 하여도 같은 용어를 사용하는 경우가 있었다. 전자의 경우 경상도에서 '동고리'를 '당적'이라고 하기도 하고 '전라강주리'라고도 하였고 '주저리'를 '주지지'나 '우저지'라고 하고 있다는 것이다. 후자의 경우는 강원도에서 정선군과 삼척시에서 용어의 차이가 있는데도 불구하고 '종다리끼'를 정선에서 사용하고 행정구역을 달리하는 경북울진 일대와 삼척에서는 '종대래미'라고 불렀다.

그림 6-2. 짚풀공예가

충청북도 괴산군 소암경로당의 경길호님 형제분 외 여러분

주루막의 경우에 있어서는 특이한 사실이지만 경상도 특히, 경남지역에서는 망태기를 주로 사용하였고 주루막을 그의 사용하지 않은 것처럼 찾아보기가 어려웠다고 말할 수 있을 것 같았다. 주루막은 강원 산간지대에서 2줄 어께 끈이 있어 고구마 · 감자·옥수수 · 칡 따위의 곡물을 지고 나르는 데 쓰는 기구로 경사가 심한 곳에도 사용이 용이하다.

화승은 불씨다. 억새의 억새꽃의 만개 이전에 이삭부분을 채취하여 말린 것을 모아 삼이나 싸리껍질 등으로 지름 2cm, 길이 1m정도 감아서 줄을 만든 것을 말한다. 라이터나 성냥이 없었을 때 불을 지속적으로 불씨를 보존하는 기능을 하게 된 것이다. 그래서 불심이라고도 한다. 이와 유사한 용도로 사용되는 것으로 화로대가 있다. 이 화로대는 싸리나무껍질을 소오줌에 오래 동안 삭혀서 말려 지름5mm, 길이 3~5m로 꼰 끈이다. 물론 길이는 필요에 따라 늘리거나 줄일 수 있다. 사냥꾼이 화약총의 심지에 불을 붙이거나 비가 오고해서 부싯돌로 불이 잘 일어나지 않을 때, 장거리 여행할 때, 집안에 불을 지속적으로 간수해야 할 때 등 불을 장시간 보관하는 기능을 하였다. 화승과 화로대는 불씨를 장시간 보관하는 것은 같으나 재료가 억새꽃과 싸리나무껍질이라는 것에서 차이가 있고 굵기의 차이가 있다.

2. 특정지역 짚풀 작업

특정지역 짚풀 작업은 특정지역에만 생산되는 짚풀로 그 짚풀 작업을 말한다. 이는 소위 '특산물'이다. 결국, 지역적 환경으로 특산물이 결정되어진다는 것이 일반적인 시각이라 하여도 어울리지 않는 말이라고 할 수 없다. 해당지역의 기본 온도, 바닷가, 산골, 섬 등으로 그 지역에서 환경영향에 밀접하게 관련이 있다. 특산물이 생산되는 지역에서 짚풀 작업으로 특산품을 만들게 된다는 것이다. 타 지역에서 만들지 않는 경기도 강화군에는 겉에 물들인 왕골을 대어 무늬를 낸 기직을 생산하여 화문석자리를 제작한다. 제주도에 가면 신서란이 자생하여 그것으로 질긴 밧줄을 만든다. 반대로 해당지역에서는 볏짚 등이 없어서 다른 짚풀로 대체하여 만들 수도 있다. 예컨대, 지붕을 보통 볏짚으로 덮지만 볏짚이 부족한 섬이나 산골에서는 구하기 쉬운 억새로 만든다든가 띠, 시누대로도 사용하였다는 것이다.

그림 6-3. 강화도 화문석 자리의 짚풀 재료인 왕골

표 6-3. 민속용구의 지역별 용어 차이

용구	지역					
	경상	경기	강원	충청	전라	제주
갈퀴	까꾸리, 갈쿠리	갈쿠리	깍쟁이,깔키	갈키	갈쿠리	
광주리		소쿠리, 강주리		채(싸리)		
고삐	고삐		고삐	골삐		석, 녹대
다래끼[97]	대래끼	다래끼	다래끼	다래끼		
떰치			삼장	구라		
도래멍석	두리방석		둥근멍석	맷방석	맷방석	그래방석
도롱이	우장		도랭이	도랭이		
동고리[98]	당적, 전라강주리		동고리 〈모집 〈 고리	도방구리		
둥구미	봉생이		둥구미,봉생이	둥구머니		멕, 멩텡이
똬리			또바리	또아리		
뒤주	두지		두지	두지	두지	
등태	등받이				등태	
망태기[99]	망태		망태기	망태기		
멍석	덕석	멍석	덕서기		덕석	
멱둥구미				메꾸리		
맷방석[100]			맷방석		맷돌방석	
밀집모자	매꼬자			맥고자		
바구니	바구리			보구니		구덕
바지게(발채)=바소쿠리			소고리	소쿠리		
벌멍덕				이더지		
부리망	소꺼럭지		소멍	입멍	소입마개	

용구	지역					
	경상	경기	강원	충청	전라	제주
삼태기	끄렁텡이	삼태기	삼태미	삼태미	삼태미	골채
씨오쟁이	오재기			씨오쟁이		
이엉	영애		영, 영개	영		
용마름	우저지		용마루	용마름	용마름	
종다리끼			종다리끼	종대래미		
주루막	주루막		주루막	홀태망태기, 주루막		
주저리	주지지, 우저지		주저리	우두지		
채반	채반		조개바리, 채발	채반		
키	체이[101]	키	치	키	챙이	푸는체
화승			화로대	화정·화심		화승, 화심

97) 다래끼 : 대와 싸리나 고리버들 따위로 결어서 바구니보다 아가리가 좁고 바닥이 넓게 만든 그릇이고 종다래끼는 다래끼보다 작고 재료로 대나무의 대와 싸리의 껍질을 벗긴 하얀 속대와 댕댕이덩굴로 주로 만든다.

98) 동고리 : 버들로 만든 그릇으로 작은 것을 동고리, 4각으로 조금 더 큰 것이 모집이라하고 매우 큰 것이 주로 옷을 담는데 고리라 한다.

99) 주루막 : 강원도에서는 주루막은 산에서 약초를 캐는데 사용하였다. 망태기는 나무 할 때나 물건의 부피가 약간 큰 것에 사용되고 외줄망태기와 양줄망태기 등 형태에 따라 구분되어지는데 줄이 끈으로 매어져 있다. 주루막은 섬세한 가는새끼를 사용하여 양줄로 만들고 특히 주둥이 부분에 조이는 고리를 만들어 망태기보다 더 운반에 안전한 기능이 가미된 것으로 볼 수 있다.

100) 맷방석 : 맷돌로 마른 곡식을 갈 때 바닥에 놓는 것으로 도래멍석(원형)보다 작고 담은 내용물이 밖으로 나가지 않게 갓을 5~10cm위로 세운 것이다.

101) 체이 : 체에서 유래한 것으로 보이며, 키는 바람을 이용해서 까불러서 걸러내는데 곡물 등을 쭉정이나 검부러기 등 불순물을 분리시키는 기구다. 따라서 경상도에서는 '체이'는 키이고 '체'는 원형으로 테가 있고 흔들어서 술이나 작은 알갱이 등을 걸러내는 것이다. 그리고 체를 경상도에서는 '을게미'라고도 한다.

표 6-4. 짚풀 재료의 지역별 용어 차이

짚풀재료	지역						비고
	경남	경기	강원	충정	전라	제주	
갈대	투꾸			깔따리			
달피나무[102]	피나무		쑥피[103], 찰피[104]		피나무		
댑싸리				조록싸리			
댕이덩굴	장두레미, 장데미, 댕기넝굴		댕댕이				
띠							
모시	모시	모시	모시	모시	모시		
밀짚							
박쥐나무							
버드나무	버드나무	버드나무	버드나무	버드나무			
볏짚							
보리짚							
수수대	쑤씨						
싸리							
솔새				솔뿌리			
순비기							
신서란							
암그령			그랭이				
억새				왁새			
왕골	골	왕골		왕골			
자오락							
줄							
조릿대	설대		산죽대				
종려	종려	종려	종려	종려	종려	남총낭	
참회나무							
칡덩굴							

102) 달피나무 : 1년에 1겹의 껍질이 생기고 물에서도 썩지 않는 특징이 있다.
103) 쑥피 : 껍질이 두껍고 딱딱하다.
104) 찰피 : 껍질이 얇고 부드러운 편이다.

제3절 용도에 따른 짚풀 작업

짚풀 작업에 있어서 짚풀 재료 자체가 우리 선민에 직·간접적 의식주(衣食住)에도 영향을 미쳤고, 짚풀 작업으로 인한 결과물인 민구가 생활, 놀이, 가축, 신앙 등 생활전반에 대하여 깊숙이 자리하였다고 볼 수 있다. 먼저, 의식주(衣食住)의 의(衣)에 해당하는 것으로 삼배 옷이나 모시, 칡이나 목화가 이에 해당된다. 식(食)은 어릴 적에 '삐삐'라고 먹었던 것이 지금의 띠의 속(알배기)을 먹었다. 이 속은 시간이 지나면 꽃이 되고 솜사탕 같은 보송보송한 털과 흰 색깔에 작은 핫도그 같은 모양이 되어 바람에 나리 곤 한다. 또 갈대나 억새의 속도 비슷하지만 먹을 수 있었던 것은 억새의 속 부분이 가능하였다. 이 속은 완전히 피기 전에 줄기를 뽑아 불쏘시개인 화승의 재료가 되기도 하였다. 그러나 갈대(서부 경남지역에서는 '투꾸'라고도 한다)의 속은 냄새가 진하게 나고 하여 먹지는 않았다. 이들의 꽃들은 요즈음 꽃꽂이 재료로 사용되는데 여름이 되면 배부른 이삭이 올라오고 가을이면 이삭이 만개한다. 주(住)로는 짚이나 갈대 등으로 지붕의 이영이나 용마름이 이에 해당된다고 할 것이다.

용도에 따라 짚풀 작업은 크게 셋으로 생활, 놀이, 신앙으로 나누어 설명할 수 있다.

표 6-5. 용도에 따른 짚풀 작업의 내용(민구)

분 류		용도에 따른 짚풀 작업의 내용(민구)
생활	의상(꾸밈)	고침, 농모, 덧신, 도롱이(우장), 둥구미신, 베갯모, 미투리, 밀짚모자, 삿갓, 설피, 수질, 요질, 죽부인, 짚방석, 짚신, 패랭이
	운반	갈퀴, 광주리, 다래끼, 똬리, 등태, 망태기, 발채, 삼태기, 섬, 주루막, 멜빵
	저장(보관)	가마니, 거적, 광주리, 낫꽂이, 다래끼, 달걀꾸러미, 동고리, 두투레방석, 둥구미, 뒤주, 바구니, 망태기, 멱서리, 벌멍덕, 섬, 씨오쟁이[105](종다리끼), 주저리, 짚독
	건조	도래멍석, 돗자리, 멍석, 맷방석, 채반
	주거(포장)	거적, 발, 베솔, 빗자루, 새끼, 울타리, 용마름, 이엉, 자리(삿자리 포함), 화승
	탈곡	갈퀴, 도리께, 맷방석, 복조리(주방조리), 시루밑(주방조리), 키
놀이	단체	거북놀이, 고싸움놀이, 그네, 달집, 줄다리기[106], 짚공

	개인가능	징채, 팔랑개비, 풀싸움(민구는 아니나 풀 자체로 이용)
가축	소	고삐, 떰치, 부리망, 봇줄, 쇠신
	닭 등	누에섶, 달걀 꾸러미, 닭둥우리, 닭어리, 벌멍덕, 여치집(곤충), 통발(물고기)
신앙	의례	금줄, 터주가리와 업가리, 초분
	방패	제웅, 씨오쟁이, 띠배(짚배)

1. 생활

생활에는 의상(꾸밈), 운반, 저장, 건조, 주거로 구분할 수 있다. 의상[107]은 고침, 농모, 덧신, 도롱이(우장), 둥구미신, 베갯모, 미투리, 밀짚모자, 삿갓, 설피, 수질, 요질, 죽부인, 짚방석, 짚신, 패랭이가 있고 운반은 갈퀴, 광주리, 다래끼, 똬리, 등태, 망태기, 발채, 삼태기, 섬, 주루막, 멜빵이 있다. 저장(보관)은 가마니, 거적, 광주리, 낫꽂이, 다래끼, 달걀꾸러미, 동고리, 두투레방석, 둥구미, 뒤주, 바구니, 망태기[108], 멱서리, 벌멍덕, 섬, 씨오쟁이[109](종다리끼), 주저리, 짚독으로 나눌 수 있다. 건조는 도래멍석, 돗자리, 멍석, 맷방석, 채반이 있다. 주거는 거적, 발, 베슬, 빗자루, 새끼, 울타리, 용마름, 이엉, 자리(삿자리 포함), 화승으로 세분할 수 있다.

2. 놀이

놀이는 단체놀이와 여러 사람들이 같이하지만 개인이 가능한 놀이로 구분된

105) 씨오쟁이 : 씨오쟁이는 제례에 사용되기도 하는데 흙이나 돈 또는 돌을 넣어 도랑의 돌다리를 놓음으로써 자신의 액막이의 용구로도 사용되었다. 민속박물관(1991). 『한국 짚 문화』 신곡문화사. p81.

106) 줄다리기 : 줄다리기는 마을의 화합과 풍년을 기원하는바도 있지만 주로 이기는 편이 암줄이고 지는 쪽이 숫줄이다. 전남 장성에서의 줄다리기는 암줄을 잡는 대상은 여자들이나 아이들이며 이 이긴 암줄은 당산의 힘있는 나무를 감아 당산제를 지내 신앙성도 가졌다고 볼 수 있고, 전남 진도의 '용줄다리기'에서 '용(龍)'자체에 신적인 의미를 부여한 것이라고 볼 수 있을 것이다.

107) 의상 : 의상은 소나 가축 등에 사용되는 것이 아니고 사람의 신체에 사용되는 되는 것을 말한다.

108) 망태기 : 망태기는 사용용도에 따라 운반에 필요한 용구로도 분류가 가능하다.

109) 씨오쟁이 : 씨오쟁이는 제례에 사용되기도 하는데 흙이나 돈 또는 돌을 넣어 도랑의 돌다리를 놓음으로써 자신의 액막이의 용구로도 사용되었다. 민속박물관(1991). 『한국 짚 문화』 신곡문화사. p81.

다. 단체놀이는 거북놀이, 고싸움놀이, 그네(보통은 1인이 타지만 2인이 타는 쌍그네의 경우), 달집, 줄다리기[110], 짚공놀이가 있다.

거북놀이는 경기 남부와 충북 일부에서 음력 8월 15일 한가윗날에 하는 민속놀이다. 거북놀이는 수숫대, 왕골이나 만초(蔓草), 나뭇잎 등을 사용하여 거북 모양을 만든 다음, 그 속에 2명(앞에 1명, 뒤에 1명)이 들어가서 마치 거북처럼 집집마다 찾아다니면서 노는 놀이이다.

고싸움놀이는 짚으로 한가닥을 길게 빼어 둥근 모양을 맺은 것으로 민속놀이다. 정월에 짚을 모아 동서로 나누고 수줄과 암줄을 나누어 암줄이를 늘 이기는 것으로 끝낸다. 그 이유는 암줄이 이겨야 풍년이 든다하여 암줄은 길이가 숫줄보다도 더 길게 만들었다.

그네는 그네뛰기 놀이를 말하고 동의어로 유선희라고도 한다. 60년대 70년대 시골의 동네입구의 정자나무에는 그네가 매달려 있곤 하였다. 주로 단오나 추석날에 그네를 뛰는데 동네사람들이 힘을 합하여 볏짚을 이용하여 3줄 새끼 꼬기(땋기)를 굵게하여 그네 줄을 만든다.

달집은 음력 정월 대보름날 저녁에 달맞이할 때에, 불을 질러 밝게 하려고 생소나무 가지, 대나무 등을 묶어 쌓아 올린 더미로 요즈음은 해당 일에 지방자치 단체에서 축제 행사로 실시하는 놀이인데, 달집을 짓을 때 금줄을 둘러 금줄의 사이사이에 기원문 소지를 꽂아 달집이 타는 동안 소원성취나 가내화평을 비는 풍습이다. 달집이 잘 타고 그 불빛이 좋으면, 그해에 풍년이 들고 탈이 없으며 더위를 이기고 질병이 나지 않는다고 하여 경제적인 부와 신체의 건강을 기원하는 날이라는 것이다.

줄다리기는 남자나 여자나 젊은이나 나이가 드신 이도 함께 줄을 마주 잡아 당겨 승부를 겨룰 수가 있어 참가자의 마음을 하나로 뭉치는데 좋은 경기라고 할 수 있을 것이다. 예전에는 한 해의 길흉을 점치고 풍년·풍어 등을 기원하는 뜻에서 시작한 마을 행사이고 주로 정월 보름이나 단오 추석 등 명절에 행해졌다. 줄다리기의 줄은 볏짚으로 그네처럼 3줄 새끼 꼬기를 하는데 경남 의령이나 영산, 경상북도 의성, 충청남도 당진군(唐津郡), 전라남도 장흥의 줄다리기가 유명하다고 할 것이다. 의령군은 줄다리기의 크기가 기네스북에 올랐는데 줄다리기를 위해 군내 볏짚을 구하는데 요즈음의 콤바인 벼 수확으로 인하여 볏짚 부족현상이 있다는 이야기도 있었다고 한다.

---

110) 줄다리기 : 줄다리기는 마을의 화합과 풍년을 기원하는바도 있지만 주로 이기는 편이 암줄이고 지는 쪽이 숫줄이다. 전남 장성에서의 줄다리기는 암줄을 잡는 대상은 여자들이나 아이들이며 이 이긴 암줄은 당산의 힘있는 나무를 감아 당산제를 지내 신앙성도 가졌다고 볼 수 있고, 전남 진도의 '용줄다리기'에서 '용(龍)'자체에 신적인 의미를 부여한 것이라고 볼 수 있을 것이다.

'의령 큰줄땡기기'를 지구상에서 가장 규모가 큰 줄다리기로 일컫는 것은 참가자 수가 많을 뿐 아니라, 기네스북에 등재(2005년)됐을 만큼 큰 줄을 사용하기 때문이다. 2005년 행사 직후 측정한 결과 길이 251m(최고 직경 5~6m), 무게 54.5t이었다.

지구상에서 가장 길고 무거운 줄인 만큼 제작 과정의 정성도 남다르다. 의령군 내 237개 마을 주민이 참여해 정월 대보름 이후 모은 볏짚으로 직경 12㎝, 길이 100m의 작은 줄을 530가닥 만든다. 이를 의령천 둔치로 옮겨 펴 놓은 뒤 새끼로 엮는 등 작업을 거쳐 거대한 줄을 만든다. 530가닥 가운데 암·수 두 개의 큰 줄을 만드는 데 120가닥씩 240가닥이 소요된다.

의령군은 임진왜란 때 전국 최초로 의병을 일으킨 망우당 곽재우 장군을 기리기 위해 매년 '의병제전'을 개최하고 있으며, 의병제전 기간 중 3년에 한 번씩 '큰줄땡기기'를 하고 있다. 큰줄땡기기는 1800년대부터 의령현을 중심으로 정월 대보름날 연례행사로 열렸으나, 일제 강점기와 한국전 때 일시 중단됐다가 1975년 재개됐다. 경남도 무형문화재 20호다.[111)]

짚공놀이는 지금의 축구이다. 짚공은 우선 새끼를 단단하게 꼰 뒤 날줄 12개, 씨줄 20개로 엮어 지름 25㎝ 가량의 외피를 만든다. 그리고 안에는 짚부스러기나 통통볼 등을 넣어 둥글게 만든다. 짚공의 종류도 요즈음 몇 가지 정도로 나누어 진다. 짚공 하나를 만드는 데 짚공의 상태에 따라 2~6시간 걸린다. 짚공을 만드는 이는 창영군의 김만근씨와 부산의 이춘선씨, 괴산군의 경달호 4형제가 맥을 이어가고 있다.

두 번째로 개인이 가능한 놀이는 징채, 팔랑개비, 풀싸움(민구는 아니나 풀 자체로 이용)놀이가 있다.

징채는 나무에 볏짚을 둘러매어서 징을 치는 채를 말한다. 주로 풍물패들이 많이 사용하고 마을의 경사에 장구와 꽹과리, 북 등이 같이 사용한다. 요즈음은 사물놀이에 이용된다.

팔랑게비는 주로 대나무나 종이로 만든 어린이들의 놀이 기구를 말한다.

풀싸움은 옛기록들에 초전(풀싸움), 초회(풀놀이)다. 풀싸움은 우리나라 전역에서 즐겨왔던 놀이이다. 풀이 많은 계절인 봄부터 가을 까지 많이 하였다. 풀싸움은 단둘이서 놀기도 하고 또 여럿이 편을 갈라 놀기도 한다. 이 놀이의 종류는 대략 4가지로 나눌 수가 있는데 '풀이름대기'와 '풀 끊기', '풀의 진 따기', '풀잎따기'로 설명할 수 있다.

풀이름대기는 일정시간에 많은 풀의 종류를 많이 알아야하고 남이 뜯지 못한 가지 수를 많이 확보하여야 상대방에게 이기게 된다. 한자리에 모여 풀의 종류

111) 의령 큰줄땡기기 : [조선일보] 2008년 04월 17일(목) 기사

를 내기하는데 못내게 되면 실점하고 이름을 몰라도 실점이 되어 나중에 점수 합으로 승패를 결정한다.

풀 끊기는 풀줄기를 서로 엇걸어 당겨서 상대방의 풀줄기를 끊은 자가 승리하게 되는 것이다. 물 붙여오기는 진액방울 붙여오기다. 잔디풀이나 화본과 식물 같은 것의 풀, 갈대 따위의 이삭이 달린 줄기를 뽑아서 손끝으로 훑으면 그 홰기끝에 진액방울이 맺힌다. 그것을 서로 맞대여서 상대방의 것을 따온 자가 이긴 것이다. 요즈음은 장난감이 많고 일찍이 유치원이나 공부한다고 시간이 없지만 예전의 어린이는 자연에서 풀과 시간을 지금보다는 많이 보내게 되었다. 현재의 풀싸움은 아주 재미나고 교양적가치가 있는 어린이들의 놀이이고 주변에 어떤 풀들과 꽃들이 널려있는가 하는 것을 보여주게 될 것이다.

이것 외에 풀잎 따기라는 것이 있는데 풀잎따기는 주로 아카시아 잎을 이용을 많이 한다. 상대방과 가위바위보를 하여 이긴자가 손가락으로 잎을 1회 한 번 퉁겨 따내기를 하는 데 먼저 다 따내는 자가 이기게 된다. 이긴자는 상대의 이마에 굴밤을 주기도 하고 다른 벌칙이나 엎어주기 등 작은 원함을 요구하기도 한다. 풀잎따기는 어린이뿐만 아니라 연인들의 사이에서도 공원이나 야외에서 할 수 있는 재미있는 게임이라 할 것이다.

3. 가축

가축에는 소와 닭에 관련된 것이 많고 누에와 여치 및 물고기에 관련된 짚풀 작업이다. 고삐, 누에섶, 달걀 꾸러미, 닭둥우리, 닭어리, 떰치, 벌멍덕, 부리망, 봇줄, 쇠신, 여치집(곤충), 통발(물고기) 등으로 구분된다.

4. 신앙

신앙은 의례와 방패로 나누어 살펴 볼 수 있는데 먼저, 의례는 금줄, 터주가리와 업가리, 초분이 있다. 금줄을 치는 곳은 돼지나 염소의 새끼를 낳았거나 소마굿간에서 송아지를 낳았을 때나 장독에 간장독에 두르거나 장승이나 당산, 당집[112]에 치고, 특히 아기를 낳았을 때 금줄을 친다. 아들을 낳았을 때는 왼새끼에 붉은 고추와 숯을, 딸을 낳았을 때는 솔잎과 숯을 달았다. 어떤 곳에는 딸을 낳았을 때 숯과 대나무잎이나 솔잎과 흰색 한지를 길게 잘라서 붙이기도 하였다. 금줄의 왼새끼는 매 가닥을 오른쪽으로 비벼 왼쪽으로 꼬나가는 것이 원칙인데, 이와 반대로 꼰 새끼로 부정을 타서는 안 될 표시를 하기 위한 영역으

112) 당집 : 당이라고도 하는데 토속적으로 민간신앙에서 신을 모셔놓고 제사를 지내는 집이다.

로 성역을 가르는 기준선이 된다.

터주가리는 가택신을 말한다. 더 구체적으로 말하면 집터를 관장하는 신이다. 터주, 토주, 터주대감 등으로도 불리는데 요즈음의 부동산을 생각할 때는 터주라는 것이 무게감이 있고 중요성이 있어 전해 내려오는 말에도 '터주대감'이라는 말이 있는 것처럼 가신 중에서도 중요한 위치에서 집안의 액운을 걷어주고 재물복을 주는 역할을 한다는 것이다. 햇곡식을 담아 장독대 근처 뚜껑을 씌운 다음 짚으로 주저리를 올린다. 터주가리의 짚은 새것으로 갈아주는 시기는 추수가 끝나는 10월의 그믐이고 짚은 불태워서 새로운 세계로 안내하고 새 것을 갈아 줌으로 다시 터주에 신앙 맞이를 하는데 가정의 건강 안녕과 풍농으로 재물 보호의 점지를 원한다는 것이다.

업가리는 집안의 재복을 관장하는 신이다. 업가리는 주로 뒤안이나 곡간 등에 아담한 옹기로 둔다. 이 위에 짚으로 만든 주저리를 씌운다. 규모면에서 업가리가 터주가리보다 더 크다고 할 것이다.

초분은 선산 명당에 안치되기 전에 조상과 후손의 안녕을 위하여 육탈이 되지 않은 진송장상태를 적당한 가묘나 야산에 이영과 용마름으로 덮은 묘다. 초분은 효도의 한 방법이고 서남해안 일부 섬에만 남아 있는 이중 장례이다. 생각 날 때마다 가까이에서 자주 찾아 돌보고 이엉 등을 손질한다. 바닥에는 돌을 놓아 물에 젖지 않고 통풍이 잘되게 하고 위로는 이영 등의 초가로 엮어 만든다. 초분은 임시무덤이다. 이엉 등으로 이는 상태에서 새끼로 씨줄날줄로 엮고 바람에 나리지 않게 줄에 돌을 매달아 놓기도 한다. 초분 이후 본장은 3~4년 뒤에 해당 일이나 좋은 날을 잡아 진행한다.

두 번째로 방패는 제웅, 씨오쟁이, 띠배(짚배[113])가 있다고 할 수 있을 것이다. 제웅과 씨오쟁이에 대하여 다른 장에서 다루기로 하고 이를 표로 나타내면 아래와 같이 나눌 수 있다. 띠배는 바닷가에서 생활하는 어민들이 풍어와 마을의 평안 등을 기원할 목적으로 당제에 필요한 짚이나 띠로 만든 배를 말한다. 전남 부안에는 매년 정월 초사흗날 어민들의 풍어와 마을의 평안을 기원하는 띠배놀이를 한다. 이를 원당제(元堂祭)라고도 하는데 제당의 명칭인 원당에서 나온 말이며, 마을의 액을 띠배에 실어 바다에 띄워 보내는 데서 띠배라고 하였다. 마을 어민의 여러 띠배를 바다에 띄울 때 다른 집 배보다 빨라야 된다는 것에서 '띠뱃놀이'라고 부르게 되었다. 띠뱃놀이는 그 결과에 걸 맞는 풍어가 보장된다고 믿는 의식 행사이고 결국 액막이 행사로까지 염원을 두고 있다고 볼 수 있다. 띠배는 짚과 띠, 싸리, 갈대 등을 엮어 지역에 따라 약간의 차이는

113) 짚배 : 제주도에서는 영등굿이나 도깨비굿, 마마배송굿 등에 짚 모형배를 만들어 바다에 띄워 보내는 민속이 전한다. 이 배를 짚배(찌배)라고 한다. 민속박물관(1991). 『한국 짚 문화』 신곡문화사. p93.

있으나 길이 3m, 폭 2m 정도다. 배안에는 제사음식과 허수아비나 제웅을 5개를 넣기도 한다. 원당제의 구성에 있어서 원당제가 있고 마을의 주산(主山)돌기와 용왕굿으로 구성되는데 산에서 하는 원당에서는 남성위주의 당굿을 하고 용왕굿은 띠배를 만들어 띄어 보내는데 부녀자들이 주도 하는 편이다. 이 굿에는 성주굿, 산신굿, 객굿, 지신굿, 성낭굿, 깃굿, 문지기굿으로 이루어지고 성낭굿은 다시 원당서낭, 애기씨 서낭, 장군서낭으로 나누어진다. 이러한 행사의 정황을 보아 띠배는 원당제에서 장소가 산이면서 원당에 필요한 금줄과 장소가 바다인 용왕굿에 필요한 띠배를 고려할 때 같은 일부의 소품이였다는 것을 보여주고 있다. 짚배를 사용하는 제주신앙에 해녀와 수산물의 풍요와 영등신을 위한 영등굿도 재료의 차이 일뿐 뜻은 비슷하다고 볼 수 있다.

표 6-6. 용도에 따른 짚풀 작업의 내용 중 2가지 이상 겹치는 민구

용도에 따른 짚풀 작업의 내용 중 2가지 이상 겹치는 민구	분류
갈퀴	운반, 탈곡
거적	저장, 주거(포장)
광주리	운반, 저장
다래끼	운반, 저장
망태기	운반, 저장
멍석	건조, 자리, 놀이(윷놀이)
섬	운반, 저장
씨오쟁이	운반, 저장, 신앙

VII. 짚풀 민구의 종류

짚풀 민구는 예로부터 민중이 일상생활에 써 온 짚풀로 만든 일상용품들을 말한다. 일상에 사용되는 민구이기 때문에 그 종류도 많은 편이다. 민구는 앞서 짚풀의 용도에 따른 짚풀 작업의 내용(민구)에서 살펴 본바와 같이 주로 생활 부분에 해당되는 것을 정리하였다. 생활에서 꾸밈, 운반, 저장, 건조, 주거에 해당하는 부분이 대 부분이라 할 것이고 추가로 일부 종류를 추가할 수 있었다.

이 장에서 살펴보는 순서는 가나다순으로 정리하여 보았다. 기본 정의를 살펴보고 유래와 형태, 종류, 크기, 용도를 살펴보고 만드는 법은 다른 장에서 살펴보기로 하였다.

1. 가마니

그림 8-1. 가마니와 가마니틀

	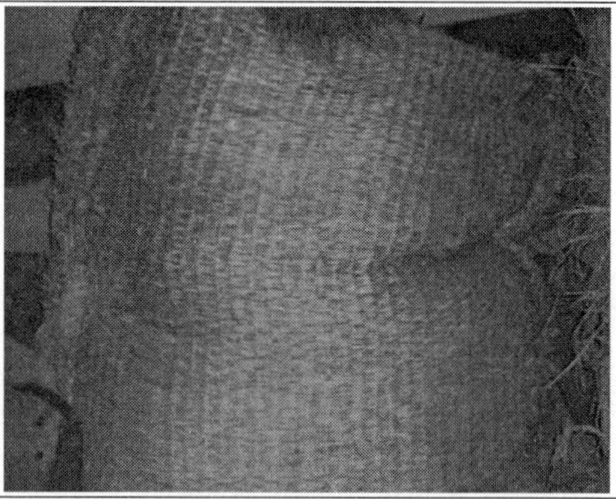
가마니	가마니

가마니는 새끼를 꼬아 날을 만들고 짚을 씨로 하여 돗자리를 치듯이 쳐서 울이 깊게 한 뒤 양쪽 가장자리를 꿰매어서 만든 비료·석탄·소금·곡식 등을 담는 짚으로 만든 용기다. 재료는 짚이 100%다. 가마니의 유래는 1900년대 초에 일본에서 들어왔고 일본어 '가마스'에서 비롯되었다는 것이다. 가마니는 담는 용기로 시대적으로 보면, 가마니 이전에 사용되었던 용기는 섬이 되고 가마니 이후에 사용되었던 용기는 마대나 포대, 종이부대가 있다.

가마니틀

반자동 가마니틀

가마니의 종류는 4가지로 나누어지는데 시대변화, 담는 내용물, 가마니틀의 기능, 용도에 따라 분류가 가능하다. 시대변화에 따른 가마니는 매상가마니, 공출가마니가 있고 이는 그 시대의 변화에 따라 상황에 맞는 명칭을 붙인 것이다.

표 8-1. 가마니 종류

구분	대분류	중 분 류
가마니 종류	시대 변화	매상가마니, 공출가마니
	담는 내용물	보리가마니, 나락가마니, 고구마가마니, 콩가마니, 제방가마니, 비료가마니, 소금(염용)가마니, 무시로가마[114] 쌀가마 등
	가마니틀의 기능	가마니, 기계가마니

담는 내용물에 의한 분류는 가마니 속에 무엇을 담느냐에 따라 가마니 명칭이 달라지는데 보리를 담으면 보릿가마니, 나락을 담으면 나락가마니, 고구마를 담으면 고구마 가마니, 콩을 담으면 콩가마니, 제방가마니[115], 비료가마니, 소금가마니 등이 되기도 하였다. 가마니틀의 기능에 따라 분류는 가마니와 기계가마니로 나눈다. 기계가마니는 한 명이나 두 명이 작동하기가 어렵고 보통 6명이 되어야 가마니를 짤 수 있다. 기계가마니는 거적과 비슷한 쓰임에 사용되나

114) 무시로가마 : 인병선(2005). 『우리가 알아야 할 우리짚풀문화』 현암사. p305
115) 제방가마니 : 안에 흙을 담아 방천의 안정을 도모하고 제방을 쌓기 위해 만든 가마니다.

거적보다 더 촘촘한 상태이며 양 가장자리가 꿰매어지지 않은 상태가 대부분이며 동물원이나 건설 공사현장에 주로 사용된다.

가마니와 유사한 것은 통가리 또는 벼통가리와 멱서리, 섬이 있는데, 다 저장용기라 할 것이다.

가마니의 크기는 높이 90cm, 폭이 80cm, 내용물을 담은 지름이 70cm 정도이다.

가마니는 짚으로 짜는데 멍석이나 소 부리망처럼 짚만으로 가마니를 짤 수가 없고 가마니틀이 있어야 한다. 가마니틀은 처음에는 두 명이 필요하였지만 세월이 지남에 따라 반자동 가마니틀이 나와 한 명이 가마니를 짤 수 있게 되었다.

가마니 짜기 순서는 가마니틀 준비를 먼저 하고 가는 새끼꼬기를 한다. 이어서 씨줄 설치하기를 하고 추린 짚 넣기를 하는데 한번은 오른쪽, 한번은 왼쪽에서 계속하고 넣기와 동시에 바디누르기를 짚 넣는 수만큼 계속하다가 가마니의 크기가 되었다싶으면 씨줄 끊기를 한다. 마지막으로 가마니 옆을 새기를 끼운 돗바늘을 사용하여 옆구리 꿰매기를 하고 마지막으로 칼로 삐져나온 지푸라기를 제거하는 다듬기를 한다.

가마니의 용량은 말로 열 말들이가 되도록 하였고 되로는 100되가 된다. 논 한마지기에는 좋은 논에서는 4가마니 이상의 나락을 생산하고 한마지기는 한 말의 씨를 뿌릴 만한 면적으로 지역에 따라 차이가 있지만 보통 200평에서 300평을 말한다. 가마니를 짜려면 날새끼인 가는 새끼 60발이 필요하고 32개의 날을 만들고 보통 2인 1조가 되어 하루에 댓 여섯 장을 치고 하루를 보낸다고 볼 수 있다.

가마니의 용도는 주로 담는 용기로 사용되지만 또 다른 용도로 사용하기도 하는데 그것은 네 가지로 분류가 가능하다. 담는 용기, 놀이, 생활, 상징으로 나눈다. 먼저, 담는 용기부분에 있어서는 수확장소인 논이나 밭에서 집에까지 오는 동안에 가마니가 사용되고 또 가마니에서 뒤주로 향하여 가마니가 비워지기도 하고 창고에 넣거나 방안에 넣어 가마니의 내용물이 그대로 보관되는 경우도 있다. 뿐만 아니라 가마니는 뒤주에 있는 나락이나 내용물을 방앗간이나 시장에 내다가 팔 때에 사용되는데 이것의 특징은 이동에 필요한 저장용기라는 것이다.

가마니의 용도 중 놀이로는 윷놀이에 있어서 윷이 떨어지는 멍석 대용 판이나 그림을 그린 말판으로도 사용하기도 한다. 가마니의 용도 중 생활부분에 있어서는 회갑잔치나 큰 모임에 자리용으로 사용하였다. 또 가마니를 오래 동안 사용하여 상태가 좋지 않은 것은 냇가에서 가마니 속에 된장을 넣어 미꾸라지나 민물뱀장어를 잡을 때 사용하기도 한다. 또 허름한 가마니는 땔감이나 저장고 등에 눈·비를 막아주는 덮개로 사용되기도 하였다. 요즈음은 도심의 실내 장식으로도 사용되기도 한다.

가마니가 상징하는 것 가운데 어른들이 자라는 청소년에게 들판에서 나락가마니 한 가마니의 짐을 지게지고 일어나야 '장골'이라고 하여 매우 건장한 사람을 이르는 말로서 뼈가 거대하고 몸집이 우람한 사람을 말하는 경상도 지역에서 일꾼의 축에 끼워주는 기준이 되는 것에도 이용되기도 하였다.

표8-2. 가마니 용도

구분	분 류	내 용
가마니 용도	담는용기	방앗간 등 이동에 필요한 용기, 방안 등 보관용기
	놀이	윷 판, 윷 말 판
	생활	자리, 고기잡이 도구, 덮게, 장식
	신앙	나락 한가마니 짐 지기=장골

2. 갈퀴

갈퀴는 여러 개의 대쪽이나 철사나 플라스틱 등을 한 끝을 갈고랑이 지게 휘어 부챗살 모양으로 펴고, 그 중간을 가로 댄 긴 자루를 붙인 것으로 낙엽이나 곡물을 긁어모으거나 헤치는 데 사용한다. 갈퀴는 농촌이나 어촌에서 지게·도리깨 등과 함께 생활에서 필요한 농기구였다.

갈퀴의 종류는 시대에 따라서 점점 다양해 졌다. 나무갈퀴, 금속갈퀴, 플라스틱 갈퀴로 나누어 졌다. 그 용도도 다양한데, 나무갈퀴는 농가 연료를 솔가리·가랑잎으로 충당하던 시기에는 그것을 긁어모아 장을 재기거나 젖은 재료를 말리기 위하여 헤치는데 사용한 도구였다.

그림 8-2. 갈퀴

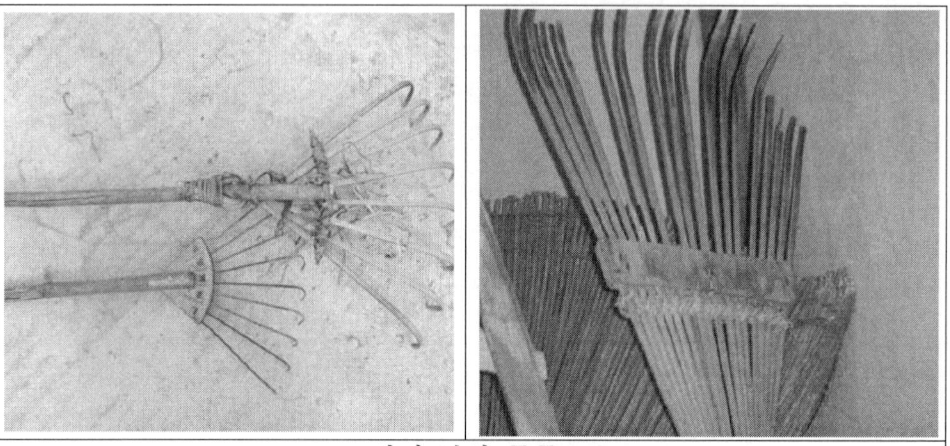

갈퀴 날의 종류

금속갈퀴나 플라스틱 갈퀴도 사용용도는 비슷하여 벼·메밀·콩·보리 등을 탈곡할 때, 알곡을 덮고 있는 검불을 걷어 내거나, 흩어진 알곡을 모으는 데도 사용하였다. 다만, 금속갈퀴는 불속의 재나 무게가 나가는 곳에도 사용이 가능하여 사용용도의 차이점이 나타나기도 하였다. 갈퀴의 날이 약간의 차이가 있어서 8날의 갈퀴, 10날의 갈퀴, 12날의 갈퀴, 20날의 갈퀴 등 만드는 정도에 따라 다를 수 있다. 이 책에서의 갈퀴는 나무로 만든, 즉 짚풀로 만든 갈퀴에 대한 것으로 재료는 대나무와 칠덩쿨과 1.5m정도의 손잡이작대기로 만든다. 특히 갈퀴의 발을 만들기 위해서는 대나무를 다듬어 갈퀴부분을 휘어잡은 뒤 갈고랑이 지게 하여 짚푸라기로 갈고랑이 부분을 묶어서 펴여 지지 않게 하여 가마솥에 소죽 끓일 때 같이 넣어 삼는다. 이렇게 하면 다시 펴여 지지 않고 구부러진 상태로 있게 된다. 갈퀴의 부분적 용어가 있다. 맨 아래에서, 즉 바닥에 닫는 부분의 갈퀴날이 있고 그 다음 갈퀴 갈고랑이를 갈퀴발이라 한다. 갈퀴를 만들다 보면 3곳의 묶음 부분이 있는 데 부채꼴의 넓은 부분의 묶음 작업이 위치마이고 중간부분이 아래치마이고 손잡이와 가까운 부분이 또아리라고 한다. 또아리의 뒤태를 뒤초리라고 하고 갈퀴의 손잡이부분을 갈퀴자루라라 하며 갈퀴의 자루가 갈퀴의 위치마부분에서 조금 튀어 나오는 부분이 갈퀴코라고 한다.

조선왕조실록에는 갈퀴에 대하여 3개의 문헌이 나오는데 다 중종 때의 일이고 탐관오리들의 잘못에 대한 지적이 있다.

수령(守令)·첨사(僉使)·만호(萬戶)가 된 자들은 갈퀴질만 일삼고 있으므로 백성을 구휼하고 공무를 봉행하는 자가 대개 적다.116)

눈이 인상적이면서 많이 휘어진 사람의 눈을 '갈퀴눈 같다'고도 하고 사람들의 돈이나 물건을 억지로 빼앗아 대는 짓을 빗대어서 '갈퀴질한다'고 하여 갈퀴가 좋지 않은 행동 지적의 뜻으로도 사용되기도 하다.

요즈음은 갈퀴가 장식용품으로 나와서 실제로 갈퀴의 용도로는 그 사용에 있어서는 줄어들었지만 활용되는 영역에 있어서는 확대되고 있는 추세라고 볼 수 있다.

3. 거적

그림 8-3. 거적

폭:1m 길이:10m의 거적	폭:1m 길이:60m의 거적	폭:50cm 길이:5m의 거적

거적은 짚을 얇거나 두툼하게 엮거나, 새끼나 끈으로 날을 하여 짚으로 쳐서 자리처럼 만든 물건을 말한다. 거적을 거적대기라고도 한다. 조선왕족실록에 보면 태종에서부터 순종에까지 거적에 대하여 수백 건에 이를 정도로 많이 나오고 있다. 먼저 태종에서는,

육조에 명하는 홍의(洪義) 등을 다시 문초하게 하여, 이양우의 죄를 면제하였는데, 그렇게 한다면 전일에 국문(鞫問)한 시말은 모두 허위가 되는 것입니다.

116) 조선왕조실록 중종 59권, 22년(1527 정해 / 명 가정(嘉靖) 6년) 5월 26일(임인)

이것이 신 등이 석고대죄(席藁待罪)하고 감히 출사(出仕)하지 못한 까닭입니다.[117]

여기에서 석고대죄는 죄를 지은 죄인이 죄를 자책(自責)하여 거적을 깔고 엎디어 처벌을 기다림을 뜻하고 여기서 거적을 사용하였다는 것을 나타내고 있다. 또 세종 때에도 거적에 대해서 많은 기록이 나오고 있는데,

중부(中部)에 거주하는 유학(幼學) 전사례(全思禮)는 아버지가 죽으매, 거적자리[苫]에서 자며 흙덩어리로 베개하고, 매일 범벅죽[飦粥]을 먹으며 좋은 음식을 먹지 않고 3년을 마쳤으며[118]라고 하여 거적의 쓰임은 많은 곳에서 사용되고 있었다.

거적과 발은 만드는 방식이 비슷하다. 다만 사용 용도와 재료가 다르다. 거적은 덮개로 주로 사용되지만 발은 여름에 차양막이로 많이 사용되고 예날의 커텐이라고 보면 될 것이다. 거적은 재료가 짚인데 발은 갈대나 조릿대 등 다양한 편이다. 거적의 종류는 짚거적, 섬거적, 밀거적, 부들거적, 싸리거적 등이 있다. 짚거적은 일반 거적으로 짚이 재료이고 섬거적은 사용용도가 섬을 만들기 위한 거적을 말하며 밀거적은 재료가 밀대로 만든 거적을 말하고 부들거적은 부들로 싸리거적은 재료가 싸리가지로 만든다는 것이다. 물론 만드는 사람이 그 재료의 선택에 따라서 그 거적의 이름도 달라 질수 있다는 것이다.

요즈음은 거적이 여러 가지의 용도와 크기가 나타나 다양하게 사용된다. 먼저 용도에 있어서 기존에는 4가지로 나누는데 자리나 덮개, 멍석기능, 외부차단기능으로 주로 사용되었다. 자리는 잔치에서의 여러 사람이 한두 번 깔고 앉아 있을 수 있는 정도, 흙이나 물끼가 있어서 자리 필요에 의해서 거적자리가 필요하였다. 거적의 덮개는 나무를 덮거나, 종자를 뿌리고 비가 올 때 파이고 떠내려가는 것을 방지하는 덮개, 보기좋지 않은 물건이나 동물의 시체를 덮을 때, 제방이나 연못 둑 공사 후 비를 대비하여 덮개로 사용되는 때 등 그 사용처는 많은 편이다. 멍석기능은 거적을 펴여서 무나 배추, 담배잎이나 가을의 과일을 수확할 때에 흙 등의 때를 타지 않게 하기위하여 깔아 놓기도 하였다. 물론 외부의 시선으로 일을 차단의 기능도 있었다. 외부의 차단기능은 발과 비슷한데 거적으로 만들었다는 것이다. 뒷간 문이나 간단한 외양간 문이나 남새밭의 문이 거적으로 된 경우 등이 있었다. 두 번째로 요즈음의 거적용도는 도로공사의 절토, 성토지역 경사면에 잔디 및 향토 초목류를 혼합파종하고 그 위에 거적을 덮어줌으로써 보습, 보온으로 발아가 촉진되고 조속녹화가 되어 경사면을 보호하고 토량의 유실을 방지할 수 있는 효과가 있고 나무 병해충 막기와 동절기

117) 조선왕조실록 태종 28권, 14년(1414 갑오 / 명 영락(永樂) 12년) 7월 2일(계유)
118) 조선와조실록 세종 7권, 2년(1420 경자 / 명 영락(永樂) 18년) 1월 21일(경신)

동파 보호와 눈길과 흙탕길 깔개로 사용되기도 하다. 또 실내 인테리어 디자인 용도로 사용되기도 하다.

요즈음의 거적의 크기는 대분이 폭1m에 길이 60m가 주류를 이룬다. 그러나 폭 1m에 길이 10m의 거적과 5m의 거적도 있고 2m의 거적도 있다. 여기서 60m의 거적은 지푸라기 1개 정도의 두께가 펴여진 매우 얇은 거적이라고 보면 될 것이다. 거적의 폭도 1m가 있고 50cm가 있고 30cm 등이 있다. 거적을 이어내는 줄의 재료는 요즈음은 나이론 끈이며 기계로 생산하는 단계에 이르고 있다. 줄의 수는 10줄과 5줄, 3줄 등 다양하게 만들 수 있다.

4. 광주리

광주리는 담는 그릇으로 대·버들·싸리 따위로 바닥은 그물눈과 그물눈 사이의 매듭이 촘촘하고 보통 둥글고 위는 좀 벌어지게 결어 크게 만든 그릇이다. 담을 수 없다면 광주리가 아니다. 광주리로 인정된다는 것은 저장성이나 보관성이 있어야 한다. 물론 약간 운반성도 있다고 할 수 있지만 대부분 저장성이나 보관성이 더 많다고 할 것이다. 광주리는 신석기시대부터 사용하였다는 것에 일반적인 시각이고 삼국유사에 보면,

一居士(1거사)가 外樣(외양)이 초초하여 손에 杖(장)을 짚고 등에 광주리를 지고 와서 下馬臺(하마대) 위에 서서 쉬었다. 광주리 안을 보니 乾魚(건어)가 있었다.[119]

라는 문구를 보아도 광주리는 다양하고 일찍이 사용되었다는 것을 볼 수 있다. 조선왕조실록에도 보면 수십 개의 목록이 나타나고 있다. 예로부터 광주리는 많은 용도로 사용하였다는 것을 볼 수 있어 우리의 일상에 중요한 민구였다.

원자(元子)가 입학(入學)하였다. 학생복을 입고 문묘(文廟)에 참배하여 작(爵)을 드리고, 박사(博士)에게 속수(束脩)209) 의 예(禮)를 행하였는데, 성균 사성(成均司成) 설칭(薛偁)과 사예(司藝) 김조(金稠)로 박사(博士)를 삼아서 받았다. 속백(束帛) 한 광주리[筐], 술 한 병[壺], 포[脩] 한 소반[案]이었다.[120]

광주리는 위에서 나타나듯 광주리는 담는 용도로 사용되고 있고 '속백'이라

---

119) 삼국유사(이병도 역)권 제5 > 감통 제7 > 경흥우성

120) 조선왕조실록 태종 5권, 3년(1403 계미 / 명 영락(永樂) 1년) 4월 8일(갑인)

하여 나라 사이에 서로 방문할 때에 공경의 뜻으로 보내던 물건으로 비단 다섯 필을 각각 양 끝을 마주 말아 한데 묶었다는 것을 담은 광주리는 중요한 곳에도 사용되었던 것이다. 광주리는 감자, 고구마, 밀, 보리, 각종 곡물을 운반하거나 일시적인 저장을 하고 밥을 내어갈 때도 쓰이며 고사리 등 산나물을 말릴 때도 사용된다.[121] 광주리는 운반, 저장, 건조의 기능을 가지고 있다. 광주리는 쓰임의 용도에 따라 여럿으로 나눌 수 있다. 삼을 삼을 때 담는 광주리, 씨앗을 담는 씨앗광주리, 어촌의 고기를 말릴 때 사용되는 생선광주리, 해녀들이 사용하던 전복이나 바지락을 담는 패류광주리, 누에의 먹이인 뽕잎을 따 담는 양잠광주리, 삶은 보리쌀을 살강에 걸어 두기를 하거나 감이나 과일을 따서 보관하는 음식보관광주리 등이 있다.

광주리를 엮는 데에는 절단가위와 낫이나 톱 등이 필요하며 광주리를 만드는 재료는 대나무 ·등나무 ·버드나무 ·싸리나무들이 쓰이고 근래에 와서는 가죽 · 철사 ·합성수지 등 여러 가지가 쓰이는 추세이고 이도 표백을 넣어 하얗게 하거나 색깔을 넣어서 모양을 좋게 하기도 한다.

광주리의 모양은 원통형과 계란형, 원추형, 직사각형과 작은 액세서리형 등 만드는 이의 취향에 따라 모양 다양하게 만들 수 있다.

5. 고삐

말이나 소를 몰거나 부리려고 재갈이나 코뚜레, 굴레에 잡아매는 줄을 말한다. 재갈은 말을 부리기 위하여 아가리에 가로 물리는 가느다란 막대이고 이 막대는 쇠나 질긴 나무막대가 사용된다. 코뚜레는 소의 코청을 꿰뚫어 끼는 고리이다. 이 고리는 나무 중에서는 노송나무가 많이 사용되고 철사에 고무가 코팅된 코뚜레도 있었다. 굴레는 마소의 목에서 고삐에 걸쳐 얽어매는 줄이다. 굴레는 짚으로 만들기도 하고 가죽으로 만들기도 하다.

고삐는 고삐와 연결되어져 있는 재갈이나 코뚜레, 굴레가 가축의 힘을 제압하여 활동범위 제한용이며 단지 줄이라는 차원을 떠나 대상의 조정이나 제어 및 정지의 기능이 있다. 고삐가 사용되는 것에는 소, 말, 염소, 나귀, 낙타 등의 가축들에게 사용된다고 할 것이다.

고삐의 종류에는 가축의 이름을 따서 소고삐, 말고삐, 염소고삐로 나눌 수 있고 요즈음은 소나 염소를 대량으로 사육하기 때문에 고삐를 사용하지 않는 경우가 대부분이고 말의 경우는 경주마나 관광마가 있기 때문에 계속 사용되고 있는 추세인데 그 종류는 마술용(馬術用) 또는 경마용, 마차용이 있다. 고삐는

121) 광주리 : 코리아비주얼스.(2005)한국의 문화유산. p105

인간이 가축을 다루면서부터라고 해도 틀리지는 않을 것이다.

고삐의 재료는 가래나무껍질· 싸리껍질(비사리)·신서란·대마(삼)·가죽·나일론 등이 이용된다. 비슷한 용도로 사용되는 것은 밧줄이다. 밧줄은 길이나 굵기 등이 다양하다.

소고삐의 길이는 코뚜레에서 시작하여 사람의 손까지의 길이가 된다. 그래서 보통 3 내지 4m의 길이가 되고 목초 밭에 내어서 소에게 풀을 뜯게 할 경우 등은 그 길이가 길어질 수 있다. 지름은 어른 중지의 두께 인 15mm 내자 20mm 정도다.

6. 고침(Straw Pillow)

그림8-4. 고침

고침(藁枕)은 상을 당한 사람이 베는 베개이다. 고침과 비슷한 것이 목침이 있다. 목침에다가 짚을 새끼를 꼬아 자신을 낮추어 부모에게 죄인이라 여겨 짚으로 만들어 베개로 썼다. 고침을 사용하는 사람은 바닥에도 이불 요를 사용하지 않고 짚으로 만든 거적을 요로 사용하였다. 새끼는 가는 새끼 5mm정도를 사용하였다. 크기에 따라 다르지만 보통 40회 내지 60회 정도로 새끼를 감은 것으로 고침을 만든다.

7. 금줄

금줄은 신성한 곳임을 표시하고 부정한 사람이나 부정한 것의 접근을 막으며 잡귀의 침범을 방어할 목적으로 문이나 길 어귀에 건너질러 매거나 신성한 대상물에 늘이는 왼새끼줄을 말한다.

금줄의 기능은 예방의 기능이 있고 홍보의 기능이 있다. 먼저 예방의 기능에 대해서의 그 이유로, 이두현은 금줄이 악귀와 부정의 근접을 막기 위한 것이라고 하였고[122] 배영동은 금줄의 의미와 기능에 대하여 비가시적(非可視的) 위해(危害)에 대한 유형적 안정 장치라 하여 성과 속을 구별하고 부정을 막아 주는 것[123]이라 하였다. 장독이나 가축우리에 금줄을 매 다는 것은 부정한 것에서 접근을 미연에 방지하기 위한 것이라고 볼 수 있다. 또한 아기탄생시의 금줄은 새로 태어난 생명을 안전하게 보호하고자하는 예방적 기능을 가지고 있다고 할 것이다.

그림 8-5. 금줄

부산 금정구 금줄	금줄(마산시 상대마군)	개량형 금줄

두 번째로 홍보의 기능은 금줄에는 축제적인 것이 있는데, 그것은 자녀의 탄생이다. 자녀의 탄생에 아들이면 고추와 숯을, 딸이면 솔잎과 숯을 달았다. 자녀의 생산은 축복이고 이를 널리 알리는 기능을 한다고 할 수 있다. 가축의 새끼 생산은 가정의 부가 증대되는 것이고 이를 널리 알리는 기능도 홍보에 해당된다.

금줄을 치는 곳은 부정을 방지하는 것과 신성한 곳임을 표시할 곳으로 나눌 수 있다. 이는 금기와 경계가 동시에 관념적이며 유기적으로 내포하고 있다고 할 것이다. 부정을 방지하는 것은 장독에 금줄을 쳐 간장에 부정 타는 것을 막았고, 우물에 금줄을 쳐 우물의 오염을 막고 깨끗한 우물을 유지하고, 새끼를 낳은 돼지우리, 새끼를 낳은 소우리, 염소를 낳은 염소우리 등 사람과 가까이하는 가축의 새끼를 낳았을 때에 외부의 나쁜 감염으로부터 보호하기위하거나 안전을 확보하기 위하여 금줄을 사용하였다.

신성한 곳임을 표시할 곳은 장승, 당산(서낭당), 성주[124], 당집, 솟대, 신목(오

---

122) 이두현, 〈세시풍속〉, 《한국민속학 개설》 이두현외 2인 공저, 보성문화사,pp208
123) 배영동. 〈금줄의 의미와 기능〉, 《비교민속학》 5, 비교민속학회, p91~114
124) 성주 : 가정에서 모시는 신의 하나로 집의 건물을 수호하며 가신(家神) 가운데 맨 윗자리를

래되고 큰나무도 해당 됨), 큰바위, 마을 입구, 문 등이다.

부정의 대상은 사람과 사람이 아닌 것으로 구분하는데, 사람은 상을 당한 사람, 질병이 있는 사람, 여자인데, 대부분 출입이 되지 않지만, 특히 여자는 금줄이 없는 집이라 하여도 오전에는 방문을 자제하였고 금줄이 있는 집이나 금줄이 있는 그 곳에 갈 수가 없고, 제사가 있는 사람, 몸과 마음이 부정한 사람, 잡인 등이 부정의 대상 중에서 사람들에 해당할 것이다.

부정의 대상 중에서 사람이 아닌 것은 악귀, 잡귀, 질병, 부정 등이다.

금줄의 재료는 왼새끼와 숯, 붉은 고추, 하얀 창호지, 볏짚, 솔가지나 대나무가지, 등으로 설명할 수 있다. 왼새끼는 왼쪽에 대한 신성관념설과 성스러운 공간 구분설로 나누어지고 있지만[125] 우리나라의 전역이 공통적으로 왼새끼를 사용하며 귀신이 싫어하는 줄이라는 뜻으로 쓰인다는 것이다. 숯은 악귀와 부정을 태운다는 뜻도 있지만 숯의 고유 기능을 참고하면 음색(陰色)으로 잡귀를 흡수하는 기능이 더 가깝다고 보여 진다. 붉은 고추는 양색(陽色)으로 악귀를 쫓는 데 효험이 있고, 하얀 창호지는 창호지가 흰색으로 깨끗함을 드러내어 이곳이 깨끗한 장소임을 뜻하는 것으로 금줄에 사용하였다는 주장이 있다.[126] 볏짚은 지푸라기 서너 개를 끼우거나 베솔처럼 만들어 줄에 끼워달아 짚이 지닌 낟알의 다산성을 나타내어 부를 추구하는 뜻으로 보인다. 솔가지나 대나무는 변하지 않는 푸른 하나의 색을 통하여 귀신을 물리칠 수 있는 색과 도구가 된다는 뜻으로 해석해 볼 수도 있을 것이다.

금줄은 중국의 연변지역이나 몽골이나 일본에서도 사용되고 있다. 금줄의 크기는 그 대상에 따라 다르다. 현대에서는 아파트현관에도 달기 때문에 2m나 1m도 있고 그 보다 더 작은 것도 기념품으로 나오고 있다.

8. 낫꽂이

짚이나 나무로 만들어 매달아 놓고 낫이나 칼 같은 연장을 꽂아두게 만든 꾸러미를 말한다. 낫꽂이의 유래는 낫이 사용된 이후로 보아야 할 것이며 낫은 벼와 풀을 베기 위해 사용하였던 철기 시대나 그 이후로 볼 수 있을 것이다. 낫꽂이의 종류는 만드는 재료에 따라서 나무낫꽂이와 볏짚낫꽂이가 있다. 나무낫꽂이는 나무로 만드는데 나무 널판지를 톱으로 틈을 내어 예리한 낫의 날을 틈에 꽂아 사용하였다. 틈의 수만큼 낫을 꽂을 수 있다는 것이 특징이다. 볏짚

차지한다. 유사한 말로 상량신이라고 한다. 성주는 1년 세 번 모시는데 정월 초하루와 추석, 그리고 성주 생일이다. 이 날 문에 금줄을 친다.

125) 배영동, 앞의 글. p114.

126) 배영동, 앞의 글. p114.

으로 만든 낫꽂이는 꽂는 부분이 아랫니며, 두툼하게 매다는 부분은 위쪽이며 가늘게 만든다.

낫꽂이는 보관함의 고유기능을 가지고 있는데, 이 고유기능 속에는 낫꽂이는 두 가지의 성격이 있다. 하나는 보관의 용이성이고 다른 하나는 보관의 안전성이다. 보관의 용이성은 낫을 늘 사용하던 그 시절에는 하루에도 수십 번 낫을 사용하였고 그 때마다 낫꽂이를 사용하였던 것인데 손으로 갖다가 꽂으면 바로 꽂혀야 했고 낫꽂이가 어렵거나 쉽지 않다면 낫꽂이가 될 수 없을 것이다. 볏짚낫꽂이나 나무 낫꽂이는 나름대로 사용하기가 쉬웠다. 볏짚 속으로 낫의 날을 쉽게 넣고 뺄 수 있었고 나무 낫꽂이도 마찬가지로 사용하기가 용이하였다.

보관의 안전성은 낫의 날이 서 있어 다치기 쉽기 때문에 안전한 보관이 중요했고 그 역할이 낫꽂이가 했다. 나무 낫꽂이나 볏짚 낫꽂이나 공통적인 사실은 '매단다'는 것이다. 매단다는 것은 안전상 어린이나 손을 타서는 되지 않는 대상에게 주의가 필요하기 때문에 높은 곳이거나 평소에 다니지 않는 처마 밑에 걸어 두고 사용한다는 뜻이다. 볏짚의 낫꽂이는 아래가 두툼한데 그 이유는 예리한 낫의 날을 볏짚 속에 넣어 안전을 확보하기 위한 방안이라고 볼 수 있을 것이다.

낫꽂이의 크기는 낫을 꽂거나 빼거나 하는데 지장이 없어야 하고 낫 한 자루가 아니라 여러 자루를 꽂아 놓고 사용할 수 있어야 하고 낫뿐만 아니라 칼이나 예리한 도구도 꽂아서 보관이 가능한 정도의 크기가 되어야 한다. 볏짚낫꽂이의 경우 짚 한단 정도로 밑동을 새끼로 묶어서 묶어 맨 부분을 속으로 넣어서 짚 전체를 뒤집어야 한다. 머리 쪽인 수냉이 부분을 머리 땋듯 정리하고 새끼로 감아 매면 되는데 이 크기가 지름이 20~30cm정도 되고 높이가 50~60cm정도가 된다.

9. 누에섶

익은 누에가 고치를 짓게 하려고 차려 주는 장치를 말한다. 잠족(蠶)이라고도 한다.

누에섶의 종류는 수지 섶, 판지 섶, 새끼 섶, 나무 섶, 발 섶, 자연 섶, 지네섶 등이 있다. 비슷한 것으로 누에 발이 있다.

누에섶의 역사는 일찍이 시작되었다고 하여 삼국시대에 누에를 치고 이에 따른 누에섶도 있었다는 것이 무게를 둘 수 있겠다.

紫茅(자모)와 黃精(황정)으로 배를 채우고 木葉(목엽)으로 옷을 삼으니 누에 치고 베짜지 않도다. 寒松(한송)이 솔솔부는 돌산에, 해는 기울어 林下(임하)의 樵

夫(초부)도 돌아가고, 깊은 밤 밝은 달 아래 앉으니 半(반)쯤 (옷이) 颯然(삽연)히 바람을 따라 날랐도다.[127]

조선왕조실록에도 보면,

궁원(宮園)에 뽕나무를 심도록 명하였으니, 성주(成周)의 공상(公桑) 제도를 본뜬 것이었다.[128]

여기서 공상제도란 옛날 천자와 제후는 공상(公桑)과 잠실(蠶室)을 가지고 있어서, 궁실의 부인(婦人)들은 반드시 공상(公桑)에 뽕나무를 심어 잠실(蠶室)에서 누에를 쳐서 옷감을 짜는 일을 의무적으로 하였다는 뜻이다.

누에 발의 크기는 누에 발 위에 누에섶을 적당하게 펴여서 놓아 누에가 고치를 치는 장소를 한정하는 공간역할을 하는데 사람이 작업능률과 상관관계가 있다. 누에섶은 고치 지을 장소가 적당하면서 튼튼하며, 보관하는 데에 많은 장소를 차지하지 않고 누에올리기와 고치 따기에 드는 노력이 적으며, 자리빼기 작업이 간단해야함은 물론이고 누에고치의 불량률이 낮아야 한다.

누에는 1년에 2~3회 정도 사육이 가능한 만큼 그 때의 농가에서는 누에섶이 많이 사용되었다. 봄이나 가을에 주로 사육을 하는데 누에섶의 수량이 많이 필요하다. 1개의 누에발에는 1개의 섶이 필요하게 만든다. 즉, 누에섶의 크기가 결정된다는 것이다. 누에섶의 크기도 누에 발의 크기에 맞추다보니 보통은 일정하다. 볏짚으로 만드는 섶은 새끼섶과 발섶이 있는데 새끼섶이 많이 사용되었고 발섶은 짚으로 격자형 발을 만들어서 섶으로 사용한 것이다. 새끼섶의 만들기는 짚을 15~20cm정도의 길이로 가지런히 잘라 새기의 중간 골에 한줌씩 끼워 넣어서 새끼의 골 따라 널려나가면 섶이 된다. 그 길이가 200~220cm정도 된다.

127) 누에 : 삼국유사(이병도 역) 삼국유사 권 제5 > 피은 제8 > 포산2성
128) 공상제도 : 태종 17권, 9년(1409 기축 / 명 영락(永樂) 7년) 3월 1일(갑진) 2번째기사

그림8-6. 누에섶과 누에발

새끼섶	누에발 (발위에 섶을 올림)	자연섶

10. 다래끼

바구니보다 아가리가 좁고 바닥이 넓은 작은 바구니를 말한다. 다래끼를 지방에 따라 다라끼·다래키(강원)·다락지(강원, 경기, 충남)·영성(笭箵)이라고도 하고 바닥은 보통 네모꼴이다. 다래끼를 만드는 재료는 대·싸리·고리버들·볏짚·칡덩굴 등으로 역어 만든다.

다래끼의 사용용도는 논·밭에 씨를 뿌릴 때나 비료를 줄때에 이것에 담아서 뿌리기도 하고, 밤이나 도토리을 줍거나 산나물을 캐거나 밭에서 고추를 딸 때, 감자 ·고구마 ·옥수수·홍시 등을 거두어들일 때, 아이들이 냇가에서 물고기를 잡을 때도 쓰인다. 다래끼는 끈을 길게 달아서 어깨에 메거나 허리에 차고 사용하는 것이 보통이다.

다래끼와 바구니의 차이는 형태상으로 놓고 볼 때 다래끼는 밑이 거의 직사각형을 이루고 몸통이 길고 넓적하게 있는데 비하여 바구니는 밑이 장방형을 이루고 있고 몸통이 둥글다. 다래끼를 만들 때에는 소박하고 단아하게 만들고 바구니는 꽃이나 자연의 문양을 넣어 장식적인 것에 관심을 두고 만들기도 하다. 다래끼는 삿자리 만들 듯이 3가닥씩 보통 8날이 많으나 여러 개를 서로 어긋나게 하고 바구니는 광주리 만들 듯이 3가닥씩 보통 10날 이상을 중심에 겹치게 만든다. 수명은 5~7년 정도이다.

다래끼의 크기는 높이가 20~30cm정도가 많고 가로세로가 약간 차이가 나며 25~35cm정도가 보통이다. 물론 이보다 크거나 작은 것도 있을 수 있다. 다래끼는 저장과 운반의 기능을 가지고 있는 용구이다.

11. 달걀꾸러미

그림8-7. 달걀꾸러미

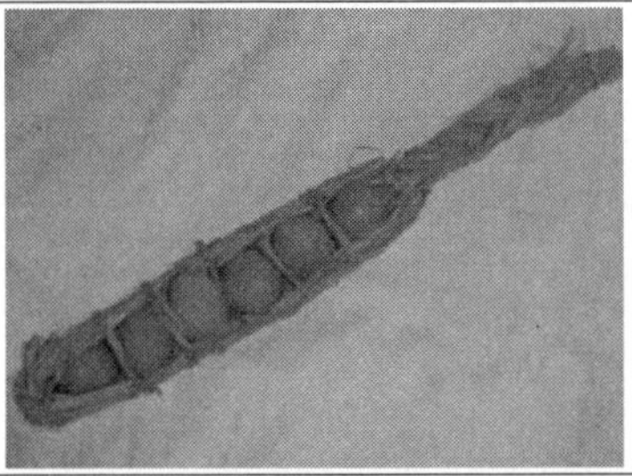

달갈꾸러미

달걀을 3개 이상 짚으로 꾸린 것을 말한다. 계란꾸러미라고도 말한다. 달걀꾸러미는 10개 들이를 달걀 꾸러미라고 하는데 요즈음은 3개 이상 모양내기 좋은 것으로 만들어 대형마트 등에서 특별행사 때 꾸러미로 판매하기도 하다. 꾸러미의 재료는 볏짚으로 만든다. 꾸러미의 크기는 계란이 들어가는 수만큼 크기도 비례해서 커진다. 요즈음은 이를 대신하는 종이나 플라스틱으로 만든 계란판이 나와서 짚으로 나온 계란꾸러미가 사라져 볼 수가 없고 다만, 지방자치단체의 축제 때 짚풀공예를 시연하는 코너에서나 볼 수 있을 정도다.

12. 닭둥우리

암탉이 알을 낳거나 알을 품어 부화하는 곳으로 볏짚으로 둥우리처럼 만든 사방이 터여 있는 보금자리를 말한다. 유사한 것이 닭어리다. 닭둥우리는 암탉이 주인이 되고 닭어리는 어미 암닭이나 병아리가 주인공이 된다는 점에서 차이가 있다. 닭둥우리의 재료는 주로 볏짚이고 닭어리의 재료는 싸리나 대나무, 가는 나무, 칡덩굴이다. 닭둥우리는 자연적인 요소가 많고 닭어리는 인공적인 요소가 많다. 닭둥우리는 조류의 둥지를 그대로 모방한 듯한 보금자리이고 닭어리는 사람이 인공적으로 닭이나 병아리들을 가두어 기르거나 이동에 필요한 용구로 사용된 것이다.

그림8-8. 닭둥우리

닭둥우리

13. 닭어리[129]

병아리나 닭 따위를 가두어 기르기 위해 싸리나 대나무, 가는 나무, 칡덩굴, 새끼줄로 역어 만든 물건을 말한다.

그림8-9. 닭어리 형태

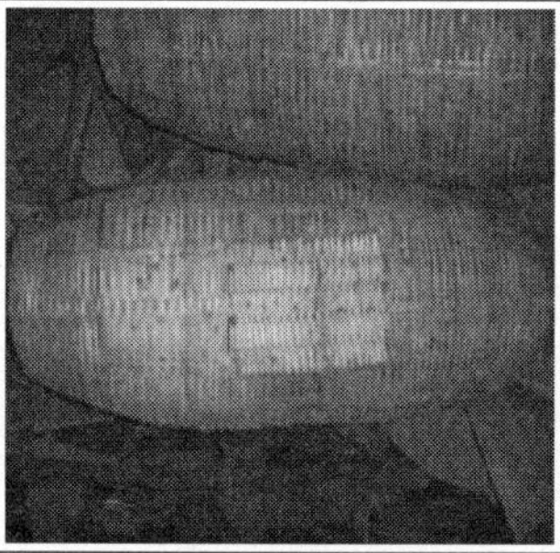

도토리형	긴 계란형	바가지형

닭어리는 모양과 재료가 다양하다. 이 다양성은 지역, 만든 이의 취향, 시기, 재료, 사용용도에 따라 필요한 형태의 닭어리가 제작 사용되었다고 볼 수 있다. 바닥은 평평하고 위는 둥글게 된 도토리형, 안에 횃대를 설치한 약간 긴 계란형, 사각으로 된 격자형, 바닥없는 위 둥근 바가지형 등이 있다. 도토리형으로 바닥은 평평하고 위는 둥글게 된 것은 보통 많이 사용되는 닭어리다. 주로 싸리로 만들고 병아리와 어미를 한꺼번에 가두어 기르는데 사용되므로 일정한 기간에만 사용된다. 이는 족제비나 살쾡이의 침범으로부터 안전을 도모하기 위하

129) 닭어리 : 닭어리는 주로 병아리를 가두어 기르는데 쓰인다.

여 사람과 가까운 처마에 매달아 놓기도 하였다. 약간 긴 계란형은 병아리들이 자라면 재료가 대나무로 만든 계란형 어리에 들어가게 되고 안에 2개의 나무를 가로 끼워 횃대를 삼고 횃대 위에서 잠을 자거나 쉬는 곳으로 이용되며 가운데에 네모진 구멍을 내어 입구를 만들어 거기서 닭으로 기르게 되어 진다. 격자형은 사각으로 되어 무게가 가벼운 대나무로 기둥으로 만들고 바닥이나 벽과 천정은 새끼로 만들어 사용한다. 주로 이동에 많이 사용되는 데 시장에 내다가 팔려가거나 닭장수가 지게에 지고 다니기에 편리하게 만든 것이다. 바가지형은 바닥없는 위 둥근 것으로 바닥이 없게 짜서 땅바닥에 엎어놓고 병아리를 가두기 위한 것이다. 바구니나 발채를 펴서 어리의 대용으로 쓰기도 했다. 병아리를 개나 고양이와 매 등의 피해를 막기 위해서 사용되었다.

14. 떰치

떰치는 소·말·노쇠들의 등과 길마사이에 끼워 등이 아프지 않도록 방석역할을 하는 것이다. 재료는 볏짚이나 보릿짚 또는 천으로 만든다. 가축인 소·말·노쇠들의 등을 보호하기 위한 안정장치라고 볼 수 있다. 떰치의 크기는 길마의 크기에 맞추어 진다. 방앗간의 소가 끄는 우차나 말이 끄는 마차 등의 달구지를 끌거나 장터 등 먼거리를 다녀올 때 길마사이의 떰치는 매우 긴요한 용구였다. 떰치와 비슷한 것은 옹구가 있는데 사용의도는 소·말·노쇠들의 등을 보호하는 것이 비슷하고 차이점에 있어서 옹구는 새끼로 망태처럼 얽어 만든 농구의 한 가지이고 떰치는 멍석처럼 정교하게 엮은 것이고 옹구는 소의 길마 위에 나란하게 짜서 얹은 두 막대기에 걸쳐 거름 따위를 나르는 데에 주로 쓴다. 두 가지 다 만드는 재료는 물론 짚이다. 떰치의 역는 방법은 일자로 짜지 않고 곡선으로 짜는 것이 보통이다. 만드는 시기는 겨울에 미리 만들어 놓거나 일이 많을 때 만들지만 주로 볏짚이 나오고 일거리가 많은 가을이다.

15. 도래멍석

그림8-10. 도래멍석

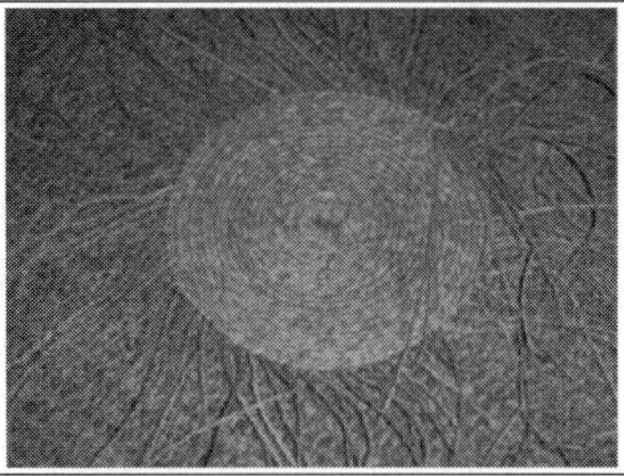

도래멍석을 만드는 과정

도래멍석은 짚으로 새끼날을 싸서 엮은 원형의 큰 자리를 말한다. 농작물을 말릴 때 주로 쓰는 것으로 재료는 볏짚과 바닷가에서는 자오락, 왕골, 싸리껍질 등이 재료로 사용된다.

비슷한 것은 멍석과 맷방석이 있다. 맷방석은 도래방석보다 작으면서 둥그렇게 엮어 주위에 갓을 위로 조금 올린 짚으로 짠 둥근 방석이다. 도래멍석을 일부에서는 도래방석이라고도 하는 경우도 있는데 이는 잔치 집에서 많은 사람들이 모여 앉을 때 자리의 용도로 사용할 경우에 도래방석이라 할 수 있을 것이다. 그러나 정식명칭은 도래멍석이라고 보아야 한다. 방석보다 큰 것이 멍석이고 멍석 자체의 용도가 농가의 곡식 등 농작물을 말리는 것과 마당에 깔아 손님이 앉아서 쉬는 자리의 용도와 윷놀이 등 민속놀이를 할 때 놀이판이 되기도 하기 때문이다. 도래멍석의 크기는 보통 지름이 150~180cm정도다. 만드는 시간은 7~8일정도 소요된다. 만들 때에는 원형으로 돌아가면서 결어나가야 한다. 도래멍석은 사각멍석에 비하여 면적이 작은 편이기 때문에 농작물을 말리는 재료들은 주로 양적으로 많지 않은 곡식들이 주류를 이루는데 팥, 녹두, 수수, 콩 등의 곡식들이 이용되고 또 쉽게 말리고 거두어들이기 쉬운, 적은 양의 알곡을 주로 널었다.

16. 도리깨

그림8-11. 도리깨

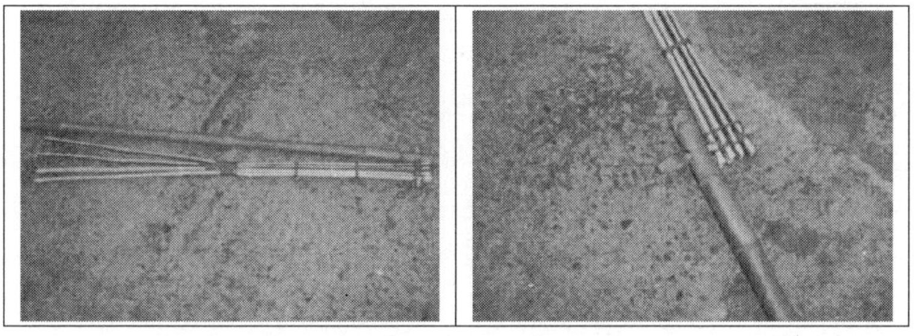

보리·밀·콩·팥 기타 곡식의 이삭을 두드려서 알갱이를 떠는 데 쓰는 농기구를 말한다. 즉 탈곡 도구다. 유사한 용도로 사용되는 기구로는 홀깨(홀태)와 탈곡기가 있다.

기원은 자세하지 않으나 박지원의 〈과농소초 課農小抄〉에 고려시대의 저명한 학자 이색이 중국 원(元)나라에 가서 도리깨를 연상하면서 시를 지었다는 사실을 기록한 것으로 보아 늦어도 고려말 14세기 훨씬 이전부터 있었던 것으로 추측된다. 도리깨는 과거 우리 탈곡기 중에서 발전한 도구였다. 도리깨를 콩 탈곡 작업에 이용하면 한 사람이 1일간의 작업능률을 8두(斗)까지, 보리일 경우에는 약 14두까지 제고할 수 있었다. 조선 후기 풍속화에 많이 나타나는 것으로 미루어 조선시대에도 매우 보편적인 탈곡용구였음을 알 수 있다.[130]
도리깨는 우리나라에서 사용된 것을 보면 조선 초기 〈농사직설 農事直說〉[131] 에 도리깨를 이용해 살초(殺草)와 탈곡작업을 진행한다고 하였고, 또 조선왕조실록의 선조 46권, 26년(1593 계사 / 명 만력(萬曆) 21년) 12월 19일(무진)의 기록에 보면,

"우리나라는 농부를 군대로 삼는데 농부들은 모두 회편(回鞭)을 쓰고 있으니 반드시 이것을 잘 사용할 것이므로 내가 전교한 바가 있었다. 그런데 이제 영상의 말을 들어 보니 나의 생각과 부합한다."고 나와 있는데 '회편'을 도리깨라고 하였다.

---

130) 다음 사이트 백과사전 도리깨 기원 참고

131) 농사직설 : 조선 초기의 문신 정초(鄭招 : ?~1434)와 변효문(卞孝文 : 1396~?)이 엮은 농업 기술서로서 12엽(葉) 1책으로 되어 있다. 1429년(세종 11)에 엮은이들이 세종의 명을 받아 각도 관찰사들에게 경험이 많은 농부들로부터 농업 기술을 듣게 하고, 이를 모아서 저술·간행한 것이다.

도리깨구조는 3부분으로 자루인 도리깨장부·도리깨꼭지·도리깨아들의 부분으로 이루어진다. 도리깨장부는 무게가 가벼운 주로 대를 많이 이용하는데 길이가 보통 3m이다. 도리깨꼭지는 한쪽에 지름이 큰 머리가 있어 이 도리깻장부 끝의 구멍에 끼워 도리깨아들을 잡아매게 된 작은 나무 핀을 말한다. 도리깨아들(열)은 닥나무 · 윤유리나무 · 물푸레나무 등 단단한 나무를 이용하여 3개로 납작하게 하여 타곡면적이 넓게 하여 쓰며 이 재료의 나무들은 단단하고 야무지고 갈라지지 않는다. 도리깨아들의 3개를 납작하게 묶는데 쓰이는 재료는 칡덩굴이나 삼, 가래나무껍질 등의 섬유질이 많은 질긴 성질의 재료가 사용되었다. 도리깨는 우리나라에서 사용되면서 도리깨타작소리로도 나오고 있다.

> 야, 보소, 또 타작하러 오이소.
> 예, 타작합시다.
> 타작 한번 합시다.
> 예, 한 마디 합니다이.
> 예.~~(이하 생략)

위의 소리내용을 살펴보면 도리깨의 사용에 관한 것으로 혼자서도 하지만 여럿이 어울려서 탈곡을 하였고 거기에는 소리가 함께하였다는 것이 된다. 탈곡자체의 능률도 있었지만 여럿의 리듬과 어울림이 작업의 능률을 높이는 계기가 되는 것으로 보인다.

요즈음은 농가에서 간단한 곡식의 알곡을 털기 위해서 사용을 제법하고 있고, 장식소품이나 지방자치단체의 축제에 전시품으로 나오기도 하고 도리깨타작과정이 행사 프로그램에 일부가 되어 나오기도 하다.

17. 두투레방석

짚으로 둥글게 돌아가며 굵게 엮은 것으로 항아리 뚜껑으로 사용하거나 항아리 밑에 받침으로 사용하기도 하고 방석으로도 사용되는 것을 말한다. 비슷한 용구는 짚방석과 깔방석이 있다. 짚방석은 도투레방석과 같은 용도로 사용되고 남부 일부와 중부지방의 겨울 기후적 영향으로 짚방석이 고유명사화되어 두투레방석이 되었다. 깔방석은 쇠죽 끓이는 가마솥 아궁이 앞의 방석이나 부엌아궁이 앞의 방석, 모내기 모판에 모 찔 때 깔고 앉는 것이 깔방석이다. 두투레방석의 크기는 장독의 입구나 독 바닥의 크기와 같이 만들기 때문에 지름이 30~50cm정도이고 두툼하게 되어있다. 그 이유는 겨울철에 눈과 어름으로부터 독의 방한에 대비하였고 손으로 잡거나 다루기가 좋은 두께로 사용의 신속성을 염두에 두고 쓰이기 때문이다. 용도는 땅에 묻는 김칫독의 뚜껑, 독받침, 쌀독 뚜껑, 장시간 앉아서의 작업할 때 자리방석으로도 쓰였다. 두투레방석의 용도를 분류하면 생활에 해당되며 그 중에서도 건조·저장·주거에 해당되어 다양하게 쓰이고 있음을 나타내고 있다.

그림8-12. 두투레방석

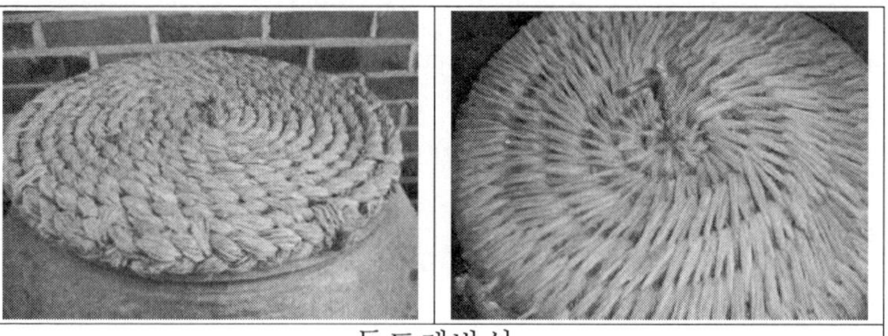

두트레방석

18. 도롱이(우장)

짚이나 띠 같은 풀로 안은 엮고 겉은 줄거리로 드리워 비가 오면 어깨에 걸쳐 두르는 비옷을 말한다. 동의어로 녹사의. 사의(蓑衣)라고도 한다. 도롱이의 재료는 띠[茅草]나 그와 비슷한 풀, 볏짚 ·보릿짚 ·밀짚 등으로 만든다.
도롱이에 대한 문헌은 조선왕조실록에 56건이 나오고 그 중에서 국역이 53건이 태종 때부터 나타나고,

각도로 하여금 사의(蓑義)를 바치라고 하고 인하여 연례(年例)로 삼았다.[132]

원문이 성종 때부터 3건이 나타나고 있다.

요동 총병관 나웅 등이 청한 도롱이·후의 등을 사은사 편에 부치고 봉황성 지휘 유탁에게 흑마포를 주게 하다.[133]

위의 내용을 보아 도롱이는 많이 사용되는 생활의 민구임을 보여주고 있다.

---

132) 조선왕조실록 태종 25권, 13년(1413 계사 / 명 영락(永樂) 11년) 6월 28일(을해)
133) 조선왕조실록 成宗 297卷, 25年(1494 甲寅 / 명 홍치(弘治) 7年) 12月 7日(壬戌)

도롱이를 만들 때 섬틀을 이용하여 6~8개의 날줄을 넣어서 만드는 것이 보통이며 안과 밖의 형태가 다르다. 안쪽은 재료를 정교하게 이어 엮고, 우장을 입고 나서 흘러내림을 방지하기 위하여 안쪽에서 잡아매는 줄이 장치되어 있다. 거죽은 풀이나 짚의 줄거리를 아래로 성기게 드리워서 빗물이 겉으로만 흘러내리고 안으로는 삐쳐 스미지 않게 만든다. 비 오는 날 외출을 하거나 들일이나 밭일 등을 할 때 어깨·허리에 걸치고 머리에는 삿갓을 쓴다. 도롱이가 바람이 강하거나 추위가 심한 곳은 방한구로도 이용되었다. 도롱이의 크기는 사용하는 이의 신체의 차이에서 크기가 결정된다. 따라서 어린이가 사용하는 작은 도롱이도 있다는 것이다. 도롱이의 이름은 지방에 따라 도랭이·두랭이·도롱옷·드렁이·도링이·되렝이 우장 등의 약간의 차이가 있으나 모양은 비슷하였다.

그림8-13. 도롱이(우장)

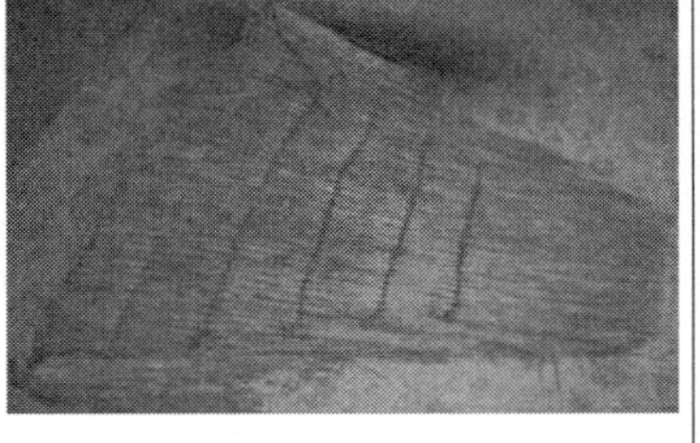

도롱이

19. 돗자리

왕골이나 골풀의 줄기를 잘게 쪼개서 친 자리를 말한다. 동의어로 석자(席子). 인석(茵席)이 있다. 돗자리의 재료는 왕골이나 골풀, 부들, 밀짚, 보릿짚, 볏짚이 있다. 용도는 자리다. 이런 자리는 재질이나 제조 기술과 만드는 지역에 따라 용어가 다양하다. 왕골껍질이나 부들로 짚을 싸서 엮은 돗자리인 기직(지즑)자리, 밀짚으로 만드는 밀짚자리, 볏짚으로 만드는 짚자리, 왕골이나 부들 따위로 엮어 만든 초석, 경기 강화의 화문석, 용 문양이 새겨져있는 전라남도 보성의 용문석, 호랑이 문양이 들어간 호문석(虎紋席), 갈대로 만든 삿자리(갈자리), 부들로 만든 포석(蒲席), 별다르게 꽃무늬를 놓은 별문석(別紋席), 난초 문양이 들어간 난초석(蘭草席), 굴피자리, 그물처럼 만든 망석(網席) 등이다. 멍석도 자리의 기능을 한다.

그림8-14. 돗자리

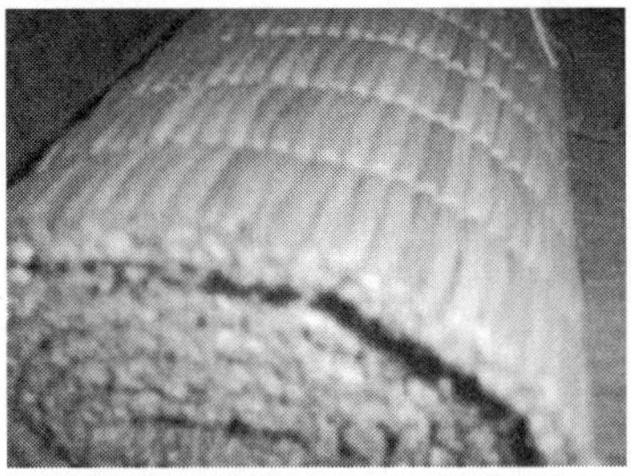	
부들자리로 짠 돗자리	짚자리 짜는 틀

돗자리는 조선왕조실록에 보면 태종 때부터 많은 기록이 나와 있고 돗자리의 재료인 왕골은 삼국사기에 처음 나타난 것으로 보아 삼국시대부터 사용된 것으로 추정되고 조선왕조실록에는 태조 때부터 나타나고 있다. 유사한 것은 자리가 있다. 재료는 같은 왕골이지만 제조기술에 따라 돗자리와 자리로 구분하는데 돗자리는 가마니틀처럼 돗틀에 날을 건 후 바디질이 필요하여 날이 속으로 감춰지고 자리는 실을 고드랫돌에 감아 가로장목에 왕골을 넣어 날이 밖으로 노출되면서 엮어 만든다. 강화도의 화문석은 자리이고 돗자리는 영·호남의 농가 부업으로 많이 생산한다. 그러나 요즈음의 돗자리는 베트남이나 중국에서 수입하여 사용하는 추세다.

20. 동고리

고리버들로 동글납작하게 만든 작은 고리다. 보통 지름 35~50cm정도다. 유사한 것이 모양이 네모인 모집과 크기가 큰 것인 고리가 있다. 이것은 지역에 따라서 당적, 떡강주리, 떡고리, 전라도강주리가 있다. 재료는 고리버들로 7월경 채취하거나 물오른 시기를 놓친 경우는 삶아 벗긴 뒤 하얀 속대로 만든다. 동고리의 용도는 담는 그릇이고 저장에 해당하며 특히 결혼할 때 3합이라 하여 동고리 3개를 혼수용으로 지참하여 예(禮)를 표하는 용도로 사용하였다. 유사한 5합이 있는데 대나무로 결은 것에 종이를 바른 5개를 말한다. 동고리는 바구니보다는 고급스럽다. 뚜껑이 있고 겉 표면이 매끈하고 색깔도 탐스러운 것과 담는 내용물도 실외보다는 실내에 두는 쌀이나 떡, 옷, 귀중품 등의 것이 다른 담는 용구보다 더 많다는 것에 기인한다고 보여 진다.

21. 똬리

짐을 일 때에 머리 위에 짐을 괴는 고리 모양의 물건을 말한다. 똬리는 신체 머리 부분의 안전과 짐의 고정을 위하여 짚이나 헝겊을 틀어서 만든다. 즉 자동차나 오토바이 및 자전거가 없었던 과거에는 효율적인 운반을 위하여 똬리가 필요한 것이다. 물동이를 이는 곳에도 쓰이고 논밭에 새참을 내어 갈 때에도 똬리가 필요하였다. 똬리는 지역에 따라 또아리·또바리·또개미·또가리·따바리 등의 이름도 있다.

똬리의 재료는 짚이나 헝겊·왕골·골풀·죽순껍질·삼·띠·부들 등이 있다. 만들 때에는 재료와 크기를 먼저 구상하고 고리부분과 끈 부분을 나눌 수가 있다. 고리부분은 짚이나 기타 여러 재료로 작은 고리와 큰고리를 만들어 연결한 다음 짚이나 부들 등으로 겉을 싸면서 엮어 나간다. 고리의 마감부분에 삼이나 짚으로 끈을 달아내어 머리에 얹어 끝을 입으로 물게 한다. 이는 물건을 머리에 일 때 똬리가 머리에서 떨어져도 바로 잡아서 끼워 넣을 수 있게 하기 위한 장치가 된다.

그림8-15. 똬리

장식용 똬리	부들로 만든 똬리	색동천으로 돌린 똬리

22. 둥구니신

둥구니신은 눈위에서 미끄러움을 방지하고 방한을 위해 볏짚으로 만든 목이 긴 장화형신을 말한다. 즉 설화다. 눈 오는 날 미끄러움을 방지하고 발의 방한을 위해 짚신과는 달리 목이 높은 장화같이 짚으로 만든 신발이다. 재료는 볏짚이 대부분이다. 눈이 많은 경우에는 설화 외에도 설피를 사용한다. 산간지방에서 눈에 빠지지 않게 하거나 미끄러움을 방지하기 위하여 신 위에 덧신을 신발로 신는다.

눈 오는 날은 일반적인 신발이나 목이 낮은 신발은 길이 미끄럽고 눈이 녹아 신발 안에 물기가 차이이고 하면 발에 동상이 우려된다. 이에 대한 미끄러움을 방지하고 발의 방한을 위해 짚으로 두껍게 만든 장화 모양의 방한화이다. 둥구니신의 형태는 장화처럼 목이 길고 바닥이 편편하고 신의 코 부분이 뾰족하지 않고 타원형이다. 유사한 용어로 둥구미신과 멱신, 둥구니신 등이 사용되고 있다. 사용 대상은 서민층의 남· 여가 다 신었다. 둥구니신이 눈 올 때 신는 신발이라면 비올 때 신는 진신과 마른날 신는 마른신이 있다.

23. 둥구미

그림8-16. 둥구미

	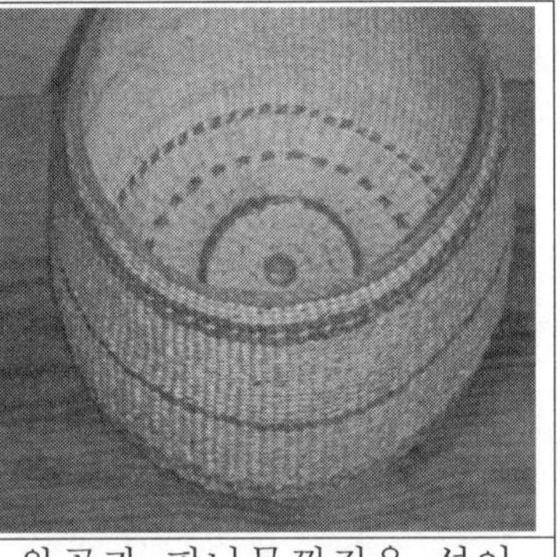
짚과 비사리를 섞어 만든 겹둥구미	왕골과 피나무껍질을 섞어 만든 겹둥구미

곡식이나 채소를 담기위해 짚풀로 둥글고 깊게 결어 만든 그릇을 말한다. 멱둥구미라고도 한다. 짚풀으로 만든 바구니라고 보면 된다. 둥구미는 겹둥구미와 외둥구미가 있다. 겹둥구미는 곱고 정교하게 이중으로 벽을 만든 것이다. 외둥구미는 겹둥구미에 비하여 한 번에 약간 굵게 결어나가서 마무리를 한다. 둥구미의 재료는 볏짚이 대부분이나 지역의 특성상 제주 같은 경우는 신서란이 있고 괴산이나 강화도 같이 왕골을 재배하는 곳은 그 지역의 짚풀재료를 활용하고 보통 왕골과 모시와 싸리껍질를 사용하여 둥구미의 문양과 색을 넣는데 재료로 활용하였다. 또 각이 진 모서리나 에음에는 천이나 나이론 줄을 사용하기도 한다. 둥구미는 운반과 저장의 기능이 있다. 곡식이나 채소를 담고 머리에 이거나 들어서 운반하며, 수수나 녹두 같은 작물을 비롯한 소량의 곡물을 소중하게 담아서 보관하는데 요긴하게 사용한다.

둥구미 용구의 크기는 지역별로 특별한 크기의 기준은 없고 필요한 농가에서 직접 만들어 썼기 때문에 사용자의 형편에 따라서 한 두 되에서 말 들이 까지 다양한 편이고 혼자서 간편하게 들고 일을 볼 수 있을 정도의 크기다.

요즈음, 둥구미에 대하여 사용하는 곳은 많은 편은 아니지만 아직도 일부 사용되고 있어 그 사용빈도와 사용처에의 희귀성으로 인하여 신문기사까지 나오기도 했다.

최근 충북 괴산군 소수면 소암리 명덕마을의 노인회원들은 다음달 미국에 수출할 짚 공예품인 둥구미를 만드느라 하루가 짧다.

이 노인회는 2005년 말 미국의 호텔업계에 장식품 등을 수출하는 괴산출신의 한수출업자로부터 둥구미 주문을 받아 지난해 3월 처음으로 200여 개를 납품했다.

채소나 곡식을 담는 용기로 사용됐던 전통 짚 공예품인 둥구미가 객실 내 장식품으로 미국 호텔업계에서 좋은 반응을 얻자 이 수출업자는 지난해 12월 330개를 다시 제작 의뢰했고 앞으로 2-3년간 더 납품해 달라는 구두계약까지 했다.

둘레 20㎝, 높이 15㎝ 정도 크기의 둥구미 1개를 짚으로 엮기 위해서는 1명이 아침부터 오후 늦게까지 꼬박 일을 해야 완성할 수 있는 힘든 작업이지만 다음달까지 납품을 끝내기 위해 70~80대 노인회원 4~5명이 매일 마을회관에 나와 하루종일 일을 하고 있다.

올해 수출할 둥구미 수출가격은 1개당 2만7천원 선으로 전체 가격이 900만원 정도에 불과하지만 노인들이 소일거리로 만드는 것 치고는 적지 않은 금액이다. 특히 국내에서도 점차 설 자리를 잃어가고 있는 짚 공예품이 미국까지 수출된다는 생각에 노인회원들은 기쁜 마음으로 작업을 하고 있다.

이 노인회가 짚 공예품을 만들기 시작한 것은 1996년부터이다. 노인회는 소일거리가 없어 장기. 바둑이나 화투로 시간을 보내는 겨울철에 전통공예품을 만들자고 의견을 모아 노인들이 매일 마을회관에 나와 짚신, 멍석, 둥구미, 삼태기, 짚 가방 등을 만들어 내고 있다.[134]

24. 등태

짐을 질 때 등을 보호하기 위하여 짚 따위로 엮어서 등에 괴는 물건으로 주로 지게에 많이 사용된다. 등태의 재료는 볏짚과 삼이나 피나무껍질이 재료로서 사용된다. 피나무 껍질이나 삼은 주로 마모가 심한 모서리나 돌출부위와 접촉이 많은 부분에 사용된다.

134) 동아일보 2007-02-20일, '괴산 명덕노인회 짚공예품 미국 수출' 경제면 기사

등태의 사용이 되는 곳은 지게와 물지게에 많이 사용된다. 또 제방이나 둑 공사에서 돌을 나를 때 사용하는 돌짐 등태도 있는데 돌짐 등태는 나무 등의 다른 재료가 없이 등태만 어깨에 걸쳐 등을 보호는 등태이다. 등태의 크기는 사람체형에 따라 다르지만 일반적으로 6줄의 씨줄이 들어가서 그 폭의 좁거나 넓기에 따라 크기가 결정된다.

등태를 만들기 위해서는 자리틀이 필요하기도 하고 틀이 없이 가볍게 짤 수도 있다. 등태의 구분은 운반에 사용되는 용구에 해당된다고 할 것이다. 유사한 말로 등받이가 있고 사람의 신체와 용구사이에 괸다는 차원에서는 똬리와 같은 용도라고 보아도 될 것이다. 단지, 똬리는 머리이고 등태는 등이라는 신체의 부위가 다르고 신체의 보호라는 용도로 사용된다는 점에서 공통점이 있다.

그림8-17. 등태

지게에 사용된 등태

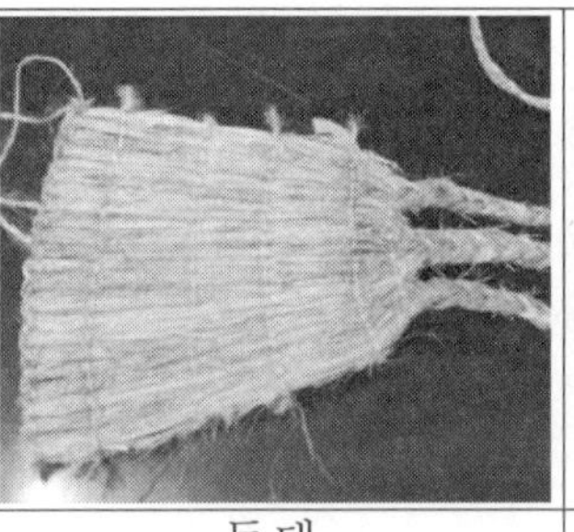
등태

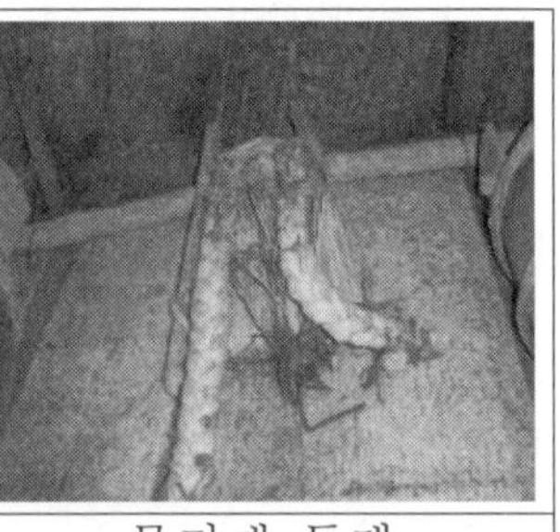
물지게 등태

25. 망태기

그림8-18. 망태기

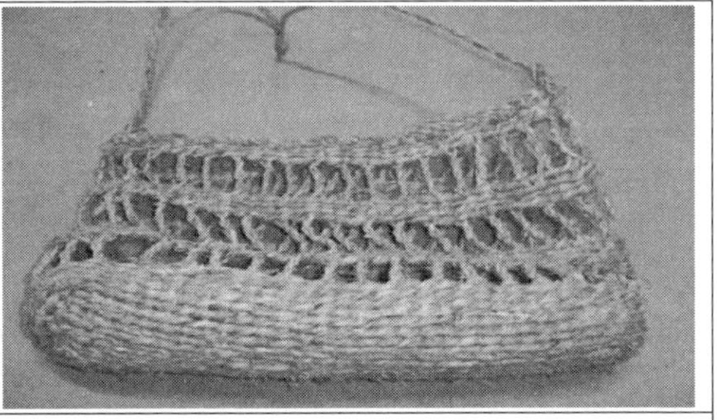

꼴이나 감자 따위를 나르기 위해 가는 새끼나 노를 엮어서 만든 그릇을 말한다. 망태기의 재료는 짚이나 모시껍질과 왕골, 비사리, 칡덩굴, 가래나무껍질 등이다. 이렇게 재료의 종류가 다른 것은 색깔이 다른 것으로 만들 수 있다는 것이다. 짚은 누런색이고 모시는 갈색이며 왕골은 흰색이고 싸리 껍질인 비사리도 갈색이다. 이유는 용구의 모양새를 좋게 하기 위해서이다. 망태·구럭·깔망태·망탁이라고도 한다. 비슷한 용도로 사용되고 있는 것으로 주루막이 강원도 지역에서 많이 사용되고 있다. 망태기의 기원은 오래전신석기시대부터이다. 동아일보의 기사에 의하면,

국립김해박물관은 15일 비봉리 유적 발굴 과정에서 나온 망태기는 두 가닥의 날줄로 씨줄을 꼰 '꼬아뜨기 기법'으로 제작됐으며, 이는 기원전 5000년까지 거슬러 올라갈 수 있는 신석기시대의 편물(編物) 기술을 알려주는 최초의 유물이라고 밝혔다.[135]

망태기 종류는 담는 내용물에 따라 심마니망태기, 꼴망태기 등이 있고 망태기의 상태에 따라 외줄망태기, 양줄망태기 등이 있다. 유형은 곡물이나 감자를 나르거나 처마밑에 매달아서 저장하는 기능을 한다. 크기는 넓이 50~60cm, 높이 40~50cm정도 되고 무게는 0.8~1kg정도 된다. 망태기의 만등기는 새끼줄로 씨줄 날줄이 있고 잘 마모되는 부분은 섬유질이 강한 가래나무 껍질로 역어 만들기도 한다. 만드는데 필요한 시간은 잘 만드는 사람은 하루에 4~6개 정도 만든다. 망태기 활용에 있어서 과거에는 꼴이나 고구마나 과일과 곡식을 담았고 지금은 시골에서는 아직도 사용하기도 하지만 도시에서의 장식용으로 사용하는 경우가 더 많다.

26. 명석

주로 손님을 행사 마당에 앉히거나 곡식을 널어 말리는 데 쓰는 짚으로 새끼날을 싸서 엮은 큰 자리를 말한다. 1861년(철종 12) 김형수(金逈洙)가 역저(譯著)한 월령식농서(月令式農書). 1책 31장. 필사본《월여농가(月餘農歌)》에는 관도점이라 표기되어 있고 사용 지방에 따라 덕석·턱성·덕서기·터서기라고도 한다. 재료는 짚이 대부분이고 지역과 사용용도에 따라 띠나 왕골로도 사용하였고 명석 중간에 짚과 색이 다른 가래나무껍질 등을 사용하여 문양을 넣기도 하

135) 동아일보 2005-04-15일 '짚으로 만든 망태기 7000년 전에도 있었다…신석기유적지서 출토'사회면

였다. '멍석을 깔아준다'의 말이 있는데 이는 어떤 일을 할 수 있게 자리나, 상황을 만들어 주는 것을 멍석을 펴 준다라는 뜻입니다.
'멍석'이라는 용어가 사용된 때는 조선왕조실록에 1개의 검색이 나타나는데,

훈련 도감 제조로 있을 적에는 2~3일 간격으로 매번 노자(奴子)를 보내어 쌀 3~4석과 적두(赤豆)와 대두(大豆) 2~3석을 가져갔는데 계속해서 이렇게 가져다 썼으며, 한번은 새로 난 밀 15석을 가져간 적도 있었다. 낭청 박자우(朴子羽)가 마침 도감의 공사(公事) 때문에 덕형의 집엘 갔더니 밀을 짊어진 자가 덕형의 집으로 들어왔는데, 뜰에다 멍석을 펴고 이를 말리더라고 하였다.[136]

한 것이 처음으로 보이며 실제로 멍석이 사용된 때는 삼국시대보다 이전부터 사용되었다고 볼 수 있습니다. 이는 추석의 유래추석의 기원이나 유래에 대해서는 고대로부터 전해져 왔고 추석의 놀이 중에는 소놀이가 있었다. 소놀이는 추석날 차례를 마치고 난 뒤 상쇠의 선도에 따라 한바탕 신나 게 풍물을 울리며 어우러져 놀다가 소놀이가 시작된다. 두 사람이 허리를 굽히고 그 위에 멍석을 뒤집어 씌우며 뒷사람은 큰 새끼줄로 꼬리를 달고, 앞사람은 막대기 두 개로 뿔을 만들어 소의 시늉을 한다.[137]고 되어 있는바 실제 멍석의 사용은 조선시대와 삼국시대의 이전으로 보아도 될 것이다.

그림8-19. 멍석

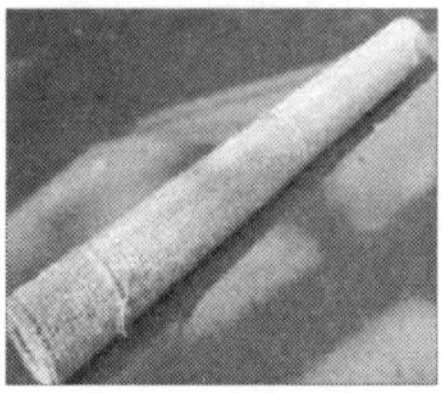

크기는 세로 2m, 가로 3m가 많은 것이 요즈음의 추세이고 또 세로 1.5m, 가로 2m도 있고 필요 용도에 따라 크기가 달라진다. 건물의 구조에 따라 각이 진 멍석도 만들기도 한다. 예전에는 대개 세로 210㎝, 가로 350㎝ 정도이며 한 닢을 짜는 데 1주일쯤 걸린다. 요즈음 만드는 시간은 예전 사람의 솜씨에 비해 능숙도가 떨어져 10일 이상소요 된다. 지역에 따라 귀에 손잡이를 두기도 한다. 보관은 말아서 처마밑에 달아 매달아서 두기도 하고 서늘한 곳간에 차곡차곡

136) 조선왕족실록 선조 121권, 33년(1600 경자 / 명 만력(萬曆) 28년) 1월 29일(갑술) 5번째기사
137) 야후 사이트 지식검색 추석의 유래

쌓아두기도 한다. 또 말아서 세워두기도 하다.(그림)

멍석의 기능은 4가지로 나눌 수 있는데 자리, 채벌, 놀이, 건조이다. 멍석의 자리 기능은 큰 잔치나 상을 당했을 때 손님을 모시기 위하여 마당에 깔며, 가난한 집에서는 장판 대신 방바닥에 깔기도 하였다. 멍석의 기능 중에 채벌은 멍석말이를 말한다. 채벌의 멍석말이는 권세 있는 집안에서 사사로이 사람을 멍석에 말아 놓고 몽둥이로 때리던 형벌이지만 중앙이나 관청의 멍석말이는 1769년 오늘 영조가 국법으로 난장형(亂杖刑)을 금지시켰고, 난장형은 형리들이 죄수 또는 취조대상자를 형틀에 묶어놓고 무차별 매타작을 하는 것이다. 난장 중에는 피점난장이라 하여 몸에 거적을 덮고 여럿이 무차별로 때리는 멍석말이를 말한다. 멍석의 기능 중에 놀이는 멍석을 깔아 놓고 민속놀이를 하는데 주로 윷놀이가 이에 해당된다. 물론 가마니도 윷놀이판으로 사용하기도 한다. 멍석바닥에 윷이 놀이로 던져서 떨지는 지점도 이용되고 멍석바닥에 숯으로 그림을 그려 윷말을 써는 윷판으로도 사용된다. 멍석의 기능 중에서 건조의 기능은 예전에는 대표적인 기능에 해당되었다고 할 것이다. 지금처럼 곡식이나 벼를 탈곡과 동시에 얻을 수 있는 시기가 아니던 예전에는 여러공정의 손길이 있었는데 그 중에 벼나 곡식을 수확하고 탈곡하여 멍석에 말리는 과정이 꼭 있었던 것이다. 건조의 대상이 되는 것은 벼, 보리, 밀, 수수, 콩, 고추 등 다양하였고 맑고 햇빛이 좋은 날 멍석이 사용되었다. 멍석의 보관에 있어서는 멍석이 볏짚으로 만들었고 멍석의 기능에 건조가 있는 것처럼 건조는 말리기 위해서 사용되기 때문에 비를 맞히거나 물에 젖어서는 안 되고 그늘지고 건조한 곳에 보관하여야 오래 동안 사용이 가능하고 길면 20년을 넘게 사용하기도 한다. 처마밑이나 뒤안간 쪽의 그늘막에 주로 보관을 하였다.

요즈음에 멍석의 활용도는 다양하다. 먼저 생활의 활용과 문화행사의 활용으로 나누어 볼 수 있다. 생활용품으로 사용되는 곳은 숯불찜질방, 골프장, 민속주점의 실내 인테리어 등에 사용되며 문화행사에 사용되는 경우, 각 시도 지역별 박물관과 전통한옥체험관, 각 지방의 축제에 전통체험부스에 자리와 인테리어 기능으로서 주로 이용되고 있다.

27. 멱서리

짚으로 날을 촘촘하게 결어서 주로 곡식을 담기위한 볏섬 크기로 만든 그릇을 말한다. 유사용어는 멕, 멩텡이, 멱대기, 멱다리, 멱꾸리, 멱사리가 있다. 섬은 짚을 촘촘하지 않아도 되지만 멱서리는 촘촘하게 짜야 된다. 따라서 섬에는 벼를 담는다 것이 통례이고 멱서리에는 낟알도 많이 담지만 주로 탈곡한 쌀이나 콩이나 팥 등의 곡식을 담았다. 물론 여기서도 팥, 콩, 녹두 등의 잡곡을 담을 둥구미도 있다. 또 멱서리가 되려면 크기가 볏섬크기는 되어야 할 것이다. 크기가 작다면 둥구미가 될 것이기 때문이다. 섬은 한 차례 밖에 쓰지 못하지만 멱서리는 몇 년은 거뜬히 사용가능하다. 바닥은 보통 네모꼴로 되어 있다.
유래는 실제로는 삼국시대부터 사용하지 않았나하는 추측뿐이고 기록에는 조선왕조실록에 의하면 멱서리에 대한 기록이 중종과 영조 때의 2건이 나온데 먼저, 중종때는

"날씨가 매우 춥다. 여러 곳의 입직 군사(入直軍士)에게 공석(空石)을 지급하라."[138]

그리고 영조 때의

"병조 판서 홍상한(洪象漢)이 지난번에 각 고을에서 꼴을 쌓아 두는 일로 대조(大朝)께 우러러 품(稟)하고 제도(諸道)에 행회(行會)하였습니다. 그러나 들으니, 각 고을에서 이 영(令)을 빙자하여 볏짚[藁草]을 민결(民結)대로 바치게 하므로 민간에서 소란스러운 듯하다고 하였습니다. 청컨대 각 고을로 하여금 봄에 대여해 준 뒤에 관에서 쓰던 빈 멱서리[空石]를 그 쓰고 남은 대로 해마다 쌓아 두게 해서 급할 때를 대비하도록 하여 민폐(民弊)를 끼치지 말게 하소서."

고 나타나 있는데 여기서 공석(空石)이 빈 멱서리를 뜻한다.

용도는 농업에서 생산되는 알곡을 저장하는데 사용된다. 벼를 수확하고 탈곡한 뒤에 나오는 나락이나 콩, 팥, 수수, 보리, 조, 녹두 등을 멍석에 널어 말릴 때나 상방에 보관할 때 곡식을 담아 옮기거나 담는데 사용되는 용구이다.
멱서리의 활용도는 다른 짚풀용구에 비해 사용되는 빈도 거의 찾아보기 어렵다. 그 크기와 너무 커 보관이나 운반 등에 불편함이 따르기 때문이다. 그래서 멱서리는 충남아산 외암민속마을이나 박물관에서나 찾아볼 수 있다.

28. 맷방석

매통이나 맷돌을 쓸 때 밑에 까는 짚으로 전이 있게 만든 방석을 말한다. 일반적으로 멍석보다 작고 둥글게 만들어 밀, 보리, 녹두, 콩, 곶감, 곡식을 널어

138) 조선왕조실록, 중종 72권, 26년(1531 신묘 / 명 가정(嘉靖) 10년) 11월 11일(신유) 3번째기사

말리거나 까는 방석으로도 쓴다. 맷방석의 전을 다른 말로 갓이라고도 한다.
재료는 볏짚으로 주로 만들지만 그령, 자오락, 신서란, 싸리껍질이 있다. 그령은 길가에 많이 나고, 자오락은 바닷가에서, 신서란은 우리나라의 제주도와 울릉도에 자생하고 있는데 매우 질긴 성질을 지니고 있다. 또 싸리껍질을 맷방석 중간중간에 간간히 넣어서 맵시를 좋게 하고 쉽게 닳지 않도록 만든 맷방석도 있다. 매통은 벼의 겉겨를 벗기는 농기구이고 맷돌은 곡식을 가는 데 쓰는 기구로 두 가지 다 돌려서 갈아 사용한다는 것이다. 맷방석의 유래는짚을 이용하여 공예를 시작한 이후로 보아야 될 것으로 보아 우리 나라에 벼가 들어온 것이 대략 서기전 2, 3세기 무렵이므로 그 이후부터 만들었을 것으로 추정이 가능하다고 볼 수 있다. 유사용어로는 매판이 있다.

용도는 매통이나 맷돌을 쓸 때 밑에 까는데 주로 사용된다. 또 담아두거나 말리는데도 사용된다. 크기는 도래방석보다는 작고 방석보다는 크다. 지름이 보통 60~80cm이고 갓의 높이가 8~15cm가 보통이고 종류는 짜는 방식에 따라서 홑맷방석과 겹맷방석이 있다.
만드는 방법은 짚으로 새끼를 꼰뒤 새끼끈을 서로 교차시켜 고리를 만들고 짚을 꼬아가며 고리의 중심선 사이사이에 끼워서 엮어 나가면 된다.

현재의 활용도는 백화점이나 마트에서의 과일이나 곡식을 진열하거나 전통민속적 모양새를 나타내고자 하는 곳과 각종행사에 전통체험부스에 자리를 차지한다.

그림8-20. 맷방석

		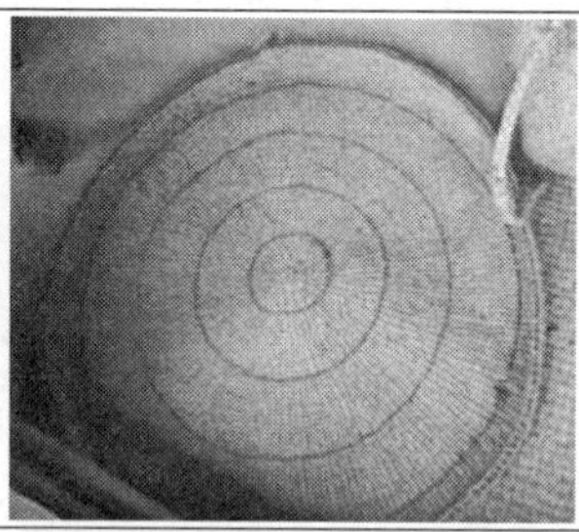
홑맷방석에서 맷돌을 갈고 있는 모습	겹맷방석	겹맷방석의 중간중간에 싸리껍질을 넣어 결어 맵시가 난다.

29. 멜빵

주로 짚으로 엮어서 짐을 어깨에 걸어 메는 끈을 말한다. 지역에 따라 강원도나 경상도에서는 걸빵이라고 하고 매친은 제주, 멜낀은 평북, 멜빵이는 평북에서 부르기도 한다. 재료는 짚풀 재료로서 활용되는 것 중에서 섬유질이 질긴 것으로 사용하여야 한다. 볏짚으로만 만들기도 하지만 볏짚과 섞어서 만들기도 하는데 섞어서 만들 때는 삼이나 피나무 껍질이나 신서란을 넣기도 한다. 사용용도는 지게의 멜빵으로 사용하는데 지게는 물지게와 일반지게, 돌지게가 있다. 크기는 폭이 5~8cm, 두께 2~4cm, 길이는 실제 보이는 부분은 50~70cm이나 뒤에 매여지는 부분이 만이 있다. 만들기는 3줄 땋기를 사용한다. 요즈음은 볏짚보다는 고무나 신소재 끈으로 많이 사용되고 있고 지게의 멜빵으로 사용되는 곳은 지게가 전통방식으로 사용되는 곳에서 주로 사용되고 있는 추세다.

30. 미투리

그림8-21. 미투리

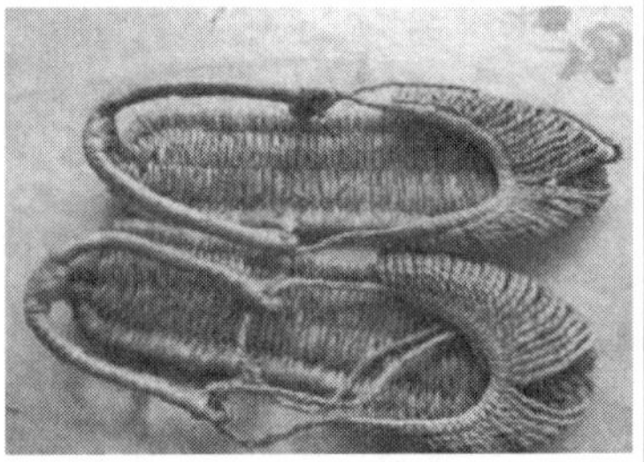
삼으로 만든 미투리

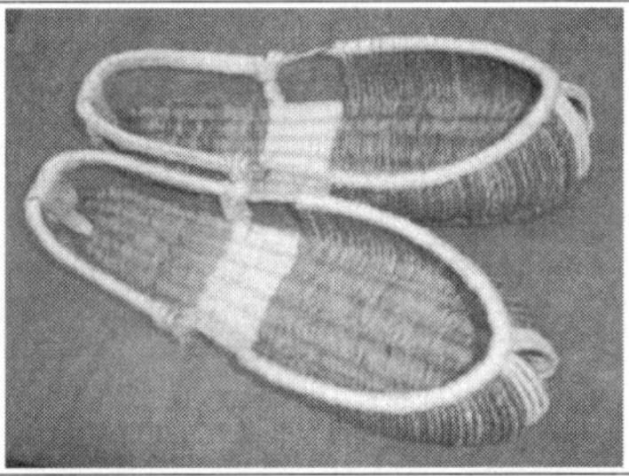
피나무 껍질로 만든 미투리

삼이나 모시, 노 따위로 날을 여섯 개로 삼은 신을 말한다. 따라서 재료가 삼이라 해도 날이 4개이면 짚신에 가깝다고 할 수 있다. 노는 실・삼껍질・헝겊・종이 등으로 가늘게 꼰 줄을 말한다. 재료는 삼, 닥, 모시, 가죽, 종이, 피나무껍질, 칡덩굴의 속껍질인 청올치, 무명실 등 다양하다. 마구, 마혜, 승혜, 청혜, 삼신이라고도 한다. 이 외에도 다양한 재료가 있다.[139] 한자어로는 구(屨)이며, 마혜(麻鞋)[140]・망혜(芒鞋)[141]로 표기한다. 망혜는 성종 289권, 25년(1494 갑

139) 인병선(2005). 『우리가 알아야 할 우리짚풀문화』 현암사. p245·336의 흩잎나무 및 난치나무와 양앳대가 있다고 하고 있다. 다만, 이 이름의 나무들이 국가생물종지식정시스템에서는 찾을 수가 없었다.

140) 마혜 : 성종 14권, 3년(1472 임진 / 명 성화(成化) 8년) 1월 22일(기미) 4번째기사

인 / 명 홍치(弘治) 7년) 4월 18일(병자) 4번째기사에 나타나고 있다. 미투리의 유래는 인간의 신발 역사와 관계가 깊은 것으로 2천여 년 전 마한시대까지 거슬러 올라가고통전(通典)》 변방문(邊防門) 동이(東夷) 마한조에 '초리(草履)'가 나오고, 《진서(晋書)》 사이전(四夷傳) 마한조에 초교(草轎)가 나오는 것은 짚공예의 역사와 차이가 별로 없는 것이다.

미투리에 대한 문헌은 조선왕조실록에 총 11건의 문구가 나오고 있다.

대사헌 조계생(趙啓生) 등이 계하기를,

"옛날 선비는 미투리[麻鞋]를 신고 책을 끼고 걸어다니면서도 뜻을 겸손히 하고 학문에 힘썼사오나, 지금은 그렇지 아니하여 생원(生員)·생도(生徒)들이 책을 끼고서 걸어다니는 것을 수치스럽게 여겨, 모두 말을 타고 종을 시켜 책을 끼고 다니게 하며 아침에 갔다가 저녁에 돌아오니, 이 때문에 심지(心志)가 교오(驕傲)하고 학문하는 마음이 전일(專一)하지 못하와 국학(國學)이 허술해지니, 청컨대 말을 타고 다니는 것을 금하여 그들이 심지를 억제시키어 학업(學業)에 전심하게 하소서."[142]

미투리는 짚신과 달라서 사용한 대상이 일반적으로 서민층도 사용하였고 제품이 다양한 무늬를 염색해 만든 것이나 섬새도가 좋은 것은 선비와 양반집 자녀들이 주로 신고다녇 것으로 보인다. 짚신은 날이 네 개이나 미투리는 날이 여섯 개로 촘촘하고 부드럽게 만든 것이 특징이다. 크기는 짚신과 같이 사람의 발 크기에 따라 다르며 종류는 재료에 따라 지역에 따라 성별과 연령에 따라 달리 불리는 경우가 있었다. 현재의 활용도는 주로 장식에 사용되는 것이 현실정이다.

성균관(成均館)은 풍화(風化)의 근원[源]이니, 마땅히 검소(儉素)한 것을 돈독히 숭상하고, 삼가 수정(修整) 함을 신칙하여야 합니다. 옛적에 있던 유생(儒生)은 모두 마혜(麻鞋)를 신고, 기마(騎馬)가 있는 자가 없었는데, 근래에는 거의 모두가 살찐 말[肥馬]를 타고 아름다운 옷[美服]을 입고 있으며, 목화(木靴)나 가죽신[鞋]에 이르러서도 사대부(士大夫)와 다름이 없고, 한 사람도 책을 끼고서 다니는 자가 없습니다. 사속(士俗)이 옛과 같지 않으니, 직분이 이와 같이 된 연유를 학관(學官)으로 하여금 검찰하게 하여, 완악하게 가르침을 따르지 않는 자는 학교에서 내치는 한편 과거도 중지시키게 하소서.

141) 망혜 : 조선왕조 실록-왜놈들의 망혜(芒鞋) ·목기(木器)를 우리 나라 배 가운데에 남겨 두었는데, 신발은 몸에 딸린 물건이라 오히려 말할 만 하나, 목기는 표략(剽掠)할 만한 물건이 아니니, 어디에서 가져와 배 가운데 남겨두었겠습니까? 그 의심스러운 점의 둘째입니다.

142)미투리 : 세종 41권, 10년(1428 무신 / 명 선덕(善德) 3년) 9월 1일(경술) 3번째기사

31. 밀짚모자

밀짚이나 보릿짚으로 위로 볼록하게 속이 비게 결어 만들고 아래로는 원형의 챙이 나온 여름 모자의 한 가지를 말한다. 재료는 밀짚, 보리짚, 띠 등으로 만들기도 하다. 주로 여름에 사용하고 따가운 햇볕을 가리어 시원함을 확보하기 위한 것이거나 얼굴을 보호하는데 그 역할을 한다. 크기는 머리 부분이 들어가는 곳과 챙이 나오는 부분으로 구분되어지는데 예전에 모자에는 영화상영이 끝난 필름을 테로 감아서 모자의 모양을 좋게 하였다. 그래서 영화의 오래된 자료가 없는지도 모른다. 밀짚모자를 지역에 따라 약간씩 달리 불리어지는데 평북에는 밀딮벙거지, 경남진주지역는 밒짚벙거지, 제주도에서는 밀찝페렝이, 함북에서는 초마재라고도 하였다. 여기서 벙거지는 조선시대 궁중 또는 양반집안의 군노(軍奴)나 하인배가 쓰던 모자를 말하고 페렝이는 패랭이를 말하는 것으로 보이는데 패랭이는 천인계급이나 상제(喪制)가 쓰던 모자를 말한다. 초마재는 밀짚모자의 함경북도 방언이다.

크기는 벙거지보다 클 뿐만 아니라 패랭이보다 더 크나 무게는 가볍다. 이는 만든 재질의 무게 때문에 차이가 난다. 요즈음도 밀짚모자의 활용도면에서는 매우 높고 좋은 편으로 대형마트나 철물점이나 건재상 또는 화분상회 등에 가면 쉽게 구할 수 있다. 활용도가 높기 때문에 외국에서 수입품이 대부분이고 실제로 만들어 사용하기는 쉽지 않다.

32. 바구니

대나무·등나무·버드나무·싸리나무 등을 가늘게 쪼개어 둥글게 결어 오목하게 만든 그릇을 말한다. 재료는 대나무와 등나무가 가장 많이 사용되는 편이다. 또 버드나무나 싸리나무와 으름덩굴과 댕댕이덩굴, 조릿대, 땅가시, 인동덩굴이 있고 요즈음은 철사나 합성수지가 재료로 사용되기도 한다. 재료에 사용될 수 있는 것은 어느 것을 사용하느냐에 따라 다양해진다. 유래는 단종 11권, 2년(1454 갑술 / 명 경태(景泰) 5년) 6월 5일(병술) 1번째 기사를 보면

사인(舍人) 황효원(黃孝源)이 당상(堂上)의 의논을 가지고 아뢰기를,

"세종(世宗)을 부묘(祔廟)할 때에 교방 가요(敎坊歌謠) 을 올리니, 허후(許詡)가 정지시킬 것을 계청(啓請)하였습니다. 그때에 문종(文宗)이 전지(傳旨)하기를, '만일 희사(戱事)를 정지시킨다면, 산대(山臺)와 나례(儺禮)도 또한 희사인데, 어찌 홀로 교방 가요만 꺼릴 것인가? 그러나 대신의 말을 따르지 아니할 수 없

다.' 하고, 드디어 명하여 정지시키었습니다. 신 등이 생각건대, 이것은 옛일이고, 또 《서경(書經)》에 '그 사녀(士女)가 흑색과 황색의 바구니에 담는다.' 하였으니, 이제 문종(文宗)을 부묘할 때에는, 교방 가요(敎坊歌謠)를 드리게 하소서."

중국의 바구니 역사는 위의 내용으로 볼 때, 《서경(書經)》에 '그 사녀(士女)가 흑색과 황색의 바구니에 담는다.' 는 흑색과 황색의 바구니가 나타나는데 1454년의 이전인, 그러니까 서경은 공자가 요순 때부터 주나라 때까지의 정사에 관한 문서를 수집하여 편찬한 서적이기 때문에 서기전 15~20세기 때부터 바구니는 만들어 졌던 것으로 보인다. 우리의 바구니 역사는 4세기경 고구려에서 쌀을 쪄서 밥을 짓는 모습이 고분벽화에 등장하는 것으로 보여 이때는

그림8-22. 바구니

당연히 사용되었고 뿐만 아니라 밥의 역사와 차이가 없는 선사시대부터 바구니를 사용하였다고 볼 수도 있을 것이다. 또 바구니에 대한 명칭도 약간씩 차이가 나는데 1527년(중종 22)에 간행된 훈몽자회에 '바고니'로 적혀 있고, 1779년(정조 3) 무렵의 한한청문감에는 '바구레'로 올라 있다. 한편 1827년(순조 27) 무렵에 출간된 임원경제지에는 '바군이'로 기록되어 있다.[143] 유사용어는 바구리, 바구미, 보금치, 소쿠리, 보금지라고 했다.

바구니는 여러 용도로 사용되었다. 조리, 보관, 운반, 건조 등로 구분할 수 있다.

143) 야후 포털 사이트 바구니 참조

보관에는 여름철 식생활에서 음식부패방지나 명절에 사용할 제사용품 보관을 하거나 고양이나 짐들과 가축에게로부터 생선을 보관하기도하다. 또 옷이나 바느질그릇, 씨앗을 보관 등으로 보관에 대한 사용도 매우 넓은 편이였다.

운반은 곡식 등을 나르는 데도 많이 사용하였고 파종 때에는 옆구리에 끼고 씨를 뿌리거나 곡식의 수확 때에는 알곡을 담아 나르기에도 사용되었다. 건조는 생선을 건조시키거나 고구마, 감을 깍아 말리고 젖은 곡식이나 보리를 삶아 찐 것을 바구니에 담아 살강위에 걸어서 식히기도 한다.

요즈음도 바구니의 활용도가 매우 풍부해서 마트에 가면 쉽게 구할 수가 있고 장식용으로 많이 사용되고 술에 관련된 장식과 꽃바구니 등 사용하는 영역이 다양하다.

33. 발채

그림8-23. 발채

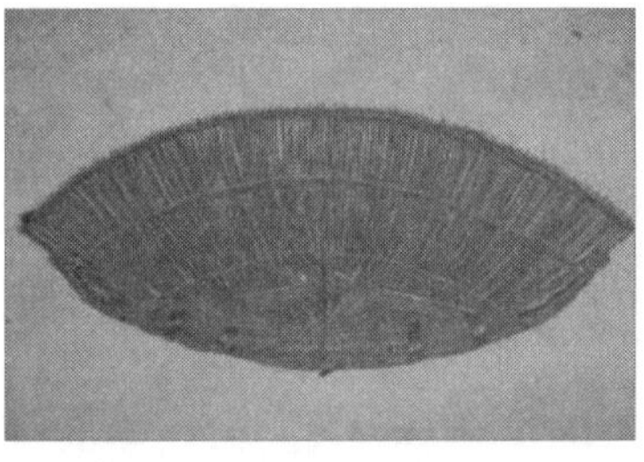

싸리나 대오리로 둥글넙적하게 조가비 모양으로 결어서 접었다 폈다 할 수 있게 만든 발채를 지게에 얹어서 짐을 싣는 제구를 말한다. 발채의 재료는 주로 싸리나 대오리, 조릿대(시누대)로 만든다.

발채의 다른 뜻이 있는데 말이나 소의 길마 위에 얹어서 벼나 보릿단 등을 운반할 때 쓰이는 농구도 있지만 여기서는 사람이 등에 지는 지게위에 얹어서 사용하는 발채에 대하여 기술을 한다. 지게에 발채를 얹은 것을 제주에서는 바재기라고 하고 경남 마산시 대마도 지역에는 지게를 '시케이' 또는 '지케이'라 부른다. 보통 지역에서는 바지게라고 한다. 발채는 '바소거리'나 '바소고리', '바소쿠리'라고도 한다.

발채는 주로 운반에 사용되는데 무우나 고구마나 감자를 수확하여 나를 때 긴요하다. 예전에는 기윤기나 차가 없을 경우 짐을 등에 지고 다녀야 했는데 물건이 크지 않는 거름이나 나무를 운반하거나 장거리 시장에 내다팔 물건이나 구매 해 올 때에도 많이 이용되었다. 크기는 길이가 80cm정도이고 높이가

50cm정도 된다. 물론 어린이와 어른의 차이에 따라 크기도 달랐다. 요즈음 사용되는 곳은 순수하게 운반으로 사용하는 경우도 있는데 이 경우 개량된 알미늄 지게에 발채 얹어서 사용하는 것이 대부분이다. 발채는 전시의 용도로 사용되기도 한데 그림을 그릴 때 그림판을 놓는 틀인 이젤의 기능도 가능할 것이다. 차량이 많이 다니는 도로가나 백화점 등에서 좋은 장식으로 활용될 수 있을 것이다.

34. 발

그림8-24. 발

발은 대나무나 갈대를 줄로 엮거나, 줄 따위를 여러 개 나란히 늘어뜨려 가리는데 쓰는 막을 말한다. 발을 만드는 재료는 갈대, 억새(어욱), 싸리, 조릿대, 옥수수대, 대, 뺑쑥대, 뽕나무대 등 다양하다. 이 재료들은 일상생활에서 가까이에서 쉽게 구할 수 있고 일머리와 맞물려서 자연스럽게 만들고 적소에 활용하는 것이다. 발의 용도는 차양막, 시선막, 건조로 구분할 수 있다. 차양막은 계절적으로 다르게 사용되는데 여름에는 창문이나 대청에 쳐서 햇볕을 막고 바람은 통하게 하여 통풍이 잘되어 시원함을 확보하기 위한 것이고 겨울에는 한풍을 막아 따스함을 유지시켜주는 기능을 하게 된다. 시선막은 밖으로는 볼 수 있으나 외부로부터의 시선은 차단하거나 품위를 지키는 기능을 하게 한다. 발의 재료가 많이 있듯이 발의 용도도 다양한데 건조로 사용되는 것은 발의 상태가 주로 투박하고 거친 싸리나 뽕나무대발 등이 고추를 늘어 말리거나 각종 약초를 건조시키는데 사용되기도 하다. 발은 사람들의 삶의 질을 높이는 데 그 역할을 하기도 하였다. 발에도 좋은 문양을 넣어 양반가의 입지를 높이는 경우도 있었고 장소에 따라 방이나 대청에는 좋은 대발을 쳤고 부엌이나 행랑채에는 보통의 갈대발을 사용했다는 것이다. 크기는 길이 150cm, 폭 90cm가 많으나 필요에 따라 크기는 다양하다. 요즈음은 전시장에 배경디피로 사용하고 그 사용처는 많은 곳에서 이용되고 있는 현실이다.

35. 벌멍덕

짚이나 바가지로 만든 것으로 안에 꿀을 발라서 벌을 분봉할 때 사용하는 뚜껑을 말한다. 재료는 바가지나 합판과 볏짚 등이 있으나 여기서는 볏짚으로 만든 벌멍덕에 대하여 기술하고 한다. 벌멍덕의 기본 요건은 살아있는 벌을 유인하여 옮길 때와 지속적인 벌을 양봉상태에 있을 때 주로 사용한다는 것이다. 따라서 벌멍덕은 벌에게는 편안한 안식처의 역활을 지녀야 한다는 것이다. 또, 뚜껑의 역할을 하여야 한다는 것이다. 바가지형 또는 약간 원뿔형이다. 그리고 양봉의 도구이다.

크기는 지름이 25~30cm정도가 대부분이다. 비가 올 때는 멍덕 위에 주저리를 올려 놓고 날씨가 추운 겨울에는 벌통을 천이나 짚으로 감아주기도 하다. 만드는 방법은 잘 추린 볏짚으로 꼰 새끼줄로 바가지 모양과 비슷 결어 만든다. 현재 활용도는 깊은 산중이 아니면 재래종의 벌을 볼 수가 없고 그 수가 급감하여 천연벌과 꿀이 매우 귀해진 것처럼 벌멍덕도 보기가 쉽지 않다고 할 것이다. 또 다른 짚풀용구는 각종 행사에도 찾아보기가 쉬운데 비해 벌멍덕은 전시 또는 짚풀공예 프로그램의 한 종류에 나와 있다는 것은 환상에 지나지 않는다고 할 것이다.

36. 베솔

베솔은 주로 솔새뿌리로 가지런히 묶어 만들어 베매기를 할 때 모시나 삼에 풀칠하는 솔을 말한다. 여기서 베메기는 삼베 제조 과정 중 잔털과 보풀이 이는 날실에 풀을 먹여 고르게 하는 작업을 말한다. 이렇게 작업을 하는 이유는 베를 짤 때 날올이 바디나 잉아의 걸리거나 마찰로 인해 끊어 떨어지는 일이 없도록 하고 삼베의질을 높이기 위함이다. 재료는 솔새뿌리와 솔새를 묶을 때 필요한 소나무뿌리가 재료이다. 물론 솔새뿌리를 가지런히 하기 위해서는 삼베를 이용하여 솔새를 감고 그 위에 소나무뿌리를 적당하게 쪼개어 감는다. 그 외에 창포뿌리, 억새뿌리로도 만들 수는 있을 것이나 창포나 억새뿌리 자체로는 솔의 기능을 하지 못할 것으로 보이는데 그 이유는 솔새뿌리처럼 단단하지 못하고 연하기 때문이다. 따라서 솔새뿌리에 창포뿌리나 억새뿌리를 약간 섞을 수는 있을 뿐이다.

베솔의 유래에 대해서는 삼베가 등장했던 시기 이후로 볼 수 있는데 삼의 재배가 BC8000년 전부터 재배되기 시작하였고 삼베는 고조선 시대에 우리나라에 도입되어, 통일신라시대부터는 모시와 삼베로 분리 직조되었다고 한다.[144] 또 조선왕조실록에도 삼베에 대해서는 많은 기록이 나오고 있는데,

여진(女眞) 검교 한성 윤(檢校漢城尹) 최야오내(崔也吾乃)와 호군(護軍) 동소로(童所老)에게 옷·갓·신을 하사하고, 또 동소로의 아내에게 명주·모시·삼베 각각 한 필씩을 하사하였다.[145]

그림8-25. 베솔

베솔

베틀

따라서 구체적인 연대는 알 수 없지만 적어도 솥솔의 사용은 일찍이 사용하였다고 볼 수 있다.

베솔의 용도가 베매기를 할 때 실올에 풀을 고루 먹이고 실올들이 서로 붙지 않도록 하는데 쓰는 솔이며 삼베 또는 무명 등 피륙을 짜기 위한 과정의 일부이다. 이 과정은 삼베를 만드는 과정이다. 삼베가 되기 위해서는 논이나 밭에 삼 재배와 삼 채취, 가마에서 삼 삶기, 껍질 벗기기, 삼 째기, 삼 삼기, 물레 돌리기, 돌 것에 올리기, 베올 나르기, 베 메기, 꾸리 감기, 베짜기 과정을 거치게 된다. 크기는 길이가 25~30cm정도로 손잡이부분과 솔부분으로 나누어지며 손잡이 부분은 손아귀에 딱 들어차는 느낌이고 단단하다. 솔부분은 가지런하면서 빳빳하며 한 가닥의 상태는 약간 꼬불꼬불하고 질기다. 만드는 방법은 몇 가닥씩 준비하여 모아 감고, 다시 모아 감은 것들을 여러 개의 모심을 만들고, 이

144)출처 : http://www.jinyoung.co.kr/dangam/jin-220.htm

145) 태종 11권, 6년(1406 병술 / 명 영락(永樂) 4년) 3월 18일(무신) 1번째기사

모심을 합쳐 삼베로 덮어 감아 그 위에 소나무뿌리나 끈으로 묶어주면 된다. 요즈음은 베솔을 사용하는 곳은 많지 않다. 그러나 아직도 지역별로 이용되는 곳이 있다. 경북 안동과 전남 보성이나 일부지역에서 삼을 재배하는 곳과 삼베를 만드는 곳이나 박물관 전시장에서 볼 수 있는 정도다.

37. 베갯모(짚풀용구 측면)

베갯모은 밀짚이나 보릿짚으로 만든 베개의 양쪽 마구리의 꾸밈새를 말한다. 남자의 것은 네모지고, 여자의 것은 둥글다. 예전에는 베개를 만들 때 천이 귀하기 때문에 천으로 길게 만들어 왕겨나 조, 메밀과 같은 것을 이용하여 속을 넣고 봉한 뒤, 흰 호청을 만들어 겉을 둘렀다. 양쪽 베갯모는 밀짚이나 보릿짚으로 격자모양으로 엮어서 모양을 예쁘게 하였다. 모양은 남자의 것은 네모지나 여자의 것은 원형이 있었고 테두리를 천으로 마감해야 베갯모를 사용할 수 있다. 크기는 지름 10~15cm정도가 보통이다. 이 밀짚이나 보릿짚으로 만든 베갯모는 일반 서민들이 많이 이용하였다.

38. 복조리

그림8-26. 복조리

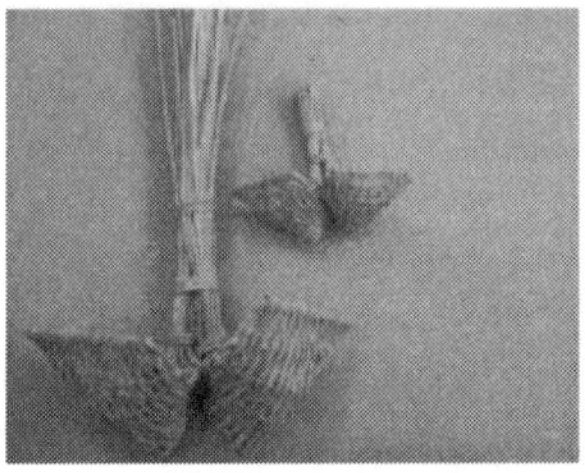

조릿대로 엮어 섣달 그믐날 자정부터 설날 아침 사이에 벽에 걸어 두는 조리를 말한다. 훈음은 '福 복 복, 笊 조리 조, 籬 울타리 리'이다. 복조리의 재료는 조릿대나 싸리가지, 대나무 등이 있다. 조릿대나 싸리나무의 채취시기를 잘 맞추어야 한다. 채취 시기는 음력 11월에서 다음해 2월 중순까지가 적기로 조리가 제대로 만들어진다. 그러하지 않을 경우 재료가 부서지거나 부러져서 조리로서의 기능을 하지 못하게 된다.

조리는 쌀을 이는데 사용하거나 물을 빼는 기구이다. 복조리는 조리에 복이 깃들어있는 조리를 말한다. 이는 복을 일게 하고 필요 없는 악을 없앤다는 의미로 해석할 수 있다. 또 복조리가 이는 것은 쌀, 보리, 밀, 곡식 등 수량이 많은 것을 이는 것으로 보아 다산을 상징하고 곡식이 소중한 재산이기에 부를 상징하여 다산과 부를 기원한다는 뜻이다.

보통은 조리를 먼저 일어나는 사람이 거둬 조심스럽고 경건한 마음으로 벽에 걸어둔다는 것이다. 따라서 복조리의 조건이 필요한데 시간적인 조건이라고 할 수 있다. 그 시간은 섣달 그믐날 자정부터 설날 아침 사이를 말한다. 음력 12월 30일 24시(밤)부터 새해 12시(정오)까지를 말한다. 그러나 여기서는 설날 아침을 뜻하는 것은 아침 식사시간(10시) 까지를 뜻한 것으로 보아도 될 것이다. 재료가 한정된 것으로 볼 필요가 없다고 볼 수 있으며 돈으로 꼭 사야 할 필요도 없이 직접 만들어도 될 것이며 장소도 벽이 아니어도 정성이 필요한 곳이면 될 것이다. 섣달이 아닌 일상의 날에 만든 조리라도 그믐날 자정부터 정월 초하룻날 아침 사이에 조리장수가 복 많이 받으라고 소리치며 복조리를 집마당에 던져놓은 것을 구해서 벽에 걸어 두어도 복조리가 될 것이다. 그러나 일상의 평일에 조리를 구했다면 그냥 조리라고 하면 될 것이다.

복조리와 같이 기원, 소원 등의 용도로 사용하는 것들로 짚풀용구이면서 집안에 두는 것이 몇 가지를 찾을 수 있는데 금줄, 갈퀴, 코뚜레다. 전국적으로 사용되면서 아기 탄생을 알리는 금줄이 있고, 1년 동안 복을 끌어 모은다는 의미의 전라도·경상도지방의 갈퀴가 있다. 또 부적은 보통 기간이 한정되어 있는데 비해 기간이 한정되지 않는 정신적 효능도가 높은 코뚜레가 있다. 코뚜레를 걸어둠으로서의 효능은 나쁜 기운을 물리치고 복과 부를 부르며 자손이 번성하고 매매성사가 잘 이루어지고 소처럼 나쁜 길로 빠지지 않고 성공의 길로 간다는 설이 있다.

크기는 조리의 날이 12cm정도이고 길이는 30~32cm정도이다. 요즈음은 초겨울만 되면 조리를 판매하는 사람들을 쉽게 찾아볼 수 있고, 복조리라며 다음해 정월 대보름 때까지 판매를 하는 것을 볼 수 있다. 복조리를 만들기 위해서는 경과과정이 필요한데 먼저 조릿대를 산에서 잘라와 칼로 +자로 갈라서 껍질을 벗기어 낸다. 그리고 성긴 조릿대를 칼로 다듬어 3일정도 말린다. 그 후 물에 12시간 이상 담궜다가 건져서 작업에 임해야 된다. 복조리의 부분에 대한 용어가 있는데 복조리의 담는 조리잎이 있고 손잡이가 있다. 조리잎에는 끝부분에 있는 기준대(고동대 : 경남 산청군 중산리)가 있고 씨줄이 5개정도가 있으며 날줄이 24절기를 뜻하는 24개 정도를 접어서 48줄로 해서 만들기도 한다. 그러나 이 씨줄과 날줄은 복조리의 크기에 따라 달라진다.

복조리에 복주머니를 달기도 한다. 복주머니 속에는 예부터 목화씨를 넣어 선물을 하기도 하였다. 요즈음은 복조리에 주머니와 리본을 달고 리본에는 원하는 문구를 새겨 넣기도 하는데 한쪽은 '새해 복 많이 받으세요'나 '부자되세요'를 넣고 또 다른 한쪽은 소속을 기재하는 것이 추세다. 크기와 모양과 색상도 전통적인 것에서 벗어나 작고 아기자기하고 색동인 외국에서 들어온 수입조리도 많이 볼 수 있다. 또 재료도 철사나 합성수지로 만든 제품이 있다. 무엇보다 복조리는 그해의 복을 일어낸다는 소망을 담고 있다.

39. 봇줄

봇줄은 써레·쟁기 따위를 마소에게 메는 줄을 말한다. 쟁기줄이라고도 하고 제주도에서는 솜비줄[146]과 한줄이라고 한다. 봇줄과 유사한 것이 쟁기의 성에와 물추리막대를 연결하는 끈인 비잡이가 있고 가랫줄이 있다. 비잡이는 쟁기의 성에와 물추리 막대를 잇는 끈을 말하고 가랫줄은 가랫바닥의 양옆에 맨 줄이다. 재료는 덩굴나무인 만목으로 한다. 만목의 종류 중에 다래, 으름, 오미자, 멀꿀 등의 중간부분을 비교적 다루기 쉬운 당해 년에 자란 것 중에서 실한 것을 선택하여야 한다. 만목의 굵기가 2~3cm정도 되는 것을 7월이나 8월에 채취하여 막개나 망치로 부드럽게 하여 사용한다. 봇줄의 유래는 우리나라에서 쟁기를 처음 이용하기 시작한 것은 삼국시대부터이며 소를 이용한 것도 5세기 이후 본격적으로 시작되었다고 하니, 소를 이용한 쟁기의 사용도 이때부터이고 봇줄도 약간의 차이는 있을지라도 이때부터 가능했다고 볼 수 있다. 봇줄을 대용하는 것으로 양 나루채가 있다. 양나루채는 봇줄을 대신하여 소 멍에에 이르도록 길게 만든 것을 말한다. 봇줄은 보통 한번 만들면 10년 이상은 사용한다. 봇줄의 역할은 멍에의 양끝 턱진 곳에 매어 아래로 처지는 것을 막고 힘을 뒤 쟁기나 써레로 제대로 전달하기 위해, 물추리막대에 연결한 끈으로 소의 힘을 전달하는 역할을 한다. 요즈음도 산골 등에서 소를 이용한 경작지에는 소와 쟁기의 연결 역할을 봇줄은 당당히 담당하고 있다.

146) 솜비줄 : 인병선(2005). 『우리가 알아야 할 우리짚풀문화』 현암사. p517

40. 부리망

그림8-27. 부리망

	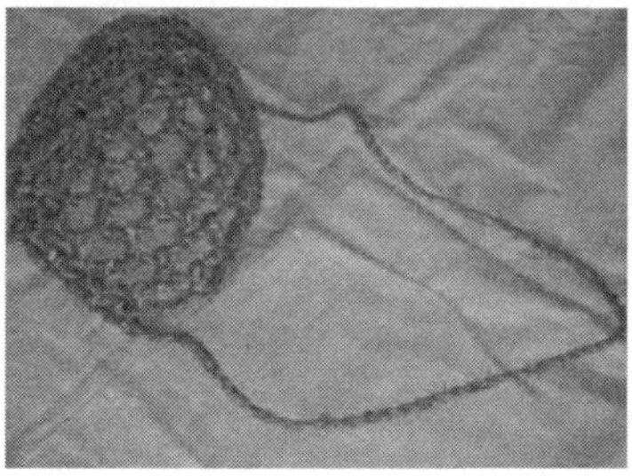

소를 부릴 때에 소가 곡식이나 풀을 뜯어먹지 못하게 하려고 새끼로 그물처럼 얽어서 만들어 소의 주둥이에 씌우는 망을 말한다. 부리망을 하는 경우는 소가 밭일이나 논일을 하거나 소가 이동을 할 때 주위에 곡식이나 채소 등을 뜯어먹지 못하도록 주둥이에 망을 씌워 소 주인은 소가 한 팔지 말고 하고자 하는 일에만 열중하라는 뜻이다. 재료는 주로 볏짚으로 꼰 새끼을 사용한다. 유사용어는 북한의 북부나 연변쪽은 꾸레미라고 했고, 다부제, 소머거리, 소마구리, 주둥망이, 소입멍, 쇠입마개 등 지역별 부르는 용어가 다양한 편이다. 부리망은 생활 용구 중에 가축을 사육하는 분야이다. 코뚜레와 부리망은 소를 제어하는데 그 기능을 한다. 코뚜레로 소의 힘을 조절하고 부리망은 소의 작물 횃손을 방지한다. 만들 때에는 둥근 원을 만들어 나선형 모양으로 성글게 엮어 내려가면서 그물망처럼 되어 주둥이가 들어가게 오목하게 만들어야 제대로 만든 것이다. 끈으로 줄이거나 늘려 크기조절이 가능하도록 하여야 한다. 요즈음은 부리망 안에 화분을 넣어서 걸어 시각적으로 부리망의 새로운 활용 처를 볼 수 있었다.

41. 비(빗자루)

살림제구의 하나로서 먼지나 쓰레기를 쓸어내는 데 쓰는 청소도구를 말한다. 재료는 짚, 띠, 억새, 대나무, 소나무 뿌리털, 솔가지, 동물의 꼬리털, 청올치, 싸리, 수수, 갈꽃(노화), 댑싸리 등 다양하다. 유사용어로 비짜락, 전라도의 비찌락, 충청의 비짜루, 경상도의 비짜리 따위로 부른다.

그림8-28. 비(빗자루)

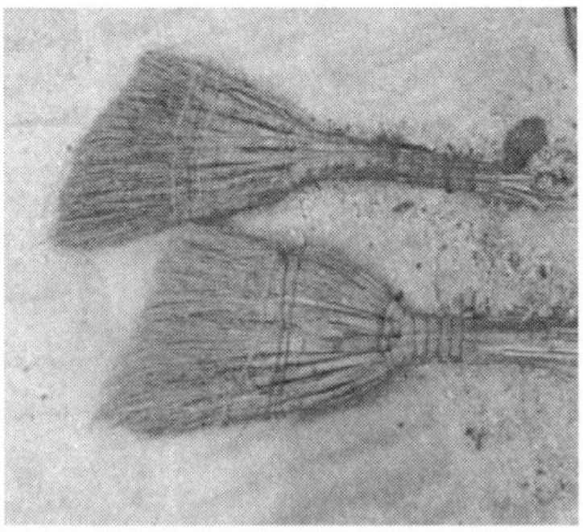

빗자루는 비의 옛말 '뷔'에다가 '자루'가 붙은 것이다. 빗자루의 종류는 사용하는 장소와 재료에 따라 구분하여 설명할 수 있다. 장소에 따라 구분하는 빗자루의 종류는 골목이나 마당에서 쓰는 마당비, 부엌에서 사용하는 부엌비, 대청마루에 사용하는 마루비, 방에서 쓰는 방비로 구분할 수 있다. 마당비는 굵고 억세며 길다. 그래서 서서 사용한다. 마당비의 재료는 대나무나 싸리가 주로 이용된다. 여기 묶어주는 재료는 새끼나 칡덩굴, 삼이 끈으로 많이 이용되었다. 방비는 부드럽고 작아 서지 않고 앉아도 사용이 가능하다. 부엌비나 마루비는 구조나 크기나 중간쯤이 된다고 할 것이다. 부엌비의 재료는 주로 댑싸리나 수수로 많이 사용하였고 방비는 수수, 억새, 갈꽃 등이 재료로 사용되었는데 손잡이부분이 뭉텅해서 자리개를 사용하여 단단히 묶어서 사용하였다. 그리고 오래동안 사용하려고 소금물이나 오줌물에 적셨다가 가마솥에 쪄서 묶기를 하였다. 싸리나 대는 길이가 길고 손잡이가 충분하지만 목이 짧은 노화는 보충재료는 장화, 부들, 볏짚, 질강폭, 나무막대 등이 쓰였다.[147]

재료에 따라 구분되는 빗자루의 종류는 대비, 싸리비, 수수비, 노화비 등이 있다. 여기서 노화비는 열모심으로 만드는 맞춤비와 여덟모심으로 만드는 날림비가 있다. 모심은 묶음의 단위이다.

그리고 빗자루의 종류 중에서 특별하게도 사용하는 대상에 따라 풀비도 있다. 풀비는 문풍지 교환할 때나 주로 풀을 바를 목적으로 제작된 비를 말한다. 요즈음도 합성수지로 만든 제품이 많이 나오고 있지만 마트나 백화점에 가면 그 수요는 꾸준히 이어가고 있다.

---

147)보충재료(빗목) : 인병선(2005). 『우리가 알아야 할 우리짚풀문화』 현암사. 307

42. 삿갓

그림8-29. 삿갓

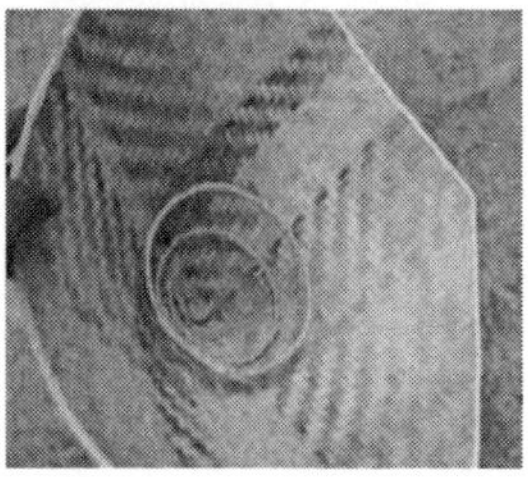

얇게 쪼갠 댓개비나 갈대를 엮어서 비나 눈 또는 햇볕을 피하기 위해 만든 갓을 말한다. 노립(蘆笠)·사립(笠)·두봉(斗篷)이라고도 한다. 한자어로는 개립(蓋笠)이라고 말한다. 그리고 삿갓과 도롱이를 묶어 사립(簑笠)이라고 부른다. 사립의 복장이면 아무리 비가 많이 와도 훌륭한 우의가 되고 자유스런 활동이 가능하게 되었던 것이다. 유사용어는 농립(農笠)·우립(雨笠)·야립이 있다. 노(蘆)는 갈대노자이다. 립(笠)은 갓립이고 두봉은 삿갓의 고전용어이다.
조선왕조실록에는 삿갓에 대한 자료가 수십 건에 관하여 기록되어 있는데,

정승 조준(趙浚)이 조운흘과 더불어 교유가 있었는데, 손님을 전송하는 일로 인하여 한강(漢江)을 건넜다가 동렬(同列) 재상과 더불어 기악(妓樂)을 거느리고 주찬(酒饌)을 싸 가지고 가서 찾으니, 조운흘은 치의(緇衣)에 삿갓을 쓰고 지팡이를 짚고 문(門)까지 나와 길게 읍(揖)하고 맞이하여 모정(茅亭)에 이르러 좌정(坐定)하였다.[148]

재료는 대나무의 얇게 쪼갠 대사리나 반으로 나눈 갈대, 종이, 부들 등으로 만든다. 재료가 주위에서 흔히 구할 수가 있었고 대나무삿갓은 대개 농부들과 외출이 잦고 한데서 일하는 사람들이 많이 썼다.
삿갓의 종류는 농부들과 비나 햇볕을 가리는데 주로 사용했던 농립, 부녀자들이 외출시 사용했던 전모(氈帽)도 삿갓의 일종이며 지삿갓, 승려들이 사용했던 대삿갓, 아낙들이 잦은 외출할 때 쓰는 부녀삿갓, 세대삿갓은 여승들이 사용하였다. 삿갓에 대한 대중적인 인지도 높은 혜원 신윤복의 풍속화 '전모를 쓴 여인'과 방랑 시인 김병연의 속칭이 '김삿갓'이 우리의 머릿속에 삿갓이 문화적 측면에서 가까이 있음을 말해주고 있는 것이다. 크기는 어깨가 덮힐 정도의 크

148) 삿갓 :조선왕조실록 태종 8권, 4년(1404 갑신 / 명 영락(永樂) 2년) 12월 5일(임신) 1번째기사

기로, 중앙이 큰의 형태를 가지고 있고 보통은 원형으로 되어 있으나 6각도 있었다. 삿갓의 끝부분에 마감을 천으로 두르기도 하였다. 그리고 여성의 것은 더 크고 깊숙이 들어가 얼굴이 완전히 가려진 것으로 만들기도 하였다. 요즈음도 삿갓은 각종 행사에 종종 눈에 띄는 추세이다.

43. 삿자리

삿자리는 갈대의 줄기를 엮어서 만든 자리를 말한다. 갈자리, 노점(蘆簟), 의양(倚佯)이라고도 한다.
삿자리의 유래에 대하여는,

고대 유적인 평양시 삼석구역 남경유적 제2기 4호 집터에서 바닥 한복판에 너비 1.7~2㎝ 정도로 날과 실을 격자로 엮은 삿자리를 깔았던 흔적이 나타났으며 석탄리유적과 북청군 토성리유적의 집터들에서도 삿자리나 명석이 썩은 흔적이 발견된 것 등은 그것을 잘 보여 준다.[149]

조선왕조실록에도 보면 삿자리에 대해 나오는데,

이저(李佇)를 함주(咸州)에 안치하였으나, 경계가 이역(異域)과 맞닿아 변경(邊警)이 끊을 새가 없는데, 노예(奴隷)나 근수(根隨)되는 자가 적지 않으니, 이것들이 어찌 책중(簀中)의 시체 들이겠습니까? 원하건대, 전하는 춘추의 법을 몸받아 대의(大義)로 결단하여, 이거이·이저를 유사(攸司)에 내려 그 죄를 바루고, 가산을 적몰하여 뒷 사람을 징계하도록 하소서."[150]

유래 위의 '책중(簀中)의 시체'라는 글이 나오는데, 사기(史記)의 범수(范雎)전에 보면, "삿자리로 말아 싸서 치간(廁間) 중(中)에 두었다."하고, 그 주(注)에, "책(簀)은 갈대로 만든 삿자리를 말하며, 이를 써서 시체를 싼다."고 하였음. 곧 삿자리로 싸서 치간 가운데 둔 시체처럼 아무런 일을 할 수 없는 사람을 말한다고 기록되어 있다. 삿자리의 크기는 보통 240×180㎝ 정도이며 사람의 지위가 높음에 따라 삿자리를 차지하는 면적이 넓었고 방의 크기에 따라 삿자리의 수와 삿자리의 크기도 달라졌다. 지역별로는 안악, 재령, 신천, 봉산의 황해도와 경상도와 전라도가 유명하였고 황해도와 평안도는 네모, 경상도와 전라도는 원

---

149) 출처 : www.krpia.co.kr
150) 삿자리: 태종 8권, 4년(1404 갑신 / 명 영락(永樂) 2년) 12월 7일(갑술) 2번째기사

형을 위주로 생산하였다. 삿자리 만들기는 가늘게 쪼갠 갈을 날과 씨로 하여 엮어 삼베나 가마니를 짜는 방식과 비슷하다. 갈대는 7~8월에 것의 줄기를 활용하여야 하며 요즈음은 돗자리가 시중의 매장을 차지하고 있는 형편이다.

44. 삼태기

짚이나 싸리 등으로 만들어 쓰레기·거름·흙·곡식 등을 담아 나르는 그릇을 말한다. 삼태미 · 꺼랭이 · 발소쿠리 · 짚소쿠리 · 어랭이라고도 한다. 재료는 짚이나 가는 싸리, 대오리, 칡, 댓가지, 칡덩굴, 새끼, 갈대 등이 재료가 된다.

그림8-30. 삼태기

재료 중 에움부분은 노간주나무, 물푸레나무, 회나무 등이 있다. 삼태기의 유래는 삼구시대 때부터 사용되었다는 것으로 나타나고 있다.
삼국유사에는 2건의 검색이 나타나고 있다.

영이가 이미 나타났으므로 마침내 출가하여 이름을 바꾸어 惠空(혜공)이라 하였다. 항상 작은 절에 거주하면서 늘 미친 것 처럼 大醉(대취)하여 삼태기를 지고 거리로 가무하며 다닌 까닭에 號(호)를 負簣和尙(부궤화상)이라 하였다.[151)]
我相(아상)을 가진 자가 어찌 나를 알아 보리요』하고 삼태기를 거꾸로 터니 개가 변하여 獅子寶座(사자보좌)가 되매 거기에 올라 앉아 放光(방광)하고 가버렸다.[152)]

조선시대 때에는 조선왕조실록에의 삼태기는 더 많은 문헌이 나온다. 곡식에 관련된 내용이 많고 한국 풍토에 맞는 조선 세종 때의 문신 정초·변효문 등이 1429년(세종 11) 편찬한 농사직설의 '분', 조선 고유의 농구가 갖는 기능과 장

151)삼태기 : 삼국사기·삼국유사(이병도 역) 삼국유사 권 제4 > 의해 제5 > 2혜동진
152)삼태기 : 삼국사기·삼국유사(이병도 역) 삼국유사 권 제4 > 의해 제5 > 자장정률

점을 기술한 해동농서의 '양람'·'삼', 우리나라의 4계절에 따르는 농사 절차와 민간의 풍속을 노래한 장편가사인 농가월령가의 '두'도 삼태기를 일컫는 말이고 그 시절 생활용구로서의 중요한 역할을 한 것으로 나타나고 있다.

삼태기는 운반에 필용한 요구이다. 이 운반에 사용되는 분야는 매우 다양한 편인데 부엌에서는 아궁의 재를 치는데 사용되고 마당에서는 쓰레기를 담아내어 버리고 헛간이나 마구간에서는 퇴비를 치우는 데 사용되고 논밭에서는 씨앗이나 거름을 뿌리거나 감자나 고구마를 수확할 때 모으는 데도 사용되고 가을에 탈곡 때에는 나락이나 곡식을 퍼 담거나 나를 때 요긴하게 사용되고 또 씨앗이나 물건을 삼태기 안에 늘어 말리기도 하였던 것이다. 다만 싸리로 만든 삼태기의 경우 부엌의 재를 쳐 내기는 어렵다. 볏짚을 만든 삼태기에 비해 정밀함이 떨어지고 공간이 있어 바로 빠져나오기 때문이다. 볏짚삼태기를 만들 때에 고정대가 필요한 경우가 대부분이지만 싸리 삼태기는 고정대가 필요 없다. 삼태기의 종류는 재료에 따라 또는 사용하는 곳에 따라 구분할 수 있다. 볏짚으로 만든 삼태기, 싸리로 만든 싸리삼태기, 소똥이나 거름을 치우는 데 위주로 사용하는 거름삼태기 등으로 구분된다. 삼태기의 크기는 입이 45cm, 길이 50cm, 뒤 어름 높이 25cm정도가 보통이다.

요즈음은 함석이나 플라스틱의 제품이 나와 있지만 그래도 전통적인 삼태기가 각종 지역축제에 전시품으로 단골메뉴로 등장하고 있는 추세이다.

45. 설피

눈 위에 걸을 때 활동하기 쉽게 신바닥에 덧대어 신는 덧신을 말한다. 유사용어로 살피라고도 한다. 사냥꾼들이 겨울철에 신바닥에 덧대어 신는 것에서 유래되었다는 것으로 볼 수 있다. 설피는 눈이 많이 내리는 지역에서 겨울철에 눈에 빠짐을 방지하기 신발 위에 신고 다니는 덧신으로 재료는 다래덤불이나 노간주나무 또는 물푸레나무가 어름으로 사용되고 굴밤나무나 참나무로 발톱을 만들고 내로는 볏짚이나 삼, 겹쳐지는 부분은 다래덩굴이나 피나무 껍질이 재료가 되기도 한다. 여기서 발톱이 굿이 있을 필요는 없다. 설피는 보통 타원형이고 강원도나 함경도 등 눈이 많은 지역에서 주로 사용되었다. 눈이 많이 내리는 지역에서 겨울철에 보행할 때 사용하는 설피는 볼이 크고 넓어 걸음을 갈지자로 벌려가면서 걸어야 한다. 설피의 신기는 신발을 신은 채로 신어야 하며 짚신이나 미투리처럼 설피의 양쪽 끈을 발등에서 서로 교차시킨다. 그리고 설피바닥과 발등을 두르고 더 먼 거리를 갈 때는 발목까지 동여맬 수 있다. 설피의 크기는 보통 길이 32~36cm, 폭 20~25cm 정도이며 타원형이다. 설 설피 만들기는 나무재료를 아궁이 불에 대면서 천천히 힘을 주어 구부리거나 가마솥에 삶아서 힘을 주어 타원형으로 구부리고 이음부분을 겹치거나 양쪽으로 틈을 만들어 끼우기를 한다. 이음 부분은 다래덩굴이나 피나무 껍질로 단단히 동여맨다. 설피는 이동에 필요한 용구로 요즈음은 박물관 외에서는 찾아보기 쉽지 않다.

46. 수질

상복을 입을 때에 짚에 삼을 감아 만든 것으로 머리에 두르는 테를 말한다. 유사용어로 수절과 건대가 있다. 수질의 재료는 삼, 볏짚, 부들 등이다. 수질에 대한 유래는 삼이 있고 상제제도가 있고 부터 시작되었다고 볼 수 있을 것이다. 수질에 대한 조선왕조에는 많은 문헌이 나오고 있는데,

예조에서 상제를 상정하였는데, 주상전의 상복은 무굴관·수질(首絰)【생마(生麻)를 씀.】·의상대(衣裳帶)【생마(生麻)를 씀.】·요질(腰絰)【생마(生麻)를 씀.】·죽장(竹杖)·관구(管屨)【백사혜(白絲鞋)로 대용(代用)함.】이고[153]

"삼가 고례를 상고하면, 소상(小祥)에는 연관을 쓰고 수질(首絰)을 버리며, 대상(大祥)에는 상복(喪服)을 벗고 담사(禫祀) 뒤에 길복(吉服)을 입는 것이니, 지금 국상에 문무 신료의 상복(喪服)을 전의 수판(受判)에 의하여 13일 소상(小祥)에 비로소 유각 백사모(有角白紗帽)를 쓰고, 25일 대상(大祥)에 효복(孝服)을 벗고 비로소 백의(白衣)·오사모(烏紗帽)를 쓰되, 요질(腰絰)은 그대로 띠고, 27일 담사(禫祀) 뒤에 요질(腰絰)을 버리고 비로소 백의(白衣)·백립(白笠)·오사모(烏紗帽)·흑각대(黑角帶)를 착용하여 3년을 마치고[154]

위의 내용을 보면 수질은 요질과 비슷한 기능을 하는데 수질은 머리에 요질은 허리에 찬다. 또 소공과 대공은 재료와 기간과 착용방법이 약간 다르다. 그런데 수질과 요질을 삼으로 만드는 이유는 삼베옷을 입는 뜻과 같이 상제의 효심이고 자식은 불효한 죄인이고 죄인이기에 거친 삼으로 만든 것을 착용하면서 반성을 한다는 뜻이다.

상제가 아버지나 할아버지 상인 참최(斬衰)일 경우에는 씨있는 삼으로 만들고, 자최(齊衰) 밑으로는 씨없는 삼으로 만든다. 수질의 착용방법도 상주의 위치에 따라 다르고, 참최와 자최의 수질 굵기가 조금 차이가 난다.

요즈음은 수질과 삼베를 착용하지 않고 검은 양복으로 대신하고 있고 사극

153) 태종 15권, 8년(1408 무자 / 명 영락(永樂) 6년) 5월 25일(계유) 3번째기사
154) 조선왕조 태종실록 > 태종 8년(1408년) > 태종 8년 5월 > 태종 8년 5월 27일

드라마에서나 볼 수 있다.

47. 새끼(가는 손새끼)

새끼는 무엇을 묶거나 동이는 데에 쓸 수 있게 짚으로 꼰 줄을 말한다. 초삭(草索), 고삭(藁索)이라고도 한다.

새끼유래는 최초의 흔적은 원삼국시대 회색경질토기의 삿무늬토기에 이미 새끼가 사용되었다고 하며 삼국유사에도 1번의 자료가 나오는데,

또 하루는 풀로 새끼를 꼬아가지고 영묘사에 들어가 금당과 좌우경루와 남문낭무에 둘러매고 강사에 고하여 이 새끼줄을 3일후에 끌러라 하였다. 剛司(강사)가 이상히 여겨 그의 말대로 하였더니 과연 3일만에 선덕왕이 절에 오니 지귀—심화가 나와 그 탑을 태웠으나 오직 새끼로 맨 곳만은 화재를 면하였다.[155]

우리의 역사와 길고 밀접하게 이어져 온 새끼는 조선시대를 거쳐 지금까지도 우리와 함께하고 있다. 새끼의 종류는 쓰임에 따라 유적지 발굴 조사의 유물 수습에 주로 사용되거나 질풀용구의 기초 재료가 되는 가는 새끼가 있고 보통 새끼가 있다. 또 새끼가 꼬아지는 기구의 정도에 따라 자동기계새끼와 기계새끼, 손새끼가 있다. 굵기에 따라 가는 새끼, 중간 새끼, 굵은 새끼, 밧줄, 등으로 나눌 수 있다.

155) 새끼 : 삼국사기·삼국유사(이병도 역) 삼국유사 권 제4 > 의해 제5 > 2혜동진

그림8-31. 새끼

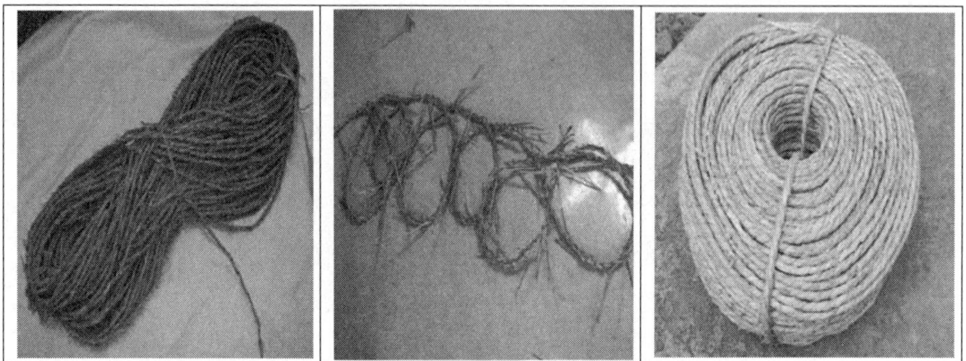

가는 손새끼	금줄 용도의 왼새끼	기계새끼

자동기계새끼는 굵은 새끼인 직경 14mm를 꼴 때 시간당 260m, 가는 새끼는 직경 6mm를 시간당 320m를 꼴 수 있다. 손새끼는 직경 15mm를 꼴 때 시간당 20~30m를 꼴 수 있고 가는 새끼도 그 정도가 가능하나 사람의 실력수준에 따라 달라진다.

새끼의 용도는 짚풀공예의 삼태기, 가마니, 멍석, 짚신 등 필수 기초재료로 사용되고 지붕이나 소고삐 등으로도 사용된다. 새끼의 유형은 포장을 원칙하고 그 후 운반, 저장을 위한 기본 포장인 것이다.

새끼를 꼬는 방법은 손바닥으로 하는 것과 기구로 하는 것과 기계로 하는 방법의 3가지가 된다. 손바닥으로 꼬는 법은 양손을 비벼서 하는데 오른손을 바깥쪽으로, 왼손을 안쪽으로 끌어당기면 일반적인 새끼이며 오른새끼가 되고, 반대로 꼬면 부정한 기운을 물리치고 금줄에 쓰이는 왼새끼가 된다. 기구로 하는 것은 주로 제주 성삼면 지역에서 많이 사용되고 있는 호랭이로 꼬는 방법이다. 기계로 하는 것은 요즈음도 전남 무안군 일로지역에는 많이 사용되고 있다. 합성수지 밧줄이나 벤딩이 자동으로 되는 노끈이 나오기 전까지 농촌이나 시골에서 늘 사용하던 포장재였고 지금도 실내인테리어나 전통초가집 지붕에는 새끼를 사용하고 있다.

48. 섬

나락이나 곡식 따위를 담기 위하여 짚으로 엮어 만든 그릇을 말한다. 섬은 담는 큰 그릇으로 일본에서 가마니가 들어오기 전에는 섬을 썼다. 섬의 재료는 볏짚으로 만들어 삼태기나 둥구미처럼 세밀하고 날을 촘촘하게 역은 것이 아니라 날 사이가 성기어 수수나 낱알이 작은 것은 담지 못했고 주로 보관을 위주로 사용하였다.

그림8-32. 섬

섬의 유래는 삼국유사에도 나타나는데,

3년 4월에 왕이 卒本(졸본)에 거둥하여 시조묘에 제사하였다. 5월에 왕이 졸본에서 돌아오면서 경로 주읍의 빈궁한 자에게 한 사람에 한 섬씩의 곡식을 내렸다.[156]
또 (그를) 산 주인에게 몸값을 갚아 주고 양민이 되게 하였더니, 郎徒(낭도) 수천 명이 각기 곡식 한 섬씩을 내주었다. 大王[대왕 : 제50대 定康王(정강왕)]이 듣고 또 벼 500석과 집 한 채를 下賜(하사)하고 다시 부역을 면제하니[157]

위의 내용의 사실로 보아 1섬과 1석의 같은 양의 단위이지만 '섬'은 작은 양의 것을 주로 사용하고 '석'은 많은 양의 것을 설명할 때 사용하는 것으로 보인다. 천석부자, 만석부자라는 옛말도 있는 것처럼 천섬부자, 만섬부자라고는 잘 하지 않는다.

한 섬은 한 말의 열 배로 약 180리터에 해당한다. 비슷한 말로 한 석(石)이 있고 가마니보다는 담는 용량이 크다. 사실 섬의 크기는 날의 수로 결정한다. 보통 다섯날 섬과 일곱날 섬이 많이 쓰인다. 다섯 날의 섬은 10말, 일곱 날 섬에는 15말의 곡식을 담을 수 있다. 탈곡한 나락이나 곡식을 담을 수 있는 용기로써 섬, 가마니, 멱서리, 둥구미(제주도의 부게, 멱둥구미), 대뒤주, 바구니, 광주리(저장성, 운반성), 다래끼(저장, 운반 : 바닥 사각), 동고리(결혼 떡강주리), 종다래끼(씨앗보관)를 들 수 있다. 만드는 방법은 새끼로 날을 삼고 짚으로 엮어 약간 사각이 되게 만들어 양끝을 안으로 넣어 마무리 한다. 섬과 가마니는 시장이나 이동에 주로 이동되었다. 멱서리는 저장에 주로 이용되었다. 섬의 현재 활용도는 그의 찾아볼 수가 없고 박물관 충남 아산시 외암마을 전시관에서

156) 삼국사기·삼국유사(이병도 역) 삼국사기 권 제19 > 고구려본기 제7 > 안장왕
157) 삼국사기·삼국유사(이병도 역) 삼국사기 권 제48 > 열전 제8 > 효녀 지은

찾을 수 있다.

49. 쇠신

소의 발굽이 상하는 것을 막기 위해 소발에 신기는 소의 짚신을 말한다. 재료는 볏짚이다.

옛날에는 비포장도로이고 전재산의 가치를 가진 소가 마차를 끌거나 무거운 짐을 싣고 다니는 것을 소의 입장에서 소발굽을 보호하기 위해 묶어 고정하는 것이다. 쇠신은 4짝이 1컬레라는 것과 앞의 굽이 뒤의 굽보다 더 높게 만든다는 것이다.[158] 쇠신은 소가 농사에 함께하고 운반에 이용되었을 때부터 사용되지 않았나 생각한다. 쇠신은 사전에도 삼국유사나 조선왕조실록에도 문헌이 나오지 않지만 소를 사랑하는 마음이 인간에게 있었던 이상 일찍이 준비되었을 것이다. 크기는 어른 주먹만하고 10분 정도면 만들 수 있다. 말에 신는 말신은 없다. 말은 말굽이 둥글기 때문이다.

50. 시루밑

곡물이나 쌀을 찔 때 시루 바닥에 까는 깔개를 말한다. 재료는 대나무 껍질, 왕골, 청올치, 볏짚, 뺑숙대, 그랑, 짚, 삼껍질, 등 섬유질이 많고 질긴 재료를 이용한다. 유사용어로 시루방석이라고도 한다.[159]

그림8-33. 시루밑

시루밑 유래는 청동기시대 또는 초기 철기시대로 알려져 있는 것으로 주장하고 있는 것에 일반적 동조 추세이고 상고시대의 시루가 독특하게 바닥에 구멍이 있고 뾰족한 걸이가 달려있다는 것이다.[160] 이는 시루밑이 존재한다는 것의

158)인병선(2005). 『우리가 알아야 할 우리짚풀문화』 현암사. p288
159) 시루방석 : 코리아비주얼스.(2005)한국의 문화유산. p104
160)시루밑 : 박록담·윤숙자,(1997) 『우리의 부엌살림』 삶과 꿈, p74

결론을 추론이 가능하다.

시루밑의 역할은 시루 안에 쌀이나 다른 곡물가루 등의 내용물이 새지 않도록 하고 바닥에 있는 구멍을 통하여 올라오는 뜨거운 증기를 퍼지게 하여 내용물이 고루 쪄지게 하는 역할을 한다. 물론 여기에는 솔잎도 사용하는 경우도 있다.

시루밑을 보관할 때에는 벽이나 살강 옆 못을 박은 곳에 걸어 보관한다. 이렇 경우 시루밑이 자체적으로 힘이 없기 때문에 시루밑을 엮을 때 낭창한 대오리를 중간중간에 넣어서 함께 짜서 뒤틀리거나 접쳐짐을 방지하고 원형을 유지하게 하였다. 살강은 그릇 등을 오려놓고 쓰기에 편리하도록 대나무로 발을 역은 것을 말한다.161)

만드는 방법은 재료들을 먼저 새끼를 꼬아서, 그것을 가지고 만드는데 중심에서 원을 그리듯 밖으로 그물처럼 짜나가야 된다.

51. 여치집

그림8-34. 여치집

여치집은 밀짚이나 보릿짚 등으로 만든 것으로 안에 여치 등의 곤충을 가두어 곤충의 소리를 듣거나 보기위해 만든 곤충집을 말한다. 재료는 밀짚, 보릿짚, 개밀 등 이 사용된다. 여치집의 유래는 우리조상들의 자연에서 찾는 정취를 즐긴다는 것에서 찾을 수 있고 자녀에게 대한 깊은 배려감에서도 찾을 수 있겠다. 곤충의 종류는 여치, 귀뚜라미, 베짱이, 매미 등 주로 잡음이 아니라 듣기 좋은 소리를 내는 곤충이 해당된다고 할 것이다. 여치를 서부 경남지역에서는 '낄끼리'라고도 부른다. 여치집을 두는 장소는 대청마루 기둥이나 마루 살강 옆 등 시야에서 잘 보이면서 소리도 잘 들리는 곳으로 머리보다 조금 높게 달아 매단다. 크기는 보통 높이 25~35cm정도이고 만드는 이의 의지에 따라 결정된다. 만드는 시기는 밀이나 보리타작이 끝나야 재료가 생기기 때문에 타작이 마치는 시기인 6월 중순 이후로 보면 된다. 여치집의 밑은 종이로 바르는 경우와

161)살강 : 박록담·윤숙자,(1997)『우리의 부엌살림』 삶과 꿈, p15

밑 자체에도 밀짚이나 보릿짚의 재료로 다 엮는 경우가 있다. 물론, 푸른 바랭이나 오이조각이나 부드러운 풀 등을 곤충의 먹이를 넣어주는 장치는 따로 만들거나 넓은 택하여 벌려서 먹이를 넣어 주는 곳이 있어야 한다. 만들기는 처음에는 열십자 형태로 기초를 놓고 시작하는 것이 보통이다. 사각의 크기는 보통 8~15cm정도의 사각을 정한 뒤 계속 돌려가며 안으로 약간씩 좁게 하여 만든다. 재료는 빨대처럼 속이 비어있는 구멍에 그 구멍보다 작은 것을 넣고 그 다음은 그것보다 큰 것으로 골라 넣기를 반복하면서 사각의 귀를 만들어 올리면 된다. 다 만든 상태는 안이 약간 보여야 하고 통풍이 잘 들어야 한다. 여치집 안은 곤충이 살아 있어야 하기 때문이다. 요즈음도 많은 축제에서 활용되고 초등학교나 유치원생의 체험에 많이 이용된다. 무엇보다 모양에 있어서 윤이 나고 보기가 좋다는 것에 공감을 많이 하고 있다.

52. 요질

상복을 입을 때에 삼을 꼬아 만든 것으로 허리에 두르는 띠를 말한다.

요질의 재료는 삼, 볏짚, 부들 등이다. 요질에 대한 유래는 삼이 있고 상제제도가 있고 부터 시작되었다고 볼 수 있을 것이다. 요질에 대한 조선왕조실록에 나타나는데,

전의(典儀) 한 사람이 당하의 동계(東階) 동남쪽에 서고, 찬자(贊者) 두 사람이 거기서 남쪽으로 조금 뒤에 서게 되는데, 모두 서향하고 북쪽을 위로 한다. 통례문이서 종관을 인도하여 자리에 나아가고, 지통례(知通禮)가 왕세자를 인도하여 위차에 들어서고, 전하는 변복을 끝내고 여를 타고 나오는데, 시위는 평시와 같게 한다. 주인은 상장(喪杖)도 놓고, 수질(首絰)·요질(腰絰)도 벗는다.[162]

요질이 수질과 마찬가지로 상제의 효심이 매우 높음을 드러내고 있다는 것을 알 수 있다.요질의 크기는 수질보다는 크다. 허리에 두르기 때문에 길이에 있어 길다. 일반 새끼보다 훨씬 굵고 단단하게 엮은 것이다. 만드는 방법은 두 가닥의 삼을 꼬아 만드는데 착용과 비착용의 차이는 가족의 촌수에 의해 결정된다. 구체적인 내용은 짚풀민구의 종류에 '수질'에서 참고하면 될 것이다.

162) 요질 : 조선왕조실록 세종 26권, 6년(1424 갑진 / 명 영락(永樂) 22년) 10월 7일(무신) 4번째 기사

53. 용마름

초가의 용마루나 흙담 위를 덮기 위해 짚을 ‘ㅅ’자형으로 틀어 엮은 덮개를 말한다. 지역에 따라 곱새, 용고새라고도 한다. 비슷한 용어로 용마루가 있는데 용마루는 장소적 의미이며 지붕 가운데 부분에 있는 가장 높은 수평 마루인 지붕의 꼭대기라는 뜻이다. 용마름은 지붕의 용마루를 덮는 것으로 사용하는 곳이 담장의 위나 지붕의 맨 위 꼭대기에 비나 눈이 들어오지 않게 하기 위해 덮는 것의 역할을 한다. 재료는 주로 볏짚이나 가끔 갈대, 조릿대도 있으나 드물게 사용한다. 유래는 초가집으로 지붕을 사용하던 때부터가 아닌가 한다. 크기는 보통 볏짚의 길이에 따라 정해지는데 이엉은 짚의 길이와 비례하지만 용마름은 볏짚을 3분의 1지점을 꺾어 엮기 때문에 폭의 길이가 보통 60~70cm이다. 속담에 ‘늦바람이 용마름을 벗긴다’는 말이 있는데 늦게 시작한 일의 기세가 대단하다는 뜻이다. 용마름을 덮었다고 하여 지붕의 얹기를 끝난 것이 아니고 새끼를 처 단단히 묶어 바람의 피해를 막아야 한다. 용마름은 주기적으로 갈아주어야 한다. 보통 1년 내지 2년마다 지붕을 새로 얹어야 한다. 오래되면 볏짚이 썩기 때문이다. 용마름의 만들기는 추수가 끝나 햇짚이 나온 때에 가는 새끼를 중심으로 짚을 틀어 터진 갓처럼 만든다. 가지런히 추려진 짚을 틀 때, 새끼를 중심에 두고 왼쪽에서 튼 짚은 오른쪽으로, 오른쪽에서 튼 짚은 왼쪽으로 꺾어 서로 단단히 맞물려가면서 만든다. 1970년대 초 새마을 운동의 전개는 초가의 없어짐과 함께 용마름의 사라짐의 현상이 나타났고, 요즈음은 아산외암마을, 용인민속촌 등 일부 지역의 지붕이기 축제로 명맥을 이어 가고 있는 실정이다.

54. 이엉

초가의 지붕이나 담을 이기 위하여 짚이나 갈대 등으로 엮은 덮개를 말한다. 이엉은 지붕을 죽 돌려씌우는 것으로 이는 한국 서민가옥의 대표적인 지붕재료이다. 이엉의 주재료는 볏짚, 조릿대, 보릿짚, 억새, 갈대, 왕골, 창포, 삼의 속대 등이 있다. 유사용어로 영이나 이영이 있는데 북한에서는 이영으로 불리는 곳이 많다. 조선왕조실록에는 개초라는 용어가 나오는데 개초(蓋草)는 1년 내지 2년에 지붕의 낡은 것을 벗겨내고 새 이엉으로 잇는 것을 말한다. 따라서 개초는 작업과정이 이엉자체는 아니다. 그러나 그 개초에는 필히 이엉을 수반한 작업이다. 이엉의 유래는 조선왕조실록의 조선 초기 태종 때(태종 12년 11월)[163]

163) “선공감(繕工監) 초완(草薍)을 어찌하여 국용은 헤아리지 아니하고 다 팔았느냐? 또 군자창

부터 나타나는 것으로 보아 이전에도 이엉 사용이 일반화된 것으로 보이며 현재의 초가는 삼국시대 이후 것으로 보인다.

초가는 원시시대 움집을 거쳐 신석기시시대에 이르러 지상주거 공간이 만들어지면서부터 그 역사가 시작되었다. 초기에는 볏짚이 아닌 억새풀이나 갈대 등 자연에서 쉽게 얻을 수 있는 것들을 이용해 이엉을 엮지 않고 지붕 위에 두텁게 깔아 나뭇가지 등으로 눌러 놓거나 칡넝쿨로 동여매어 바람에 날아가지 않게 하였을 것이다. 철기시대에 접어들어 벼 농사가 시작되면서 농사의 부산물인 볏짚을 이용하여 지붕을 이기 시작했을 것이다.

현재의 초가들은 삼국시대 이후 주거건축이 발달하면서 일반 서민과 가난한 농민들의 가옥으로 토담으로 된 오두막집과 앞퇴가 있는 목조 초가가 대중적으로 지어지기 시작했을 것으로 추측된다.[164)]

이엉의 종류는 재료에 그 이름을 붙여 사용하는 것이 보통이다. 예컨대, 갈대로 이엉을 만들면 갈대이엉이고 억새이엉은 억새로 만들고 다만, 볏짚으로 만든 것은 일반적으로 이엉이라고 한다. 초가 지붕을 이는 방법에는 박용하의 초가집 이야기에 보면 모양이 물고기의 비늘을 닮았다 하여 붙여진 비늘이엉법과 짚 뿌리쪽이 밖으로 나오지 않도록 덮는 방법인 사슬이엉법, 본적으로 사슬이엉과 같은데 이엉을 엮지 않고 띠새풀로 직접 이는 바 많이 쓰이는 기법인 흐른이엉의 3가지가 있다고 한다.

이엉을 만드는 방법은 한 움큼 정도의 짚을 새끼로 엮어서 만드는 경우와 처음 시작부분에만 새끼를 꼬고 그 이후에 한 움큼의 짚을 댈 때 바로 이전의 한 움큼 짚 중에서 몇 개의 을 필요한 만큼의 짚 7~10개를 아래와 위에서 따로 빼서 밑동에서 대략15cm 부분을 감아 엮고 마감 할 때 새끼를 꼬아 이엉이 풀어짐을 방지하면서 만드는 방법이 있다. 크기는 보통 볏짚의 경우 볏짚크기가 밑동부터 수냉이 끝부분까지의 길이로서 60~70cm가 보통이다.

현재 활용도는 용마름과 함께 같은 처지에 놓여 있고 옛것에 대한 시연이나 체험장에서나 볼 수 있다.

(軍資倉)·광흥창(廣興倉)의 노적(露積)에 이엉을 입히는데, 사용한 것이 많아야 1천 속(束)에 불과한데, 어찌 그 숫자를 헤아리지 않고 드디어 농민으로 하여금 많이 베게 하였는가? 누문의 노대에 깔아야 할 돌도 1만 개이면 많을 터인데, 선군으로 하여금 3만 개씩이나 실어오게 하여 백성들을 수고롭게 함은 무슨 짓이냐? 이는 너희 사인들이 잘 살피지 아니한 소치(所致)로다."

164) http://kta.krpia.co.kr 한국의 전통건축. 초가삼간편

55. 자리

왕골이나 골풀의 줄기를 잘게 쪼개서 매거나 치어서 앉거나 누울 수 있도록 바닥에 까는 물건을 말한다. 여기서 중요한 사실은 매는 것은 고드랫돌을 사용하여 만드는 것이고 치는 것은 바디를 사용하여 만든 자리를 말하며, 둘 다 주로 직사각형의 자리로 되어 있다.

재료는 왕골·부들·갈대가 주로 이용되었고 종류는 재료에 따라서 띠로 만들면 띠자리, 왕골로 만들면 왕골자리, 짚으로 만들면 짚자리, 갈대로 엮은 것은 삿자리, 부들로 만들면 부들자리 등으로 나눈다. 왕골이나 풀을 잘게 쪼개어서 친 것을 돗자리라고 한다. 또, 자리의 역할을 하는 것으로 가마니나 거적, 멍석도 있다. 같은 왕골을 사용하더라도 제조방법에 따라 돗자리와 자리로 구분하기도 한다. 유사한 것으로 돗자리가 있는데 날이 속으로 감춰지는 것이 돗자리고 날이 밖으로 노출되는 것이 자리라는 것에 차이점을 발견할 수 있겠다.

유래는 삼국사기에 자리에 대한 언급은 제법 있으나 짚자리에 대한 내용이 나오는데,

이윽고 밤이 늦어지자 娘(낭)이 불러 가로되 내가 마침 불행히 산고가 있다. 바라건대 和尙(화상)은 짚자리를 준비해 달라 하였다. 부득이 불쌍히 여겨 아니 듣지 못하고 燭(촉)불을 은근히 밝히니 娘(낭)이 이미 해산하고 또 목욕하기를 청하였다.[165]

위의 내용으로 보아 짚자리 보다 더 나은 자리가 있다는 것을 암시할 수 있는 대목이다.

자리는 맨바닥에 그대로 앉는 것에의 격조를 찾기 위해서 주변에서 손쉽게 구할 수 있는 짚풀로 만든 것이다. 자리는 사용하기 쉽고 여름에는 시원한 민구의 깔개이다. 자리에 대해서는 현재 대중화된 제품으로 일반인이 잘 알고 있고 특별히 교육적, 학문적 가치의 정도가 현저히 높다고 보이지 않아 더 많은 내용에 대해서는 약하고자 한다. 요즈음 백화점이나 마트에 가면 늘 다양하게 찾아 볼 수 있다.

---

165)짚자리 : 삼국유사(이병도 역) 제3 > 탑상 제4 > 남백월2성 노힐부득 달달박박

56. 제웅

그림8-35. 제웅

보릿짚으로 만든 제웅

액막이로써 짚으로 사람의 형상을 만든 것을 말한다. 제용 ·처용(處容)이라고 도 하고 지역에 따라 제주에서는 허재비[166]라고 하고 경기에서는 허애비[167]라고 하였다. 여기서 액막이는 닥쳐올 액(厄)을 막으려는 행위이다. 이 액막이는 연날리기・부럼깨기・달집태우기・창포머리감기도 이어 해당된다. 이러한 행위 중에서 음력 정월 14일 밤에 제웅을 만들어 9년에 한번씩 찾아오는 나후직성의 액년을 당하는 사람의 성명 또는 출생한 해의 간지(干支)를 적어서 삽짝 밖이나 다리밑에 버린다. 이 때에 액년이 든 사람의 옷을 입히기도 한다. 나후직성을 제웅직성이라고도 하며 제웅자는 11살부터 여자는 10살부터 9년마다 해당된다. 동네 아이들이 대보름날 초저녁에는 동네를 돌면서 삽짝에서 제웅달라고 소리지르기를 하기도 하여 그것을 다리밑에 버려주고 동전을 갖기도 하는 풍습이 있었다. 그러나 돈을 넣는 이유는 액운에게 노자를 주어 액운에게 멀습이떠나보내려는 의미돈을 넣고 한다.[168] 동전은 보통 홀수로 넣는데 이것은 제사상에도 홀수의 음식물을 올리는 것과 탑의 층이 홀인 것과 같은 맥락에서 홀의 수가 길하기 때문에 홀수를 사용한 것으로 추측되어 진다. 또 액막이 행위 중에서 귀신이 싫어하는 오감이 있는데 먼저, 눈의 시각은 노란색이나 빨간색이다. 귀의 청각에 싫어하는 것은 북이나 금속성소리·슬픈 소리· 높은 음소리가 해당된다. 코의 후각은 강한냄새로 마늘 등이고 혀의 미각은 매운 것과 신 것을 싫어하며 피부의 촉각은 뜨겁거나 아픈 것이 해당된다.

제웅의 재료는 주로 볏짚이고 요즈음은 보릿대나 밀짚으로도 만든다. 그리고 종이나 헌옷도 필요한 경우가 있다.

제웅의 용도는 액막이로써 가정의 안영과 무탈을 기원하는 주술적의미를 담

166) 인병선(2005). 『우리가 알아야 할 우리짚풀문화』 현암사. p483
167) 1)의 책 p52
168) 1)의 책 P214

고 있다. 크기는 만드는 이의 생각에 따라 다르지만 보통 길이 20~30cm가 많다. 요즈음은 학생들이 손쉽게 배울 수 있는 짚풀공예의 한 종류로 묶기와 꺾기 및 자르기를 하면 근방 끝난다. 물론 얼굴형상을 매직 등으로 그리기도 하여야 한다.

57. 종다래끼

짚이나 싸리로 만들어 씨를 뿌릴 때 사용하는 다래끼보다 작은 바구니를 말한다.

곡식을 담아 나르거나 씨를 뿌릴 때 사용하는 용구이다. 재료는 짚이나 싸리 또는 댕댕이덩굴, 오리버들이나 인동덩굴, 칡덩굴 등이 있다. 유사용어로 화종 종두래미(충북)·종다래미(경남·강원)·조락바구리(제주)·종태기(경기)·종댕이(경기, 그러나 경상도 지방이나 전라도 일부지역의 바구니를 칭한다.)·씨글메꾸리(강원)·종다리(강원)가 있다.

용도는 시골이나 농촌에서 냇가나 강에서 고기잡이를 할 때도 사용을 많이 한다. 논밭에 조·수수·콩·팥·감자·녹두 등을 심을 때 씨를 담기도 하고 산에서 고사리나 약초 등을 꺾거나 캐어서 담을 때도 사용된다. 들과 산으로 다니는 것에 편하게 양쪽에 끈을 달아 허리에 차거나 멜빵을 달아 어깨에 메기도 하였다. 크기는 보통 높이 25~30cm, 지름 30~35cm정도이다. 종다래끼는 평소에는 논밭이나 산에서 이동하는 운반의 도구이고 겨울에는 처마밑에 씨앗을 고이 저장하는 기능을 동시에 하였다. 요즈음은 변형된 플라스틱 제품이 많이 나오고 실제 종다래끼는 축제장이나 박물관에 가면 볼 수 있다.

58. 주저리

일정한 양의 볏짚의 수냉이 위 끝을 모아서 씌울 수 있도록 만든 덮개을 말한다. 경상도 일부지역에서는 우지지라고도 했다.

재료는 주로 볏짚이다. 가을에 수확이 끝나고 난 뒤 햇짚을 사용하는 경우가 대부분이다. 햇짚이어야 제대로 된 정성이 있다고 보았고 그 때에는 대부분 새 짚이 들판을 채우고 있는 시기이다. 볏짚의 밑동을 묶는 경우는 드물고 가늘고 묶기가 쉬운 이삭부분을 묶어 준다. 사용처는 보관이 필요한 곳에 빗물이나 눈이 새어 보관하는 내용이 썩지 않도록 하거나 추위를 막고 보온을 유지하거나 부정을 막고 안영을 기원하는 덮개역할을 한다. 주저리의 변신이 있는데, 단순한 주저리의 중간 부분에 흰 한지를 둘려 매는 경우로써 주저리 자체에 신격을 부여 했다고 볼 수 있다. 늦가을에 벌통위에 주저리, 무를 땅에 묻고 얼지 않게 하기 위한 주저리, 장독간에 단지의 주저리, 가을 들판의 볏가리를 위한 주저리, 탈곡이 끝난 뒤 볏짚을 한곳에 모은 짚가리에 필요한 주저리, 집안의 재복을 관장하는 업가리에도 짚주저리, 나무를 비에 젖지 않게 하기위한 나무덮게 주저리, 죄인을 압송할 때 씌우는 형구의 주저리, 겨울에 꽃나무나 김칫독 위에 덮어씌워 눈비를 가리며 추위를 막는 주저리 등 사용처는 많이 있다. 주저리의 중요도를 설명한 상징성의 속담이 있는데 '삼천석 볏가리도 우지지 하나가 제일', '벼 삼천석도 주저리가 없으면 말짱 헛것'169)이라는 속담이 있다고 우리짚풀문화 저자 인병선님은 기술하고 있다. 여기서 우지지는 주저리의 경상도 용어이다. 용도는 저장·보관에 필요한 짚 민구이다. 크기는 사용용도와 장소에 따라 높이나 넓이가 다르지만 맨 꼭대기 끝은 볏짚의 길이에 펼쳐진 원뿔형 고깔의 크기로 보면 된다. 만들기는 매우 쉬운편인데 볏짚의 밑동이를 아래로하고 수냉이 부분을 위로하여 이삭부분을 동여 묶어 주면 된다. 요즈음 가을의 들판에 가면 농기계의 발달로 콤바인들로 탈곡하는 바람에 주저리의 보기는 어렵고 산골의 계단식 논둑이나 장독간의 장독대에서 가끔 볼 수가 있을 아름다운 풍경이다.

59. 짚공

볏짚이나 왕골로 새끼를 꼬아서 둥글게 엮어 만든 공을 말한다. 공의 안에는 지푸라기 등을 넣어 내용을 채워 둥글게 만든다. 재료는 볏짚이나 왕골, 삼 등이 될 수 있다.

짚공의 유래에 대해서는 삼국사기에 의하면,

그 후 열흘에 유신이 春秋公(춘추공)과 같이 정월오기일에 자기 집 앞에서 공을 차다가【신라인은 蹴鞠(축국) 弄珠(농주)의 戲(희)라고 함】 일부러 春秋公(춘추공)의 옷을 밟아서 옷끈을 떨어트리고 청하기를 내 집에 들어가서 달자 하였다.170)

신라시대에 돼지의 오줌보나 소의 방광이나 가축의 태에 공기를 불룩하게 넣거나, 털을 넣어 찼던 축국(蹴鞠)이라는 것이 있었고 오늘날의 놀이라고 보여진다. 형태는 요즈음의 축구공보다는 약간 작다.

---

169) 인병선(2000). 『풀코스·짚문화 여행』 현암사. p30

170) 삼국사기·삼국유사(이병도 역) 삼국유사 권 제1 > 기이 제1 > 태종춘추공

그림8-36. 짚공

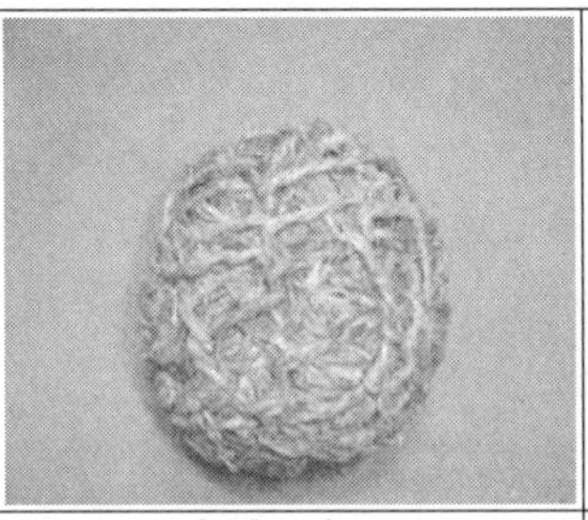	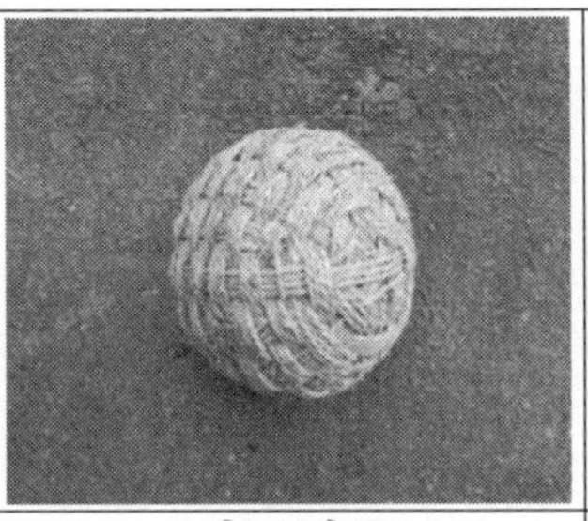	
볏짚 짚공	왕골짚공	왕골 짚공

용도는 옛날식 축구 재현행사에 주로 사용된다.

만드는 방법은 어떤 방식이나 재료를 택하던 간에 새끼로 꼰 뒤에 그것으로 외피를 만든 다음 속에 지푸라기 등의 내용물을 넣어 만들어야 한다. 소부리망과 같은 방식으로 만들 수도 있고 위의 사진처럼 다양하게 엮어 만들 수 있다. 2002년 월드컵 대회 이전에 제주도와 서울 등지에서 축하행사에 짚공이 사용되기도 하였다.

60. 짚신

볏짚으로 가는 새끼를 꼬아 날을 삼고 신총과 돌기총으로 울을 삼아 만든 신을 말한다. 망리(芒履)·망혜(芒鞋)·초혜(草鞋), 짚세기(북한 지역)라고도 한다. 유사한 것으로 미투리가 있다.

짚신의 재료는 주로 짚으로 만들지만 삼이나 왕골, 부들, 피나무 껍질, 칡덩굴도 사용하였다.

짚신의 종류는 왕골총백이, 부들총백이, 까라백이, 고운신, 막치기가 있다고 짚풀문화의 저자 인병선의 글에 나온다. 여기서 총백이는 짚신의 총의 재료를 나타내고 있고 까라벡이는 짚이다. 고운신은 여자용이고 막치기는 남자의 짚신이다. 짚신의 뒤갱기를 감는 재료는 볏짚보다는 다른 재료가 주로 사용되는데 피나무 껍질, 닥나무껍질, 옥수수껍질, 뽕나무껍질, 삼껍질, 싸리나무껍질, 가래나무껍질 등 다양하게 사용되었다. 이 같은 재료는 뒷갱기가 힘을 많이 받고 마찰도 심한 부위이기 때문이다. 짚으로 하면 약하고 쉽게 떨어지는 것을 방지하기 위하여 짚 보완용으로 뒷갱기를 감는데 사용된다. 짚신에는 신총, 앞갱기, 뒷갱기, 돌기총 2개(5cm), 도갱기(8cm), 바닥, 뒤축, 앞축 등 짚신의 부위에 따라 용어가 따로 있다.

짚신의 유래는 통전 변방문(邊防門) 동이(東夷) 마한조에 '초리(草履)'가 나

오는데,

磨典[마전:木器製造所(목기제조소)]은 경덕왕이 梓人房(재인방)으로 고쳤다가 후에 다시 전대로 하였다.
鞜典(탑전)·靴典(화전 : 신類(류)를 만드는 곳)
打典(타전)
麻履典(마리전 : 草履(초리) 등을 만드는 곳)
御龍省(어룡성 : 국왕의 行幸(행행)을 맡는 곳)은 私臣[사신 : 長官(장관)] 1명으로, 후일 애장왕 2년에 추가해서 두었다. 御伯郎(어백랑)은 2명, 경덕왕 9년에 奉御(봉어)로 고쳤고, 선덕왕 원년에 또 卿(경)으로 고쳤다가 얼마 후에 監(감)으로 고쳤다. 稚省(치성)이 14명이었다.[171)]

마전, 탑전, 타전, 마리전 등의 용어가 나오고 이 중에서 마리전이 초리 등을 만든 곳이라 하여 삼국시대부터 짚신을 만들어 신었다는 것을 알 수 있다.
짚신과 미투리의 차이는 짚신은 4줄의 날이고 미투리는 6줄의 날을 사용한다는 것에 큰 차이가 있다. 짚신과 고무신의 비교로 보면 재질이 짚과 고무이지만 보온적인 측면에서는 짚신이 더 따뜻했다. 짚신의 크기는 사람의 발 크기에 맞게 만들어 신는다. 짚신의 용도는 분류상 사람의 치장에 속하고 이동하는 수단에 이용되며 발 보호로 사용된다.

짚신 만들기를 할 때는 또 다른 용어가 있는데 고정줄, 짚모순, 부띠(허리띠), 짚신틀, 다리기, 토꼬지, 덩두렁 막개 등이 있는데 짚신을 만들려면 먼저 고정줄을 만들어야 한다. 고정줄은 건물의 골격이 있는 것처럼 짚신에도 골격이 필요하고 짚신의 골격을 말한다. 고정줄은 길이가 150~180cm 정도이고 두께는 짚의 수가 6개정도를 사용하여 0.6~0.8cm가 보통이다. 이 줄은 반으로 접어야 하고 반으로 접으면 75~90cm가 되는데 신발의 길이가 26cm인 경우 뒤꿈치가 올라 있는 부분 도갱기(약 8cm)와 옆으로 돌기총[172)](양쪽으로 5cm)가 있는 부분을 고려하면 적어도 46cm 이상은 필요하다고 할 것이다. 줄은 튼튼하여야 하므로 재료로 짚뿐만 아니라 삼이나 닥나무껍질을 섞어서 꼬아 고정줄이 튼튼하게 하여야 한다. 요즈음은 짚 속에 나이론 줄을 넣어 사용하기도 한다. 고정줄은 짚신을 만들기 쉽게 하기 위하여 줄 다듬기를 하여야 한다. 이를 위하여 고정줄의 표면 상태를 칼이나 가위로 다듬고, 그 뒤에는 버린 짚푸라기로 고정줄의 표면을 대고 몇 번의 왕복을 하여 줄의 표면상태를 매끄럽게 하여야 한

171) 삼국사기·삼국유사(이병도 역)삼국사기 권 제39 > 잡지 제8 > 직관 중
172) 토꼬지 : 강원도 정선(이춘선)에서는 돌기총을 토꼬지라고 하엿다.

다. 이렇게 매끄럽게 함은 나중에 짚신 다리기에 지장이 없게 하기 위함이다. 짚신을 만들려면 짚 2개로 아주 가늘게 꼰 가는새끼와 고정줄을 허리춤에 연결하여야 하는데 이때 고정줄을 반으로 접어 허리춤에 매고 나머지 두 고리는 양쪽 무릅을 구부린 곳에 끼워서 작업에 임한다. 고정줄은 양쪽 무릎에서 시작하여 양쪽 발바닥 중앙(장심), 양쪽 엄지발가락에 끼워가는 단계를 거치면서 작업을 하게 된다. 물론 짚신 짜는 틀을 사용하면 이 신체부위의 과정은 없어진다. 짚신 만들기는 다른 짚풀용구 만들기보다 공정이 까다롭다. 짚을 추리고 새끼를 꼬고 허리에 줄을 매고 4줄로 날로 하여 양쪽에 가장자리에 총을 만들고 가는새끼로 총과 돌기총을 꿰어 신골을 넣어 덩두렁막개로 두드려 부드럽고 보기좋게 모양을 내어 만든다. 신골은 짚신의 크기와 모양을 낼 때 짚신의 안쪽에 넣어 사용하는 나무토막을 말한다. 신골의 종류는 앞골, 배족, 뒷골이 있다. 앞골은 짚신의 앞쪽에 사용하고 배족은 중앙에 뒷골은 짚신의 뒤꿈치 부분에 넣어 사용한다. 짚신에 있어서 여자용은 곱거나 부드럽게 만들어 사용하였다. 현재의 짚신의 활용에 있어서 역사물의 영상소품으로 사용되고 무좀이 있는 사람의 신발로 이용되고 전통식 장례의 일환으로도 상가(喪家)의 상제가 짚신을 신는 경우도 있다. 그리고 지역자치단체의 각종 문화행사에 단골로 등장하기도 한다.

61. 채반

싸리나 개나리개비로 껍질을 벗겨 울이나 춤이 없이 둥글넓적하게 결어 만든 그릇을 말한다. 울이나 춤이 없이 둥글넓적하다는 것은 통풍이나 물이 잘 통하거나 빠지고 햇빛이 잘 들어오며 쉽게 담을 수 있다는 것을 의미한다. 채반의 동의어로 잠박이 있고 이 잠박은 누에 채반을 말하며 '채반' 이라고 하는 용어는 싸리채로 결었다고해서 붙여진 이름이다. 재료는 싸리나 버드나무, 대나무, 뺑쑥대, 개나리 등으로 만든다. 재료의 채취시기는 7월에 농사일을 끝낸 다음이 좋다. 채반의 종류는 사용처에 따라 다양한데, 누에 칠 때 사용하는 누에채반, 질그릇채반, 주로 기름에 부친 전·빈대떡·누르미 등을 담는 전채반, 감자·호박·감·가지·고구마·무우·고사리 등을 말리는 일반채반이 있다.

그림8-37. 채반

채반의 유래는 조선왕조실록의 성종에 가서야 나오는데,

상공이 집구자·집광자를 거느리고 차례로 따라 잠실에 이른다. 상공이 뽕을 잠모(蠶母)에게 주고, 잠모가 뽕을 받아 실처럼 썰어서 내명부에게 주어 누에에게 뿌려 한 박(薄)[173]을 먹이고 나면 전빈이 내명부·외명부를 인도하여 각각 막차(幕次)로 돌아간다.[174]

고 하였고 그 후에는 많은 문헌에 나타나고 있어 채반이 많이 사용되고 있음을 보여주고 있다고 할 것이다.

채반에 관련된 한국 속담이 있는데, "딸의 채반 재 넘어가고 며느리 채반 농 위에 있다."[175]고 하여 딸을 준 채반은 어느새 재를 넘어 제 시집으로 가고 있으나 며느리에게 준 채반은 제 집 농짝 위에 그냥 남아 있다는 뜻으로, '며느리살림은 제 집 살림임'을 비겨 이르는 말로 채반이 모든 가정에서 사용되었다는 민구였다는 것을 엿 볼 수 있는 대목이다.

채반의 크기는 보통 대, 중, 소로 나뉜다. 대(大)에 해당하는 큰 것은 60~80cm도 있고, 중(中)에 해당하는 것은 40~60cm정도이고, 소(小)에 해당하는 것은 20~40cm가 있다.

채반의 용도는 건조의 기능과 보관의 기능이 갖추어져 있다는 것이 특징이다. 건조는 산나물, 어류나 해산물, 물기를 빼기 위한 삶은 국수나 절인 배추, 고구마나 감을 썰어 늘어 노을 때에도 사용한다. 보관은 건조와 동시에 보관이 일어나는 기능을 한다. 요즈음은 플라스틱제품이 나오고 있으나 여전히 짚풀로 만든 채반제품이 사랑을 받고 있다.

---

173) 박(薄) : 누에를 치는데 쓰는 채반. 곧 잠박(蠶箔).
174) 조선왕조실록 성종 77권, 8년(1477 정유 / 명 성화(成化) 13년) 윤2월 27일(을축) 4번째기사
175) 한국속담사전 본문 '다'

62. 키

그림8-39. 키

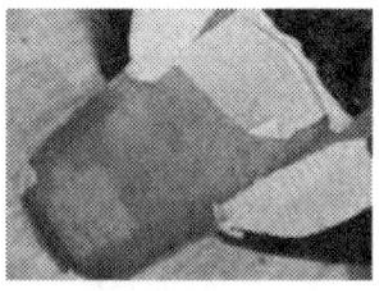

곡식 등을 까불러서 쭉정이나 지푸라기 또는 검불 등을 분리하여 골라내는 데 쓰는 도구를 말한다.

키의 재료는 버드나무가 가장 많이 사용되었다. 그 외에도 대나무, 싸리, 왕골, 청올치, 소나무뿌리와 같이 질기고 탄성이 강한 재료로 사용된다.

키의 유래는 손노동으로 탈곡을 하거나 방아를 찧던 지난날 중요한 농사 도구의 하나로 쓰였다. 안악3호 무덤의 벽화에 방아 찧는 모습과 함께 여인들이 키질하는 장면들이 그려진 것은 키가 오래 전부터 있었음을 알 수 있게 한다. 조선시대에는 백성들이 키를 만들어 관청에 바치기도 하였다.176)

그러나 키는 아무나 만들어 사용하지 않았다. 짚풀용구를 잘 만든다하여도 키는 장에 가서 사서 쓰는 경우가 많았다. 백정이 주로 키를 만들어 팔았다.177) 유사용어는 지역에 다양하게 불린다. 경상남도 산청·거창·함양과 전라남도 구례·보성은 '챙이'라고 불리고 강원도 홍천·도계에서는 '치'라고 하였고 경상남도 영산·합천에서는 '칭', 제주에서는 '푸는체'라고 불렸다.

키의 사용을 3가지로 나눌 수 있는데, 키질·키내림·나비질로 구분할 수 있다. 키질은 키로 곡식 따위를 까부르는 일을 말한다. 곡물을 1되나 2되 정도 담고 까부르면 가벼운 쭉정이나 겨 같은 것은 키의 넓고 편편한 끝부분으로 나아가 떨어지거나 날아가게 되고 알곡이나 무거운 것은 안쪽에 좁고 우묵하게 된 곳에 모이게 하는 방법으로 바람이 불 때 하면 지푸라기의 날림이 좋고 일이 쉽게 진행된다. 키내림은 곡식을 키에 담아 높이 들고 좌우로 흔들어 알곡은 바로 떨어지고 티끌이나 지푸라기 등은 바람에 날려 보내기 위해 쏟아 내리는 일을 말한다. 키내림은 키질보다 바람의 영향을 더 많이 받는다. 나비질은 곡식의 검부러기나 먼지 따위를 날리고 알곡을 정미하기 위해 키로 부쳐 바람을 일으키는 일을 말한다.

키의 만들기는 버들 등의 재료를 물에 불려서 굵기와 길이에 따라 날대를 바닥뜨는 도구인 신창대 위에 놓고 삼끈으로 고정시킨 다음 하나 건너씩 씨대를

---

176)한국민속대사전. 한국의 주생활. 키

177) 인병선(2005). 『우리가 알아야 할 우리짚풀문화』 현암사. p394

끼워 디딜대로 누르며 움직이지 못하게 신창대에 잡아매면서 엮고 마지막에 에음부분은 소나무나 미루나무를 얇게 두르고 칡끈으로 단단히 감쌌다.

키에 대한 우리나라의 풍습도 다양하다. 키의 사용에 있어서 민간에서는 오줌싸개 어린이에게 버릇을 고칠 요량으로 키를 씌워 다른 집으로 소금을 얻으러 보낸다. "다시는 오줌을 싸지 마라."하고 소리치며 소금까지 뿌리고 키를 두드리며 창피를 주는 풍습이 있다. 또 경상남도지방에서는 키는 까부는 연장이므로 정초에 처음 서는 장에 가서는 키를 상인이 내어 놓지도 않고 고객이 사지도 않는다고 한다. 이는 복이 달아난다고 믿는 풍습 때문이다. 경상남도 합천에는 이사 갈 때 키에 터부가 있어 반드시 버리고 갔지만 제주도에서는 반드시 가지고 가는 것과는 대조를 이루는 풍습이 존재하였다. 요즈음의 키는 전통방식의 대나무 키가 있으나 보통 시중에 판매되는 것은 버들로 만든 것이지만 수입제품이 대부분이고 장식으로 사용되는 작은 것들도 많이 나오고 있는 추세이다.

63. 통발

가는 댓살이나 싸리 등으로 엮어서 통과 같이 만들어 들어간 고기가 빠져나오지 못하게 만든 고기잡이 기구를 말한다. 여기서 통발은 수산어업의 전문용어대역사전에 나오는 '어획을 목적으로 수산동물의 생식장소에 설치하여 수산동물을 유치시켜 잡는 어구'에 대한 것이 아니라 짚풀로 만든 통발에 대한 국한된 내용을 설명하고자 한다. 통발은 유교의 기본 경전인 사서삼경의 시경[178]에 나오는데,

魚麗于罶 물고기 통발에 걸렸으니
魴鱧 방어와 가물치이다.
君子有酒 군자 술 있으니
多且旨 많고 또 맛있다.
魚麗于罶 물고기 통발에 걸렸으니
鰋鯉 메기와 잉어이다.[179]

---

178) 시경 : 시경에 수록된 시들은 크게 풍(風), 아(雅), 송(頌)으로 나누어지며 아는 다시 소아(小雅)와 대아(大雅)로 구분된다.

179)사서삼경. 시경. 小雅 > 鹿鳴之什 >어리

와 같이 나타나 통발은 많은 종류의 물고기와 함께 인간의 식생활에 기여하여 왔다고 볼 수 있다.

통발의 동의어는 어전(漁筌)이다. 설통발이 있는데 상류에서 내려오는 물고기를 잡으려고 거꾸로 놓은 통발을 말하고 준말은 '설통'이라 한다. 통발과 비슷한 기구로 '어리'가 있기도 하다. 통발의 재료는 대나무 가지나 싸리, 버드나무 가지, 칡넝쿨의 속대 등이 된다. 통발의 종류는 물고기를 잡는 장소에 따라 바다사용 통발이 있고 내나 강에 사용하는 민물사용 통발이 있다. 바다에 사용되는 통발은 문어통발, 새우통발, 게통발, 붕장어통발, 골뱅이통발이 있고 민물에 사용하는 통발은 뱀장어 통발, 미꾸라지 통발, 피라미 통발, 뱀통발, 메기통발 등 무엇을 잡느냐에 따라 통발의 이름이 붙여지곤 한다. 그러나 물고기를 무엇으로 잡을 것인가에 따라 통발의 형태가 약간 다르다. 예를 들어 뱀장어통발은 일반 통발에 비하여 길이가 약간 길다가 보면 되는데 장어통발은 장어를 미끼로 유인하여 함정에 빠트려 잡는 어로기구로 길이가 40cm정도이고 직경이 15cm로 약간 홀쭉하고 긴 원통형이고 다른 것은 원통형 또는 구형으로 그 크기는 30~90cm정도가 보통이다. 통발의 입구는 좁게 엮어 만들어져 있으며 반대쪽은 막혀 있지만 뒤쪽 끝은 자유로이 묶고 풀 수 있어 잡은 고기를 쉽게 꺼낼 수 있도록 만들어 한다. 설치할 때 물의 흐름이나 등으로 유실에 대비하여 고정시키는 장치를 하여야 할 것이다.

요즈음은 그물로 된 것이 많고 모양이 비슷한 것이 술을 거르는 용수가 있고 비슷한 용도로 사용되는 것이 강에서 뱀장어 잡을 때 된장 넣고 사용하는 가마니가 있다.

64. 패랭이

댓개비 따위로 엮어 만들어 신분이 낮은 사람이나 상제가 쓰던 갓을 말한다. 조선시대 천인계급이나 상제가 쓰던 갓으로 이 책에서 패랭이는 짚풀공예 재료로 사용되는 것만을 대상으로 한다. 재료는 대나무(대나무)·밀대나 보릿대·버들로 만들기도 한다. 고리패랭이는 고리버들로 만든 것을 말한다. 유사용어로는 갓, 관모, 입자, 평량립, 평량자, 폐양자, 차양자, 흑립, 초립, 방립, 대우, 양태 등이 있다. 패랭이의 유래를 살펴보면 고려시대부터 사용되었으며 방립(方笠)에서 갓(黑笠)으로 진행되는 중간 단계의 과도기에 해당한다. 처음에는 서민들뿐만 아니라 사대부층 등 많은 사람들에게 통용되다가, 좀 더 고급 관모(冠帽)인 흑립(黑笠)이 나온 뒤에는 상인(喪人)이나 신분이 낮은 역졸·보부상 · 천직(賤職)에 있는 사람들이 주로 사용하였다.

그림8-38. 패랭이

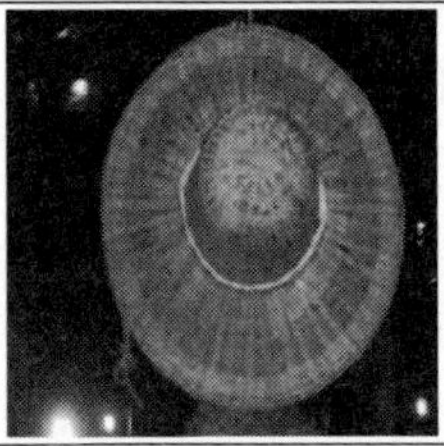

패랭이

여기서 역졸은 흑칠한 것을 썼고, 보부상들은 패랭이 위에 목화송이나 가화(假花)를 꽂고 끈을 매달아 머리에 고정시켰다.
조선시대의 패랭이에 대한 문헌이 나오는데,

예조가 멸대모(篾大帽)를 금할 것은 계청(啓請)하니, 전교하기를,
"이렇게 써서 팔도에 보내면 모를 수도 있을 것이니, 곧바로 평량자(平涼子)[180] 라고 써서 보내라. 명을 어긴 자는 엄중히 다스리라는 것도 아울러 언급하라." 하였다. 이에 앞서 조정에서 중국 제도에 따라 하인들은 다 소모자(小帽子)를 쓰게 하고 입자(笠子)를 쓰는 것을 금할 것을 의논하였으나, 마침내 시행하지 못하였다.[181]

고 나타나 패랭이가 권력자가 특정 신분을 묶는데 이용되기도 한 것을 볼 수 있다.

패랭이는 조선 초기에 흑립이 양반층의 전유물이 되면서 역졸(驛卒), 보부상(褓負商), 백정 등의 천한 층이 착용하거나 상복(喪服)으로서 상주(喪主)가 외출 시에 두건 위에 쓰게 되었다.

패랭이의 용도는 햇빛을 가려 더위를 피하는 모자이고 용모를 통하여 자신의 역할을 나타내는 용도로 사용되었고 이는 곧 신분을 나타내는 것이기도 하다. 크기는 높이가 약 15cm이고 테의 지름이 30cm정도다. 보관은 주로 마루 위에나 쉽게 손이 닿는 기둥의 결이에 걸어두고 외출할 사용하였다. 만드는 방법은 가늘게 오린 댓가지로 성글게 엮어 만들어 사용하였다. 요즈음도 패랭이는 시장에 가서 조금만 관심을 가지고 보면 눈에 쉽게 들어온다.

---

180) 평량자 : 패랭이
181) 조선왕조실록 선조 45권, 26년(1593 계사 / 명 만력(萬曆) 21년) 윤11월 22일(임인) 9번째

65. 화승

불이 잘 붙게 하는 데 쓰는 끈을 말한다. 화승의 재료는 주로 대의 속살을 꼬아 만들거나 억새의 보송보송한 이삭부분, 볏짚 등이 사용된다. 화승은 다른 말로 화심이라고도 한다. 유래는 오래전부터 사용되었는데 확실한 것은 화약심지보다는 불을 보관하거나 운반할 때 주로 사용되었던 화승이 더 일찍부터 사용되었다는 것이다. 용도는 화약심지, 불을 오래 동안 보관하고 운반하는 불씨로 사용된다. 즉 요즈음의 라이터 역할을 한다는 것이다. 크기는 보통 지름 3cm, 길이 1m정도이다.

그림8-39. 화승

볏짚으로 만든 화승

만드는 방법은 대살이나 억새이삭을 적당한 크기로 모아서 쥐껍질이나 삼껍질로 돌려가면서 길게 만든다. 요즈음 보기가 쉽지 않고 축제장이나 박물관에 가야 볼 수 있다.

* 이 책에서 지금까지 언급되지 않았던 민구의 종류는 몇 가지 나열을 해보면 다음과 같은 것들도 있다. 죽부인, 징채, 여치, 흙솔, 업왕가리, 터주가리, 밧줄, 팔랑게비, 문살, 멜빵 등이 있다.

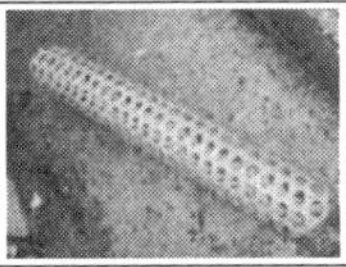

죽부인

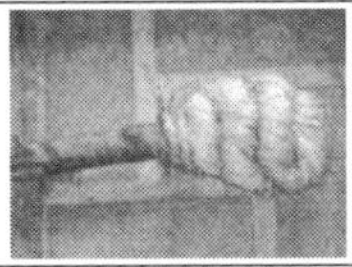

징채

여치

VIII. 짚풀만들기

1. 새끼 꼬기 (준비물 : 나무망치)

① 짚단을 나무망치로 두드리고 짚검불을 재거하고 분무기로 물을 뿌려 적셔 준다.

② 짚2~3가닥을 양손으로 잡고 끝부분을 발이나 다리로 고정시킨다. 왼손바닥을 밑으로 오른손바닥을 위로 짚을 꼬아준다.

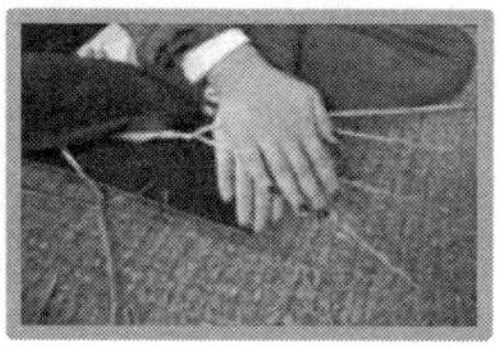

③ 꼬아준 짚을 뒤집어서 밑동의 1가닥을 뽑아 새끼의 시작의 끝부분을 한 바퀴 감아 풀리지 않게 하고 꼬는 부분 쪽으로 비틀어 벌려서 꽂아 넣어 깔끔하게 처리한다.

④ 끝 부분을 다시 발이나 다리에 고정시키고 앞부분을 손으로 비벼가면서 수냉이 쪽으로 꼬아 나간다.

⑤ 짚이 짧아지면 새로운 짚을 넣어서 새끼줄을 원하는 길이만큼 계속 연결하여 꼬아 주면 된다.

⑥ 새끼줄 완성

2. 짚인형 (준비물 : 매직)

① 짚은 10~15가닥을 잡고 짚 묶음의 가운데 부분을 줄로 묶어준다.

② 묶어준 부분을 중심으로 짚을 꺾어서 밑으로 내려서 균형 있는 얼굴이 되게 줄로 묶어준다.

③ 묶여있는 짚을 양쪽에서 조금씩 나누어 묶어서 팔을 만들고 묶은 부분을 중심으로 손이 되는 아랫부분을 가위로 자른다.

④ 허리 부분을 짚으로 묶고 남자면 바지, 여자면 치마를 만들어 준다.

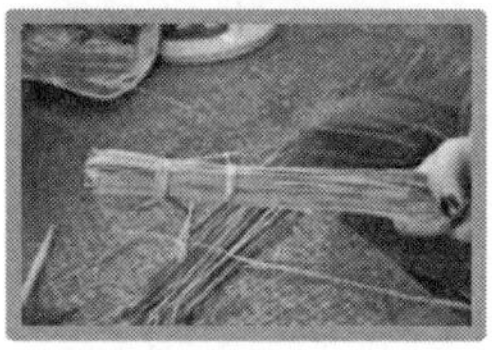

⑤ 짚인형 완성(여자는 머리카락을 땋아준다.)

3. 똬리 (준비물 : 새끼줄 1M)

① 짚을 15~20가닥정도 잡고 그림과 같이 원을 만들어 묶어준다.

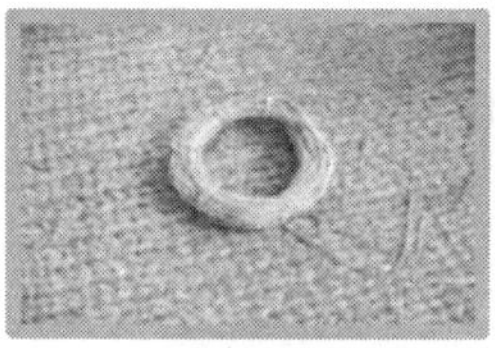

② 만들어 놓은 새끼줄 1M정도 잘라둔다.

③ 만들어 놓은 짚고리 틀과 새끼줄을 짚으로 돌리는데 짚고리 틀을 먼저 감싸 주고 새끼줄을 감싸고 8자 모양으로 계속 돌려가며 감는다.

④ 짚을 계속 연결해서 감싼다.

⑤ 완성품

다 돌리면 남은 길이의 짚으로 새끼줄에 따라 올라가서 서로 묶어서 마무리 한다.

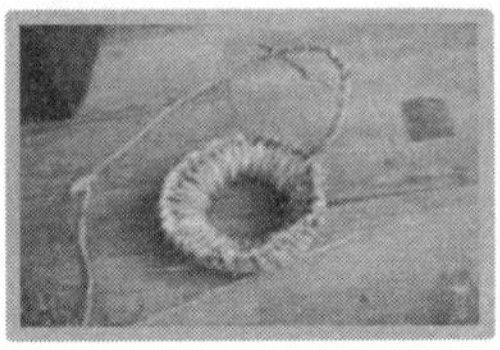

4. 짚뱀 (준비물 : 매직)

① 짚을 10가닥정도 잡아서 줄을 뱀의 머리 크기로 위쪽부분에 묶어준다.

② 묶어 놓은 부분을 시작으로 짚을 밑으로 내려준다.

③ 내려준 부분을 줄로 묶고 한 번 더 반복한다.

④ 머리 부분이 완성되면 꼬리부분은 머리 땋기를 하거나 새끼를 꼬아준다.

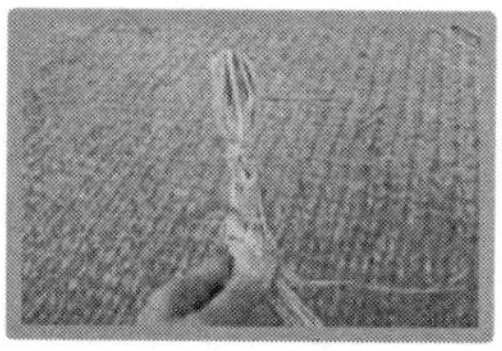

⑤ 완성품

매직으로 눈·코·입을 그려준다.

5. 달걀꾸러미 (준비물 : 달걀)

① 짚을 15~20가닥 정도 잡아서 줄을 머리 부분에 묶어준다.

② 짚을 달걀이 들어 갈수 있는 공간을 만들어 준다.

③ 달걀을 넣어서 짚으로 고정시키고 나머지 달걀도 넣어준다.

④ 끝부분을 머리땋기하거나 새끼를 꼬아준다.

⑤ 꼬리와 앞부분을 서로 연결하여 짚으로 묶어준다.

⑥ 달걀꾸러미 완성

3구·5구·10구로 만들어 본다.

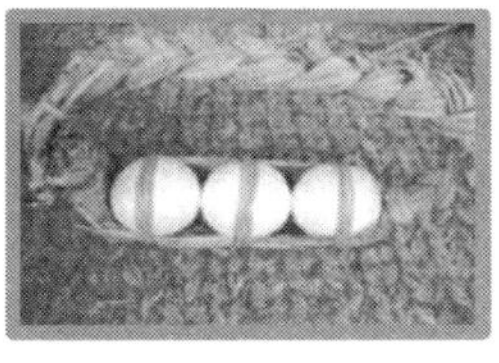

* 달걀꾸러미 만들기에 있어서 전통방식은 달걀과 달걀사이의 공간에 짚을 대어 묶기를 주로 하였다.

6. 둥구미 (준비물 : 새끼줄15M정도)

① 둥구미 사이즈(양면, 바닥)를 미리 정하고 4개 새끼줄을 준비한다.

② 새끼줄을 반을 접어서 고리를 만들어 4개의 고리를 서로 연결 십자가 모양으로 만든다.

③ 총8개의 새끼줄에 짚을 넣어서 점점 늘려가고 원이 점점 커지면 새끼줄을 줄과 줄 사이에 새로운 새끼줄을 끼워 넣어서 원이 안정적으로 커지게 만든다.

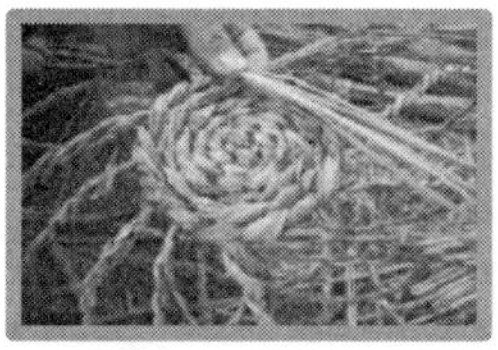

④ 바닥부분이 완성되면 새끼줄을 오른쪽으로 한가다식 돌려서 새끼줄 방향을 바꾼다.

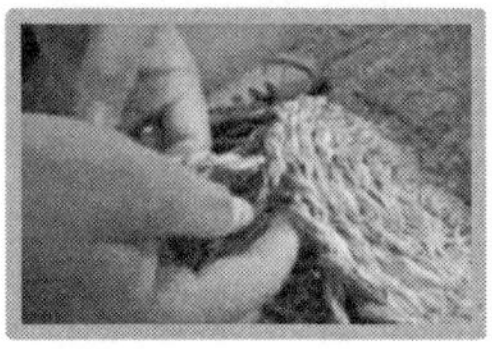

⑤ 다시 짚과 새끼줄을 엮어준다. 옆면을 완성한다.

⑥ 완성품
마무는 3단 또는 5단 마무리를 한다. 남은 새끼줄은 가위로 잘라준다.

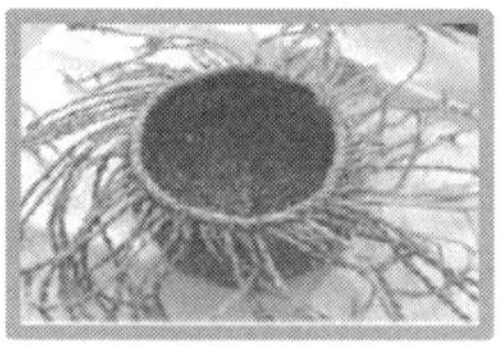

7. 소입멍

① 새끼줄을 원을 만들고 새끼줄을 서로 3번 왼쪽으로 꼬아준다.

② 새끼줄 1개를 만든 원에 넣어서 원 하나를 더 만든다.(이때 넣은 새끼줄은 같은 방향으로 한 번 더 돌리면, 기존에 있던 새끼줄과 만나게 된다)

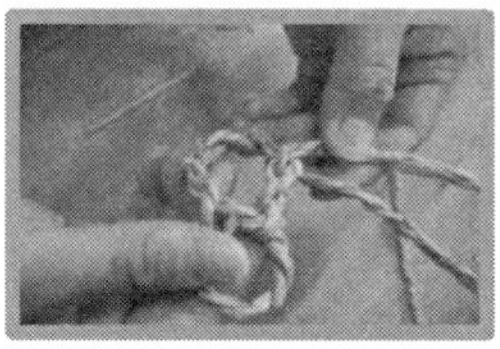
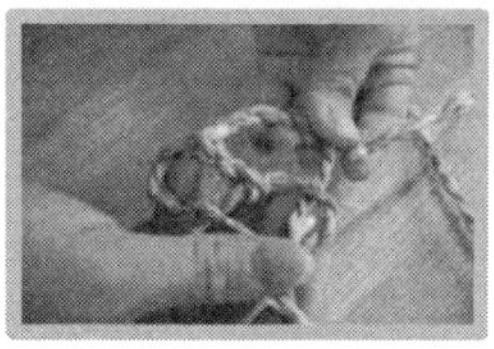

③ 같은 방법으로 반복하여 계속 원을 만들면서 늘려나간다.

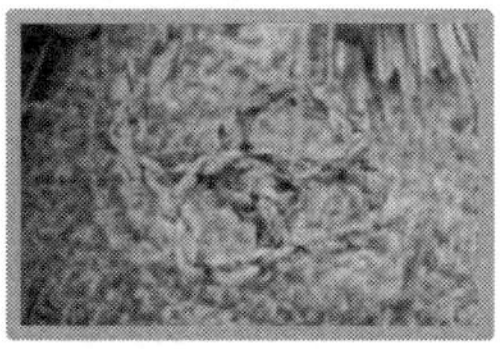

④ 새끼줄이 짧아지면 짚을 넣어서 새끼줄을 계속 이어간다.

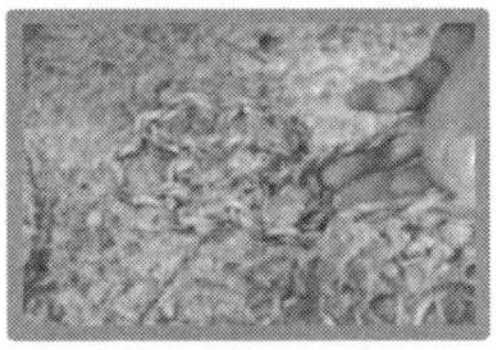

⑤ 원형의 반이 완성되면 마무리한다.

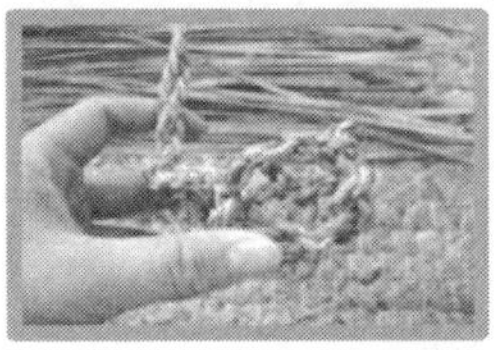

⑥ 완성품
남은 새끼줄을 꼬아서 고리를 만들어준다.

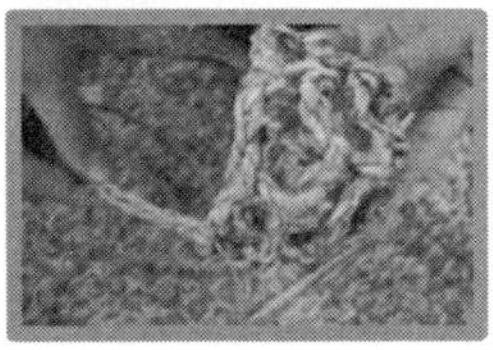

8. 냄비받침대

① 4~5m 정도의 새끼줄을 준비하고 새끼줄을 반으로 접는다.

② 반으로 접은 새끼줄을 짚을2~3가닥 정도 넣어서 새끼줄 사이를 돌아가면 감싼다.

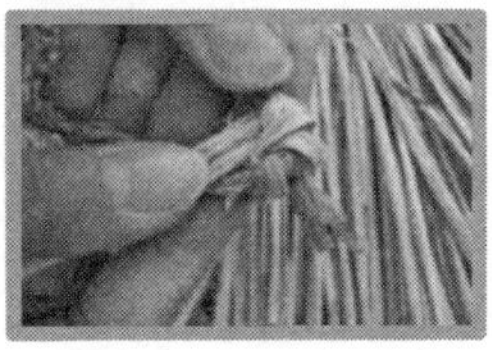

③ 계속 짚을 감싸면서 짚이 짧아지면 짚을 이어가면서 감싼다.

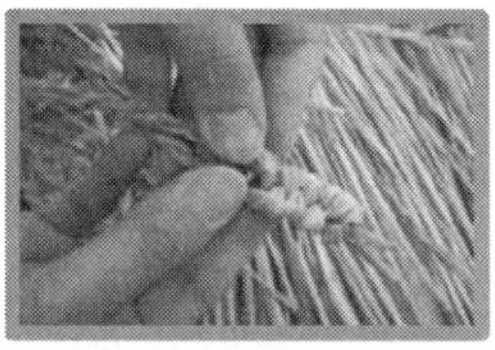

④ 다 마무리가 되면 처음 시작부분을 빈공간 없이 말아서 원모양을 만든다.

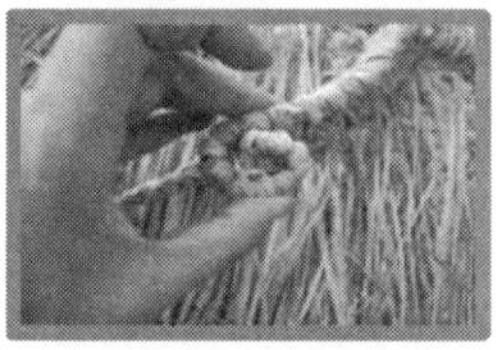

⑤ 완성된 짚마지막 부분을 풀리지 않도록 잘 묶어둔다.

⑥ 완성품
(중간부분이 풀리지 않도록 낚싯줄도 중간부분사이 사이를 묶어준다.)

9. 짚문어 (준비물 : 매직)

① 짚뱀 만들기와 처음 시작하는 부분은 똑같다. 짚을 10가닥정도 잡아서 줄을 위쪽부분에 묶어준다.

② 묶어 놓은 부분을 짚으로 여러 번 감아서 뚱뚱하게 만들고 짚을 밑으로 내려준다.

③ 문어 다리를 만드는데 8개의 짚으로 나누어 머리 땋기를 하거나 새끼를 꼬아준다.

④ 완성품(매직으로 눈 코 입을 그려준다.)

10. 삼태기 (준비물 : U모양 나뭇가지, 가는 새끼줄 6~7개)

① 새끼줄을 삼태기 테의 길이보다 약간 길게 잘라준다. 짚을 4개를 삼태기 테 중앙에 대고 짚을 앞의 것을 뒤로하고 뒤에 것을 앞으로 즉, 우거지(씨레기) 엮는 방법으로 엮는다.

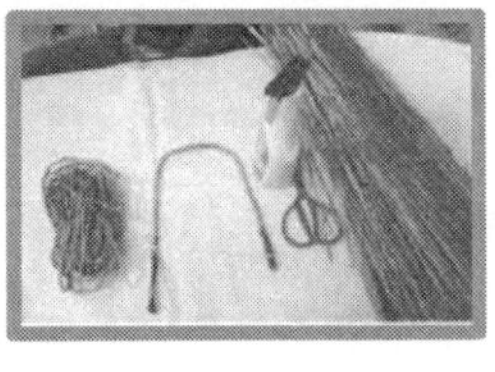

② 새끼줄 하나를 짚 사이에 넣고 엮고 두 번째 세 번째…, 새끼줄을 엮고 남은 짚은 서로 새끼줄을 꼬아준다.

③ 새로운 짚을 나무에 넣어서 엮고 새끼줄도 같이 엮으면서 한 바퀴 돌린다. 짚이 테 부분에 도달했을 때 1가닥의 짚을 테에 한번 돌리고 나머지 짚으로 다시 한 번 더 돌린다. 날과 테의 공간이 넓은 경우에는 짚을 테에 2번 정도 감는다.

④ 점점 크기가 넓어지면 새끼줄을 사이사이에 끼워 넣고 짚으로 계속 돌린다.

⑤ 어느 정도 크기가 완성되면 양쪽의 나뭇가지에 새로 만든 새끼줄을 만든다. 기존에 있던 새끼줄을 새로 만든 새끼줄에 걸어서 넘겨 짚으로 엮어가면서 고정시킨다.

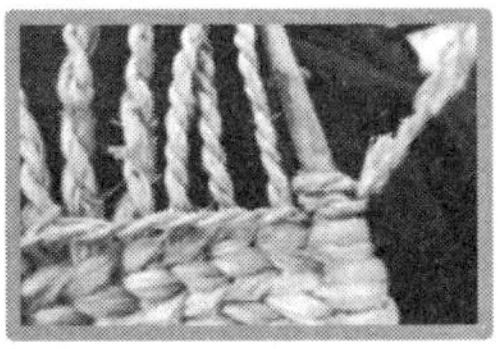

⑥ 완성품

나뭇가지는 가위로 자르고 삼태기 윗부분에 고리를 만들어 준다.

◎ 에음[182] 마무리 짓기

※ 둥구미·원형·방석 등 원형으로 만들어진 것은 1단과 3단 및 5단으로 에음을 마무리를 할 수 있다. 마무리의 단이 높을수록 끝부분의 마모에 강하다고 할 수 있고 단단하다.

① 1단 마무리

새끼줄 1가닥을 오른쪽 새끼줄 뒤에 한번 돌린다. 그럼 그 새끼줄 역시 오른쪽 새끼줄 뒤로 돌린다. 계속 반복해서 마무리 짓는다.

② 3단 마무리

새끼줄 1가닥을 꼬아서 고리를 만들어주고 오른쪽 새끼줄 2개 앞 1개 뒤로 돌려준다. 두 번째 새끼줄역시 고리를 만들어주고 오른쪽 새끼줄2개 앞1개 뒤로 돌려준다. 세 번째도 같은 방법으로 해주고 고리가 3개가 다되면 고리를 만들지 말고 같은 방법으로 엮어서 완전히 당겨 마무리를 지어준다.(고리를 만들어준 이유는 마지막 새끼줄을 마무리할 때 넣기 위함이다.)

182) 에음 : 테두리(끝부분)

③ 5단 마무리

새끼줄 1가닥을 꼬아서 고리를 만들어주고 오른쪽 새끼줄 2개 앞 1개 뒤 1개 앞 1개 뒤로 돌려준다. 계속 반복해주고 고리가 5개가 될 때가지 해주고 고리가 5개가 되면 고리를 만들지 말고 같은 방법으로 계속 돌려준다.

※ 삼태기·방석·멍석 등 일자로 마무리가 되는 것

① 방석, 멍석 마무리

방석, 멍석을 마무리 할 때는 기존의 양쪽 새끼줄을 접어서 마무리한다.
양쪽 끝에 있는 새끼줄을 서로 교차해서 놓아두고 짚으로 서로 엮어서 고정시켜 고리를 만들어준다. 고리가 다되면 엮었던 짚은 고리 사이에 넣어서 새끼줄을 당겨준다.

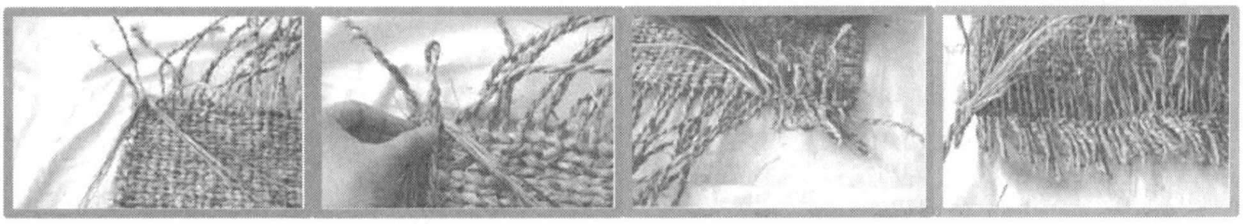

② 삼태기 마무리

삼태기 마무리는 새로운 새끼줄 만들어 양쪽 나무틀에다가 묶어서 새끼줄을 탱탱하게 해준다. 그리고 새로 만든 새끼줄 사이에 기존에 있던 새끼줄을 넣어서 짚으로 고정시켜 고리를 만들어주고 엮었던 짚 역시 고리사이에 넣어서 새끼줄을 당겨준다.

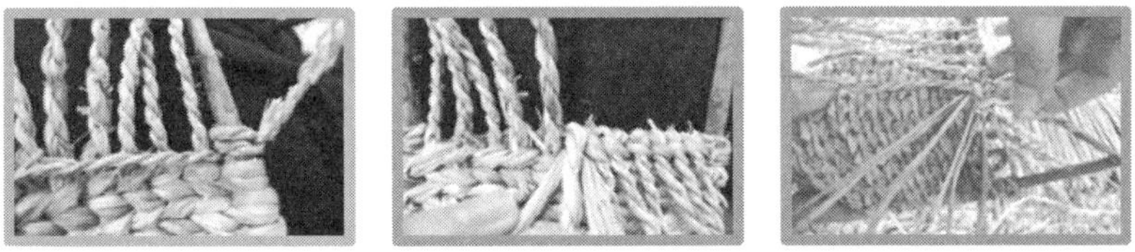

11. 겹둥구미 (새끼줄)

① 앞에서 만든 둥구미를 새끼줄끼리 한 번씩 오른쪽으로 돌리면서 새끼줄 방향을 아래로 바꿔준다.(새끼줄 방향을 바꾸지 않고 바로 뒤집어서 해도 무관하다.)

② 방향을 바꾼 새끼줄을 짚으로 돌려가면서 짚을 엮어준다.

③ 밑 부분까지 엮은 새끼줄을 3단으로 마무리를 해준다.

④ 이때 새끼줄 마무리부분은 밖으로 나오도록 한다.

⑤ 가위로 새끼줄을 잘라준다.

⑥ 완성품(바닥까지 2중으로 만들어도 좋다.)

12. 망태기 (준비물 : 새끼줄)

① 새끼줄을 5m 두 줄과 1m새끼줄을 여러 개 준비하고 5m 새끼줄 2개로 1m 새끼줄을 서로 교차하여 놓는다.

② 5m의 새끼줄을 1m 새끼줄을 중심으로 위쪽과 아래쪽을 서로 교차한다.

③ 교차를 중심으로 새로운 1m의 새끼줄을 넣고 다시 교차 반복한다.

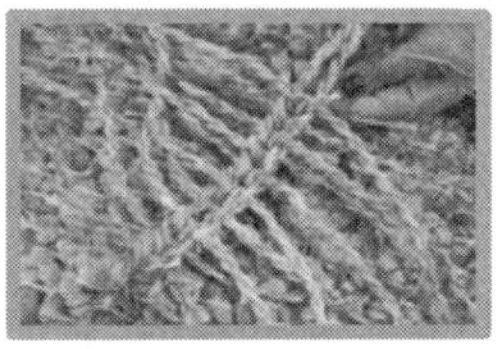

④ 아랫부분이 완성되면 5m의 새끼 두 줄을 윗부분에 나와 있는 새끼줄을 서로 교차하면서 엮어주면서 계속 올라간다.

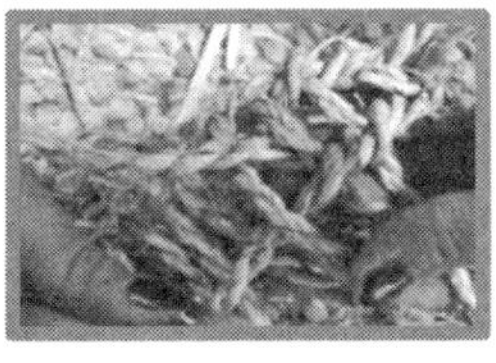

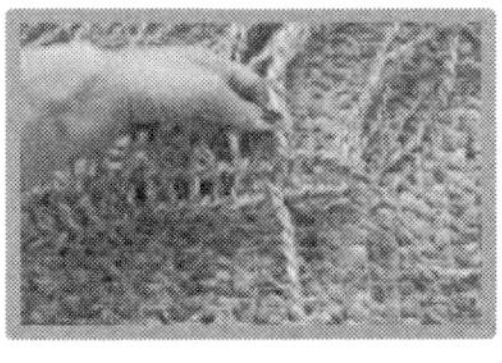

⑤ 완성되면 마무리를 하는데 3단 마무리나 5단 마무리를 하고 남은 새끼줄은 새로 꼬아서 끈으로 만들어준다.

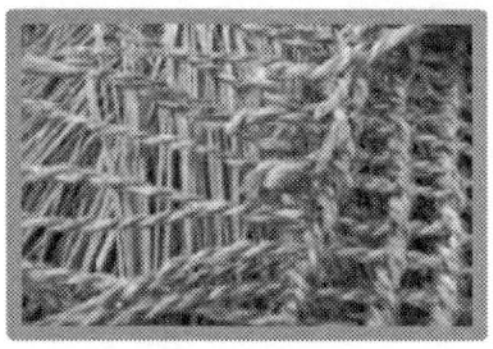

⑥ 완성품(나머지 새끼줄은 가위로 잘라준다.)

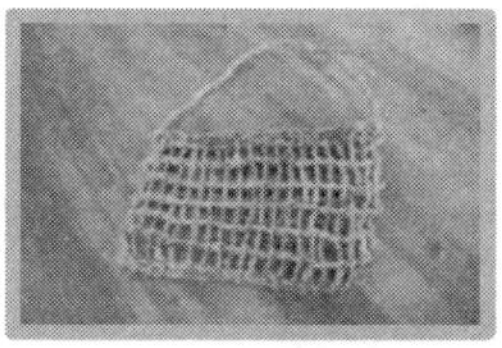

13. 짚오리 (새끼줄, 매직)

① 짚 15~20 가닥을 잡아서 반으로 접고 끝부분을 서로 묶어 줍니다.

② 준비한 새끼줄을 짚에다가 감는다. 꼬리부분을 새끼줄을 감지 않는다.

③ 머리 부분을 만드는데 앞쪽에서 짚을 걸어서 머리모양을 만든다.

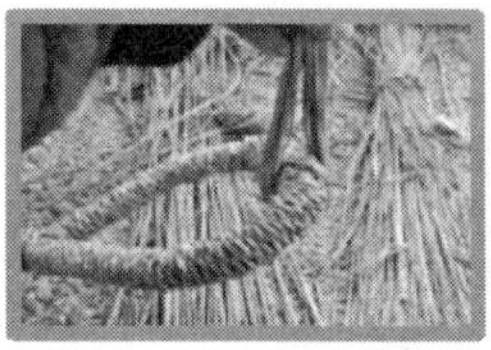

④ 새끼줄로 머리 부분을 감아준다.

⑤ 완성품(눈은 매직으로 그리거나 구슬을 붙여준다.)

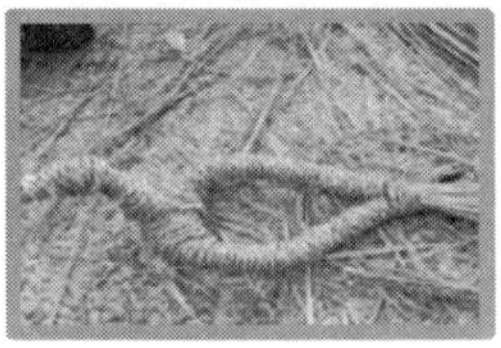

14. 짚연필 (준비물 : 새끼줄, 볼펜심)

① 짚을 15~20 가닥 정도 잡아서 중간부분을 묶어준다.

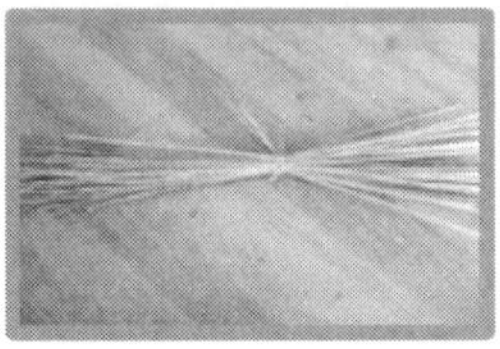

② 윗부분 짚을 아래로 내리고 준비한 새끼줄을 중심부분에 넣어준다.

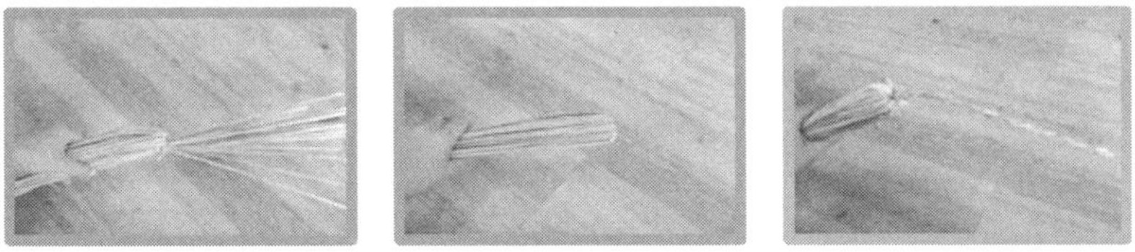

③ 새끼줄을 그림과 같이 짚을 묶어준다.

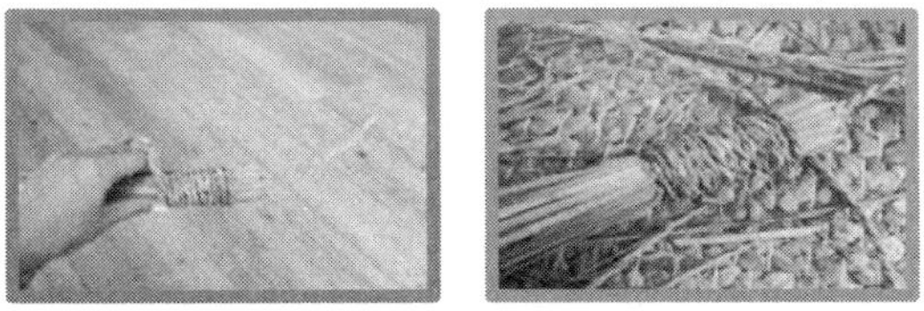

④ 새끼줄로 모양을 만들거나 만들지 않아도 된다.

⑤ 가위로 짚을 뾰족하게 잘라준다.

⑥ 완성품 : 앞쪽으로 볼펜심을 끼워 넣는다.

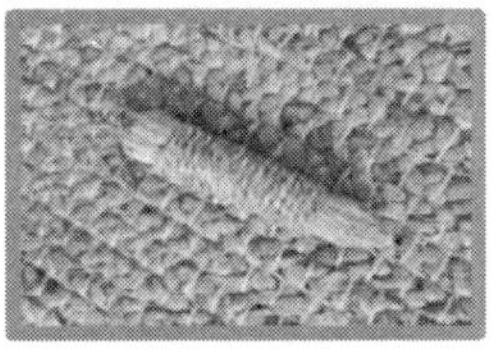

15. 이엉 만들기

① 짚을 2묶을 자고 십자모양으로 만들다.

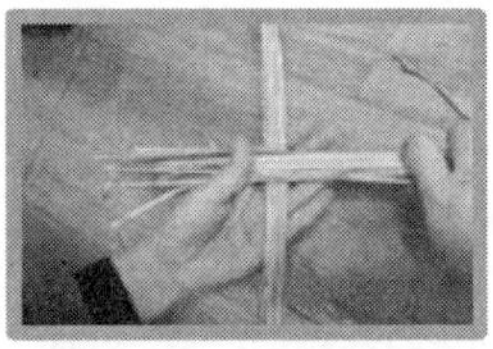

② 위에 있는 짚을 반으로 나눠서 아래로 내려준다.

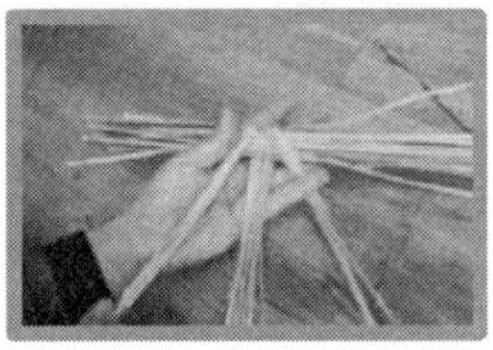

③ 아래쪽에 있는 짚을 내려온 짚사이에 위로 올려준다.

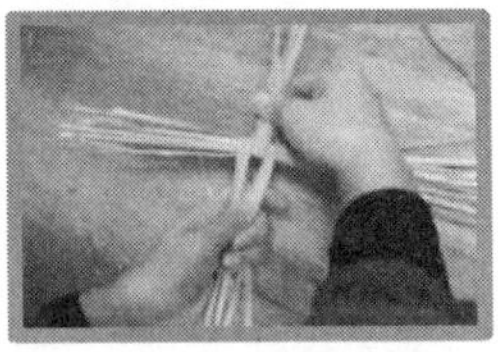

④ 짚 한 묶음을 그사이에 넣고 위쪽 짚과 아래쪽 짚 서로 교차하면서 계속 반복한다.

⑤ 완성품
짚은 서로 새끼줄 꼬아서 마무리 짓는다.

16. 꽃병 만들기

① 처음 시작은 둥구미를 만드는 부분과 똑같다. 새끼줄을 4가닥을 가운데부분을 접어서 서로 연결하여 십자가 모양으로 만들어서 짚으로 엮어준다.

② 새끼줄을 오른쪽으로 한 바퀴씩 돌려주고 짚으로 엮어서 올라간다.

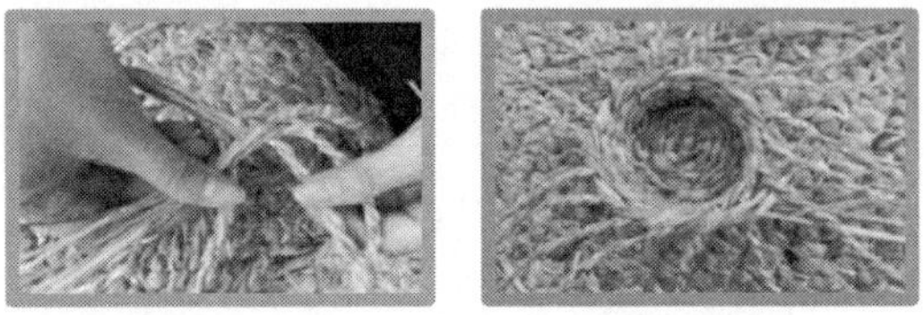

③ 호리병처럼 아랫부분이 크고 윗부분이 작아야 하므로 커져야 할 부분은 새끼줄을 더 넣어서 크게 만들어준다.

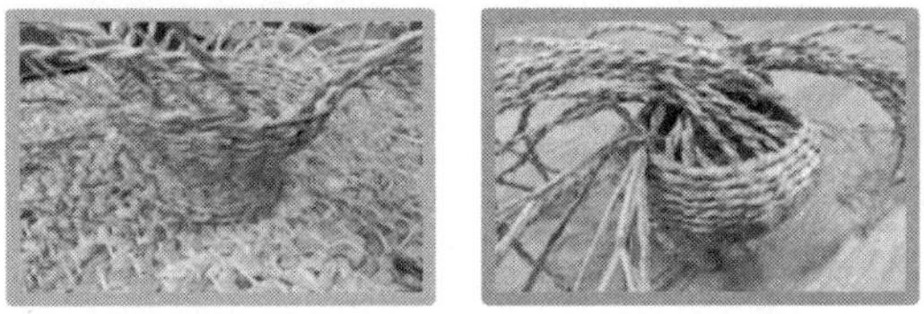

④ 아랫부분이 만들어지면 새끼줄을 줄여서(두 줄을 한 번에 짚을 엮어서 한 줄을 가위로 잘라준다.) 다시 작게 만든다.

⑤ 새끼줄을 줄인 다음 일정한 크기로 계속 엮어서 마무리 짓는다.

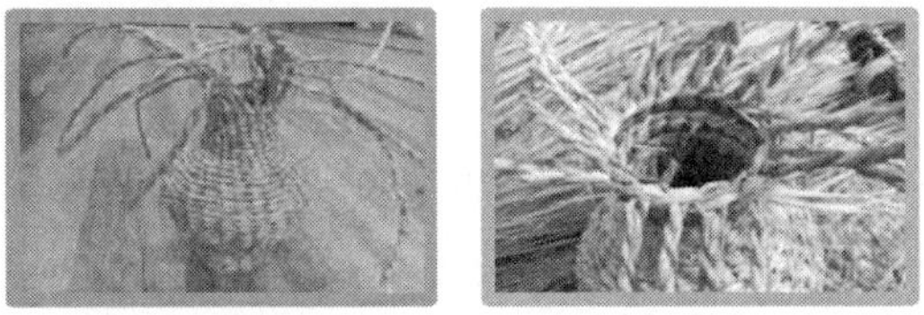

⑥ 완성품(나머지 새끼줄은 가위로 잘라준다.)

17. 곰방대

① 짚을10～15가닥 정도 잡고 짚으로 묶어준다.

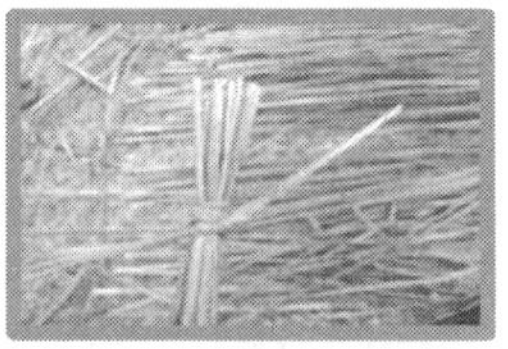

② 묶은 부분을 중심으로 짚을 아래로 내려준다. 묶을 때 위쪽에 묶어서 안에 있는 짚이 보이도록 한다.(짚뱀 처음 만들기와 똑같다.)

③ 한 번 더 묶어주고 짚을 내려준다.

④ 앞모양을 곰방대 모양으로 고정을 시켜서 짚으로 묶어준다.

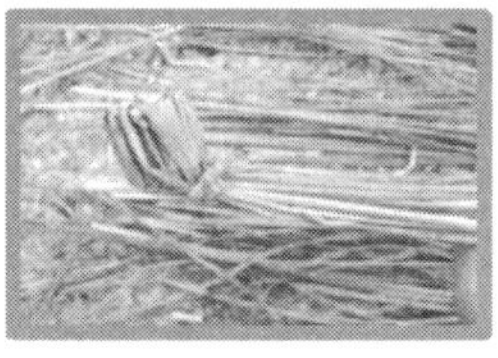

⑤ 짚으로 대 부분을 감아준다.

⑥ 완성품

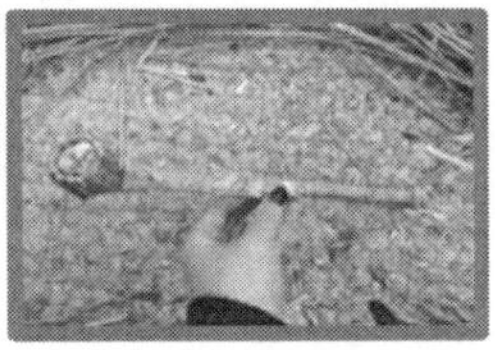

18. 짚공

① 먼저 짚을 공처럼 둥글게 만들어준다. 크기는 크게도 할 수 있고 작게 만들 수 있다.

② 소입멍 만들기와 똑같다. 짚을 엮어서 소입멍처럼 반을 먼저 만든다.

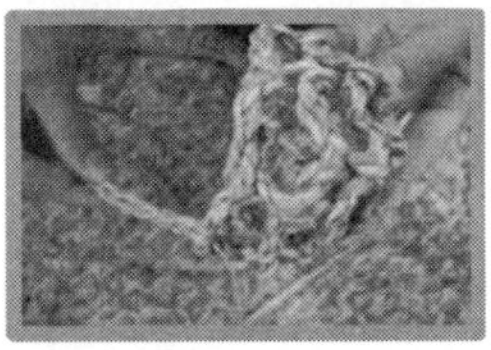

③ 만들어 놓은 공을 그물 속으로 넣는다.

④ 새끼줄을 엮어가면서 크기를 점점 줄려나간다.

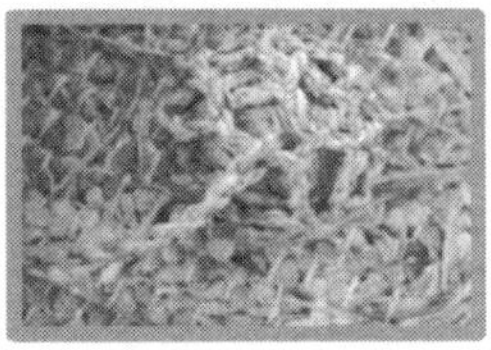

⑤ 새끼줄이 작아지면 짚으로 새끼줄을 꼬아서 만든다.

⑥ 완성품

19. 복조리

① 짚1가닥을 중심으로 다른 짚 1가닥을 십자로 하여 한 바퀴 돌린다.

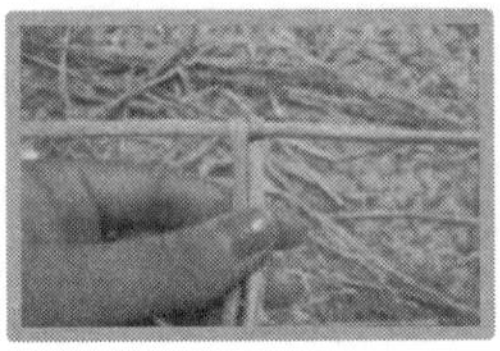

② 복조리를 크게 만들려면 짚을 여러 가닥 돌리고 작게 만들면 5~6가닥 정도 돌린다. 다 돌리면 아래쪽 위쪽 짚을 서로 나눠 준다.

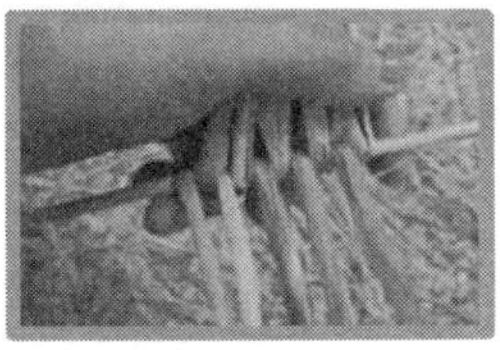

③ 나눠 놓은 짚사이에 짚1가닥을 넣고 또다시 아래쪽 위쪽으로 짚을 나눠 짚을 넣는다. 복조리가 클수록 짚 넣는 횟수를 반복한다.

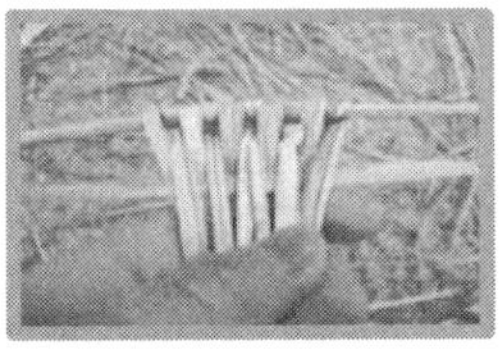

④ 짚을 다 넣으면 양쪽 짚을 마무리하는데 첫 번째 짚을 아래에 있는 짚으로 아래쪽 위쪽으로 넣는다. 나머지 짚도 한 개의 짚이 남을 때까지 한다. 양쪽 짚 모두 한다.

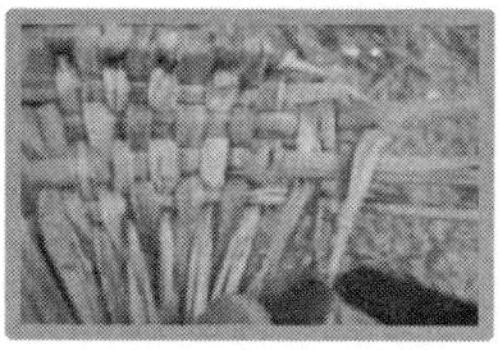

⑤ 양쪽 짚은 짚으로 묶어두고 가운데 짚을 위 아래로 나누어 양쪽 짚을 그 사이로 넣어서 서로 엇갈리게 한다. 복조리 앞모양을 잡아준다.

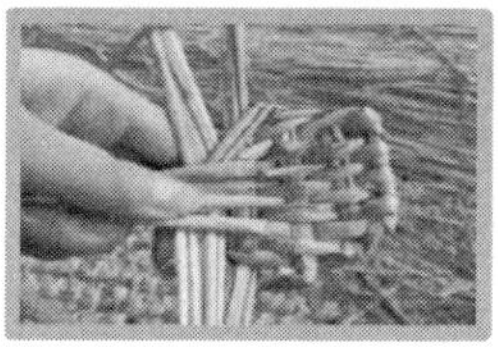

⑥ 나머지 하나의 짚으로 묶어서 복조리 모양을 만들어 준다.

20. 원형 방석 (새끼줄 10m)

① 새끼줄 1m씩 4가닥을 준비하고 새끼줄을 반으로 접어서 서로 연결한다.(처음 시작은 둥구미 만들기와 똑같다.)

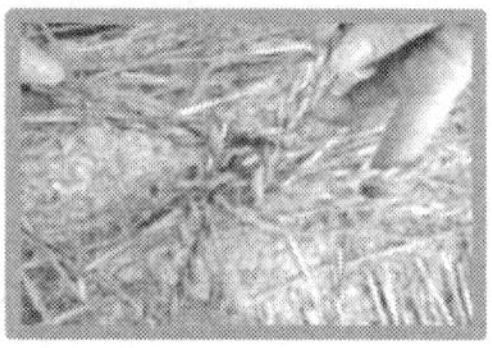

② 짚으로 새끼줄을 엮어서 점점 늘려나간다.

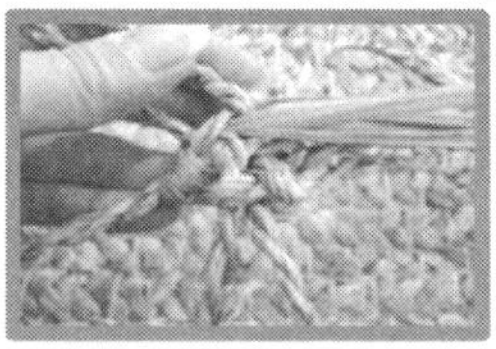 

③ 점점 늘어나면 새끼줄 공간 사이사이에 새로운 새끼줄을 끼워 넣는다.

④ 방석크기만큼 엮어 나간다.

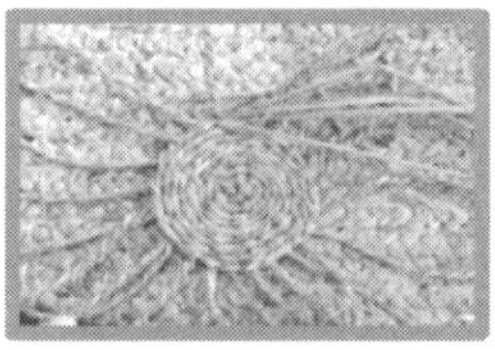 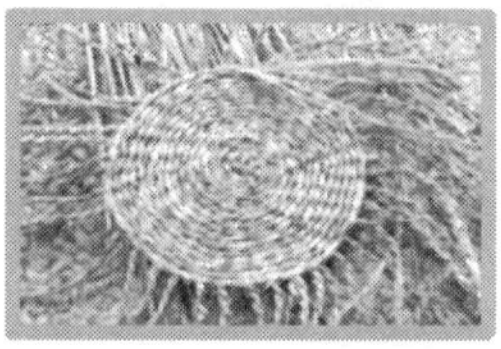

⑤ 3단으로 마무리를 한다.

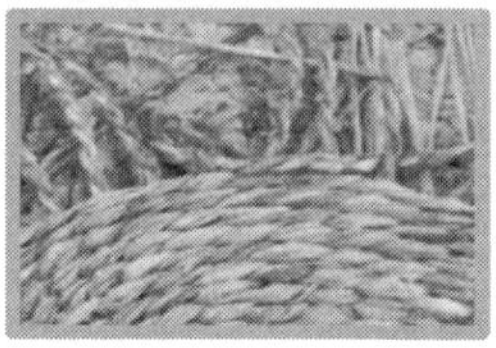 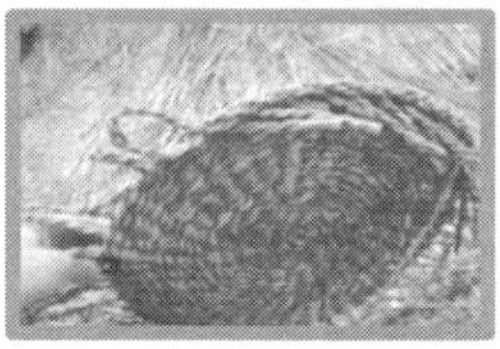

⑥ 완성품

새끼줄은 가위로 잘라준다.

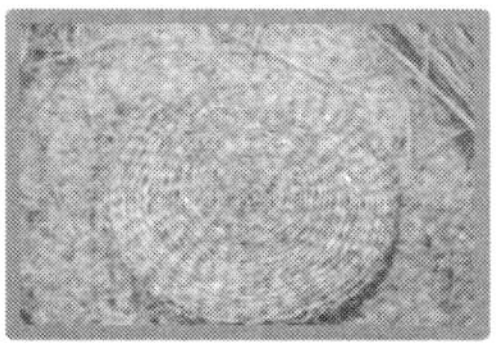

항아리

① 처음 시작은 거북이 만들기와 똑같다. 짚을 10가닥 정도 묶어서 묶음을 중심으로 짚을 5가닥 정도 넣어서 돌린다.

② 짚을 묶고 다시 넣고 해서 원을 점점 크게 늘려서 밑면을 완성한다.

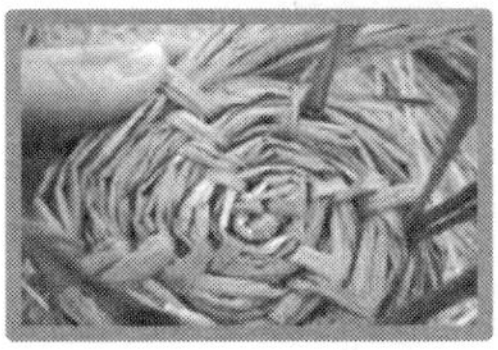

③ 밑면이 완성되면 짚의 방향을 위쪽으로 옮겨서 둥글게 모양 만들어 엮어나간다.

④ 아랫부분은 원모양이 좁아졌다가 윗부분은 점점 넓게 엮어나간다.

⑤ 윗부분으로 오면 점점 넓어 졌다가 점점 좁아진다.

⑥ 항아리 목 부분은 한 바퀴 더 돌려서 짚으로 고정시키고 남은 짚은 새끼를 꼬아서 고리를 만들어준다.

21. 방석 (준비물 : 새끼줄)

① 왼쪽, 오른쪽, 아래쪽, 위쪽에 틀이 되는 새끼줄을 두껍게 꼬아서 방석의 틀을 만들고 새끼줄을 1m씩 15개를 잘라둔다.

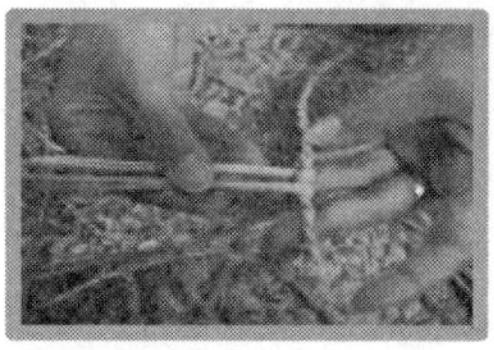
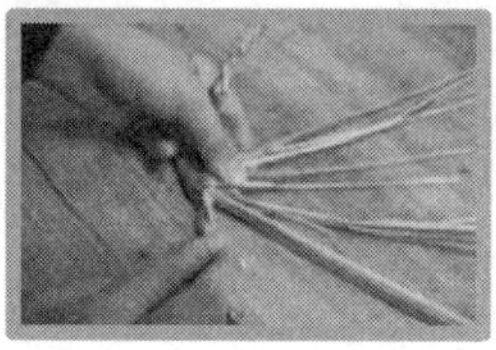

② 두껍게 꼬아둔 새끼줄을 틀을 잡고 짚 2가닥을 틀 사이에 고정시키고 15개의 새끼줄 중 1개를 반으로 접어서 틀 사이에 넣어서 짚으로 고정시킨다.

③ 15개의 새끼줄을 계속 엮어 넣어서 30cm정도의 길이로 만든다. 새끼줄을 다 넣으면 짚방향을 반대방향으로 돌려 엮어 만든다. 방향을 돌릴 때 짚을 마지막 새끼줄에서 짚을 돌리고 나머지 새끼줄로 한 번 더 돌려서 엮는다.

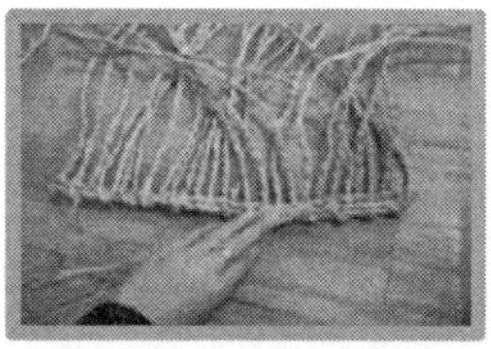

④ 방석의 밑을 만들었으면 짚으로 계속 반복 엮어서 올라간다.

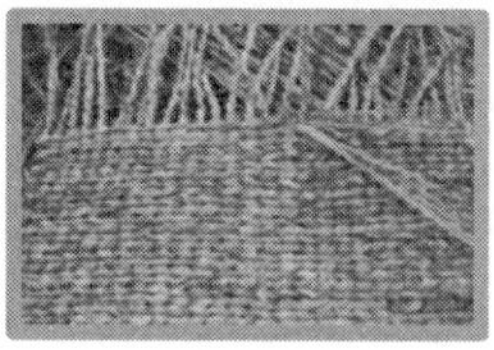

⑤ 30cm 정도 올라가면 마무리를 짓는다. 양쪽의 틀이었던 새끼줄을 서로 교차해서 줄을 만들어주고 짚으로 새끼줄을 서로 엮어 고리를 만든다. 나머지 새끼줄은 가위로 잘라준다.

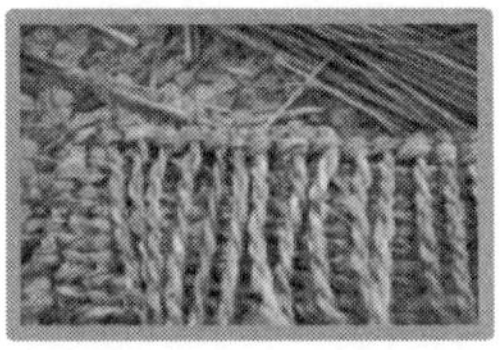

⑥ 완성품

22. 징채

① 짚을15~20가닥을 잡아서 묶고 묶은 부분에 짚을 감아서 뚱뚱하게 만들어서 위의 짚을 아래로 내린다.(짚문어 만들기와 처음 시작과정은 똑같다.)

② 다 내린 짚을 묶어준다.

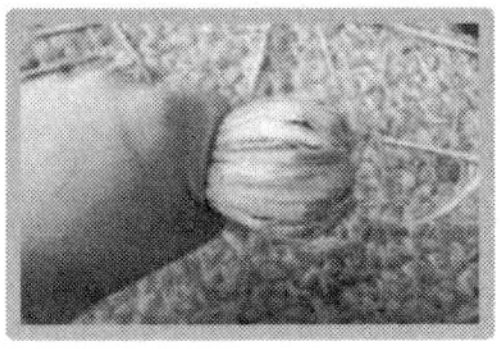

③ 손잡이 부분은 짚을 안에다가 넣어 감아서 약간 뚱뚱하게 만들어서 묶어준다.

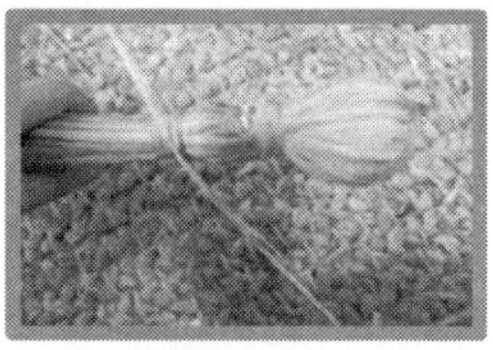

④ 4번 정도 묶어준다.

⑤ 다 묶어준 다음 나머지 짚을 가위로 잘라준다.

⑥ 완성품

23. 거북이 (준비물 : 매직)

① 짚을 5~6가닥 정도 잡아서 묶어주고 짚5가닥 정도 묶음 밑에다가 넣어준다.

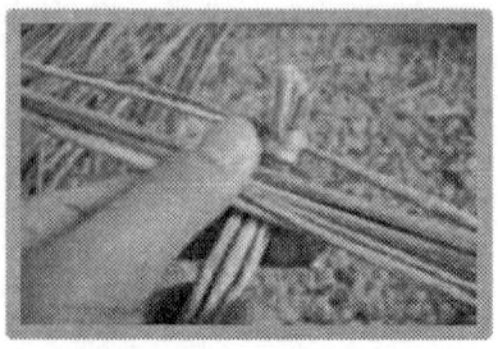

② 처음부분을 돌려서 원을 만들어준다.

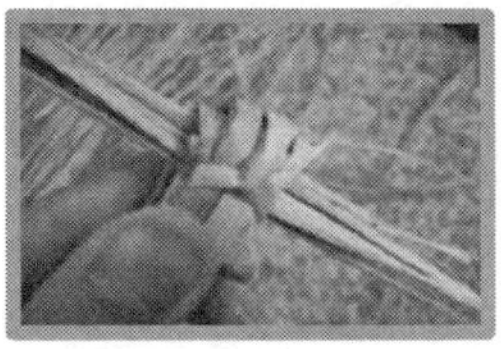

③ 가운데에 있는 짚을 옮겨서 펼쳐준다. 그리고 짚을 돌리면서 원을 점점 크게 늘려 나가는데 짚 사이 사이에 짚 한 가닥씩을 넣어서 엇갈리게 넣어서 짚을 고정시켜준다.(짚을 서로 돌려서 짚 사이로 넣어준다.)

④ 등 모양이 완성되면 얼굴과 다리를 만들어 준다.
짚10가닥을 묶어서 묶은 부분을 중심으로 짚을 내려서 머리를 만들어주고 나머지 부분은 반으로 나누어 새끼를 꼬아준다.

⑤ 머리와 다리를 만들어 놓았던 등에다가 끼워 넣는다.

⑥ 완성품

24. 기러기

① 짚을 20~30가닥을 잡고 짚의 밑동부분을 묶어준다.

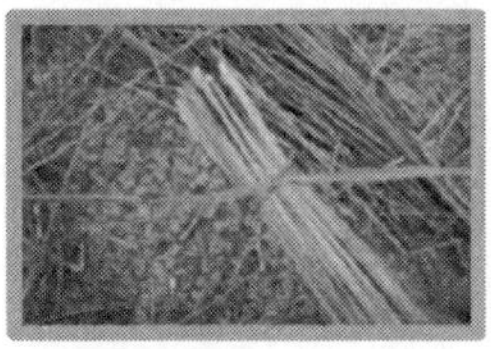

② 기러기의 형태를 잡아서 짚으로 묶어서 틀을 만들어 준다.

③ 짚을 여러번 감아서 기러기를 튼튼하게 만든다.

④ 가위로 꼬리 부분을 다듬어 준다.

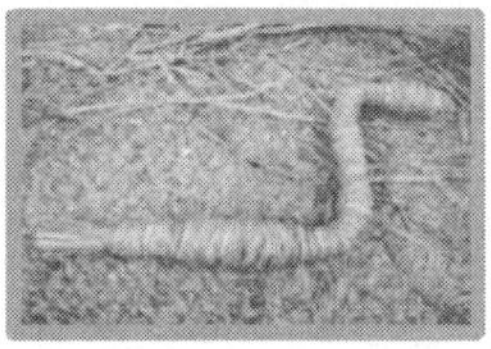

25. 새집 (새끼줄)

① 시작은 둥구미를 시작하는 것과 같으며 새끼줄 4개를 준비하여 십자모양으로 엮어서 바닥을 만든다.

② 옆면은 3줄 정도 엮고 새집의 문을 만들어 준다. 문은 짚을 방향을 반대 방향으로 바꿔서 짚을 엮어준다.

③ 새끼줄을 4줄 정도 남겨놓고 다시 반대 방향으로 엮는다. 4번 정도 반복 한다. 새끼줄 4개의 날 중 1개의 날을 뒤에 있는 날 앞으로 하고 뒤로 넣는다. 4개의 날 모두 뒤에 있는 날을 꺾어서 뒤로 넣는다.

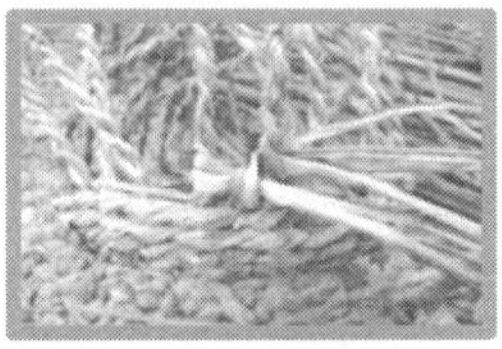

④ 옆면을 다 만든 다음 짚으로 새끼줄을 꼬아서 문 위쪽에 새끼줄 한 줄을 넣고 기존의 새끼줄에서 짚으로 다시 엮어나간다. 새로 만든 새끼줄에서 사이사이에 새끼줄을 끼워 넣는다.

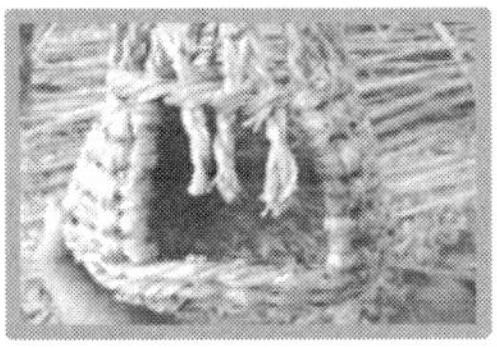
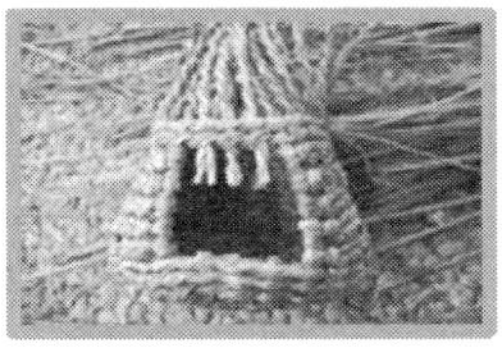

⑤ 짚으로 엮으면서 새끼줄을 점점 줄여준다. 새끼줄을 2개를 한 번에 엮고 2바퀴째 돌면 가위로 새끼줄을 잘라준다. 크기를 보면서 천천히 지붕이 막힐 때까지 새끼줄을 줄여준다.

⑥ 완성품

남은 새끼줄은 3가닥 정도만 놓아두고 가위로 잘라주고 나머지 새끼줄을 서로 엮어서 고리로 만들어 준다.

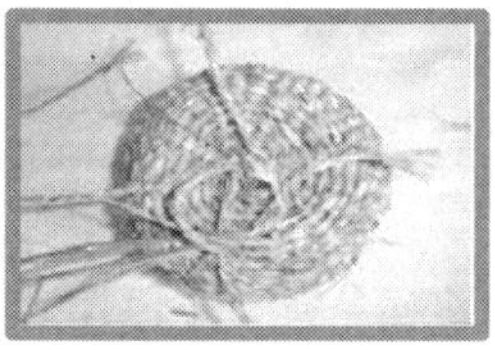

26. 징 (새끼줄, 종이끈)

① 둥구미 만드는 것과 똑같이 시작 한다. 새끼줄 4개를 준비하여 서로 연결하여 바닥을 만든다.

② 바닥이 완성되면 새끼줄 방향을 바꾸어 옆면을 만든다. 이때 종이끈이나 색깔이 다른 종류의 끈을 넣어서 테두리를 만들어준다.

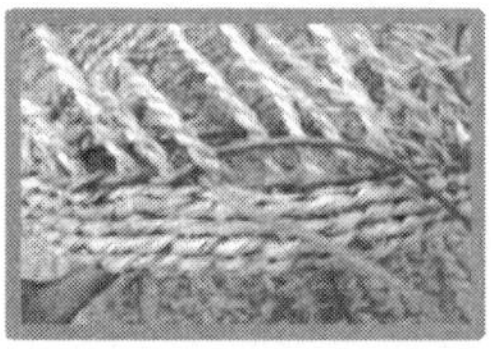

③ 테두리를 만들 때 종이끈을 짚과 함께 넣어서 돌리고 짚이 없어지면 종이끈만으로 엮어나간다.

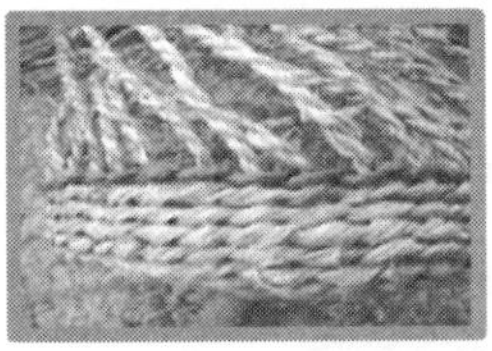

④ 징은 옆면이 짧은 것이 좋으며, 5~7줄 넣어주고 마무리한다. 여기서 마무리는 3단 마무리를 한다.

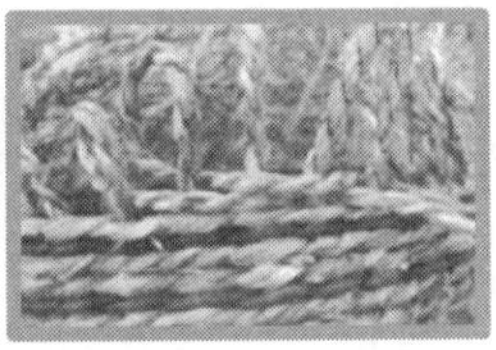

⑤ 3단 마무리를 하면 한 번 더 1단 마무리를 해서 튼튼하게 해준다.

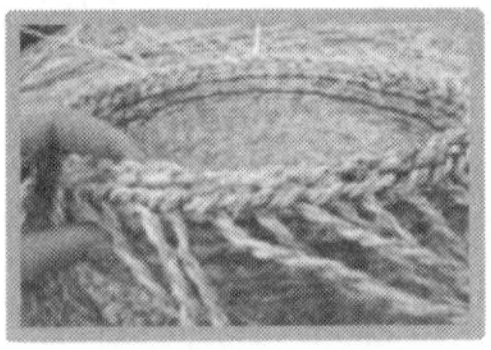

⑥ 완성품(손잡이를 만들어 준다.)

27. 용마름 (굵은 새끼줄)

① 짚을 6~7가닥씩 2묶음을 만들고 십자모양으로 놓고 한쪽 짚을 밑으로 내려서 ㅅ자 형태로 만든다.

② ㅅ자 형태에서 새끼줄을 넣어서 짚으로 묶는다.

③ 짚을 다시 한 묶음 만들어서 새끼줄을 중심으로 넣고 뒤쪽에 있는 짚을 앞으로 꺾어 넣는다.

④ 뒤쪽에 있는 짚을 새끼줄에 감아서 묶어준다. 원하는 사이즈가 나올 때까지 반복한다.

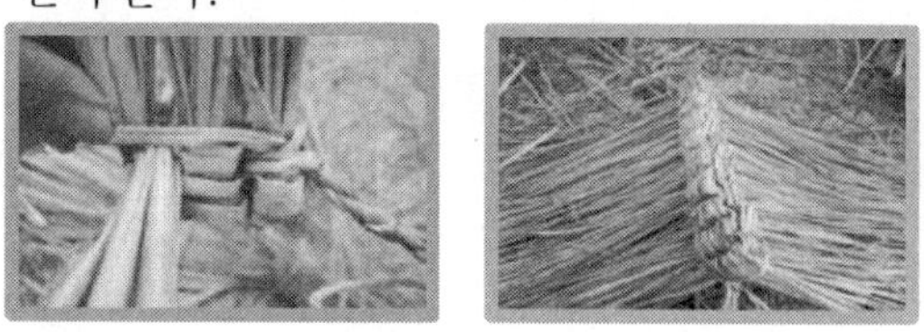

⑤ 원하는 길이가 나올 때 까지 반복한다.

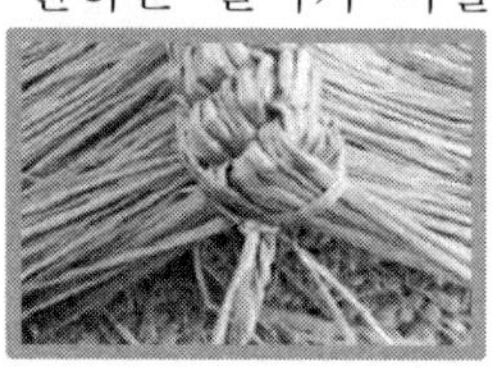

⑥ 완성품

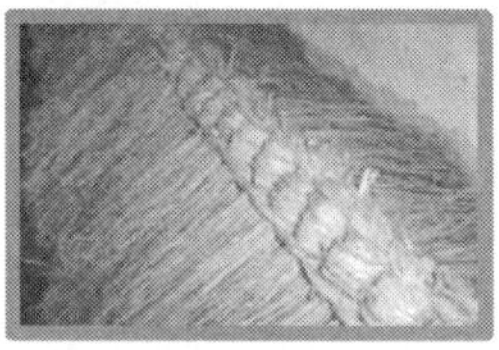

28. 알집 (준비물 : 새끼줄)

① 용마름을 좀 더 촘촘하게 만든다.

② 가는 새끼줄을 준비하고 용마름을 뒤집어서 3번 나누어 새끼줄로 묶어준다.

③ 양쪽 끝에는 풀리지 않게 두 번 묶어준다.

④ 3번 묶고 난 다음 위쪽에는 2번에 나누어 묶고 나머지는 한 번에 묶어준다.

⑤ 양쪽 다 똑같이 묶어준다.

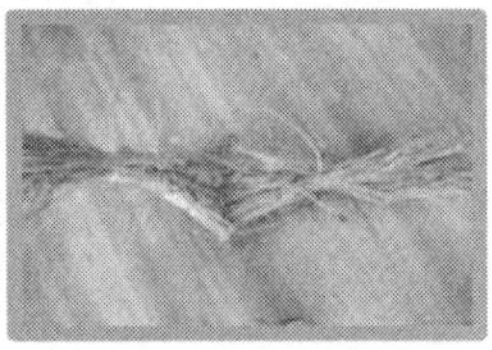

⑥ 완성품

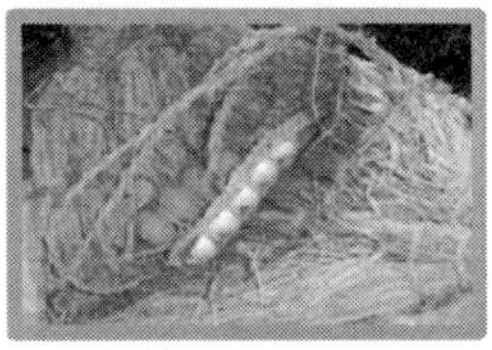

29. 애완동물집

① 시작은 거북이 만들기와 똑같다.
짚을 5~6가락 묶어서 짚을 묶음 중심에 넣고 돌려서 가운데 짚을 펼쳐준다.

② 짚 가닥을 사이에 넣고 짚 가닥을 묶어 주고 해서 원을 점점 늘려나간다.
진행 방향의 짚이 작아지면 새로운 짚을 더 넣어 준다.

③ 밑면이 완성되면 짚 방향을 위쪽으로 바꿔 돌려 나간다.

④ 옆면을 계속 엮어서 밑면과 비교해서 크기를 맞춘다.

 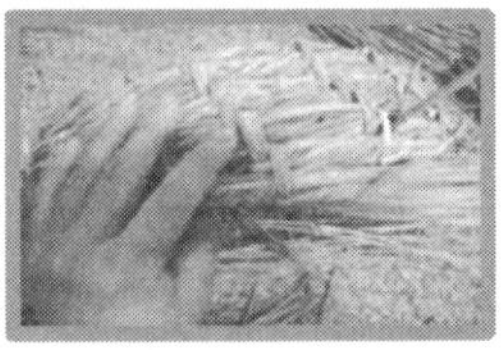

⑤ 옆면이 완성되면 마무하고 잘 묶어주고 짚은 가위로 잘라준다.

⑥ 완성품

30. 핸드백 (준비물 : 가는 새끼줄)

① 새끼줄을 가늘게 꼬아서 사각형의 방석 행태를 만든다. 시작은 방석 만들기와 똑같다. 길이는 원하는 사이즈로 새끼줄을 10~15가닥 잘라 준비한다.

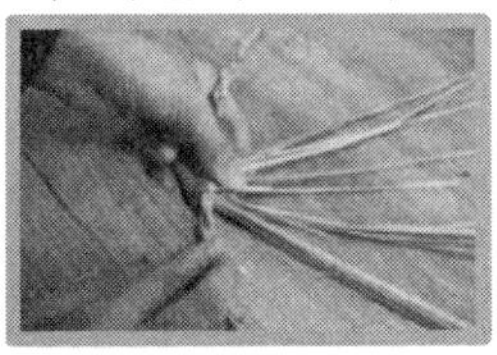

② 사방에 틀이 되는 새끼줄은 좀 더 굵게 꼬아서 틀을 잡고 새끼줄을 반으로 접어서 틀 새끼줄에다가 끼워 넣어서 짚으로 고정시킨다.

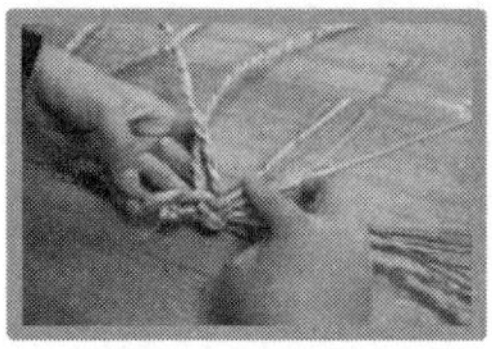
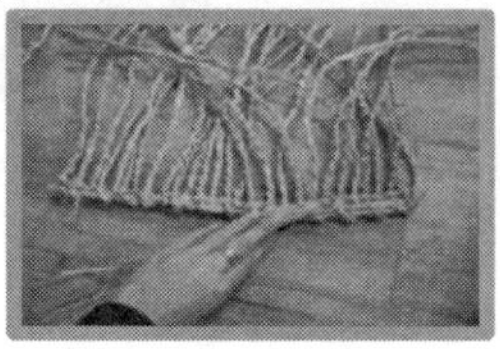

③ 새끼줄을 다 넣으면 짚으로 계속 엮어 올라간다.

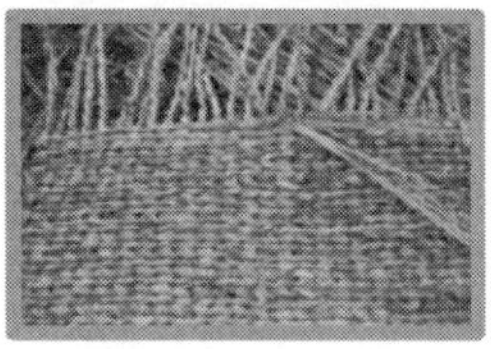

④ 직사각형의 모양이 완성되면 마무리를 하고 나머지 짚은 가위로 잘라준다. 그리고 양쪽에 원모양의 받침대를 두 개 만들어 준다.(직사각형 모양에 맞혀 조절해 준다.)

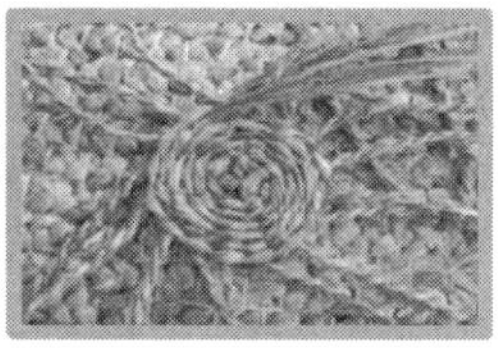

⑤ 두 개 받침대가 완성되면 만들어 놓았던 직사각형 모양에 끝부분에 맞혀 낚싯줄로 서로 고정시켜 준다.

⑥ 완성품

가방끈을 짚으로 만들어서 양쪽에 고정시켜서 가방끈을 만든다. 앞쪽 가운데에 고정걸이를 만들어준다.

31. 솟대 만들기

① 재료를 준비한다.(사포, 둥근 나무, 대나무, 나무풀, 칼, 라이터 등)

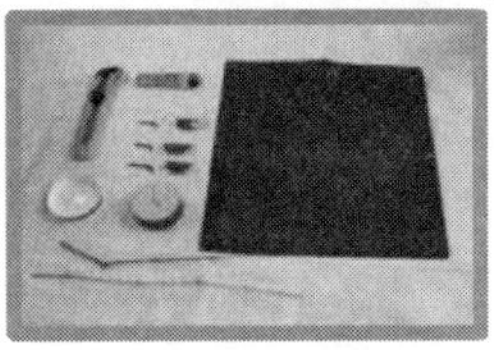

② 둥근 나무를 사포에다가 갈아서 나무표면을 부드럽게 해주고 기러기의 몸과 얼굴부분을 나무 풀로 붙여준다.

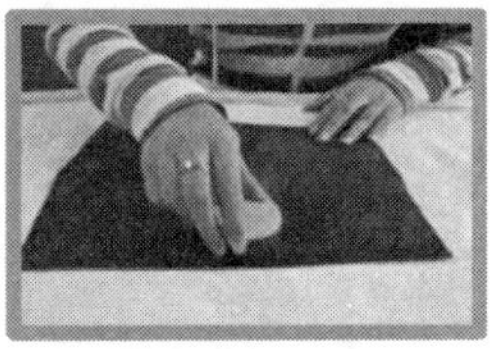

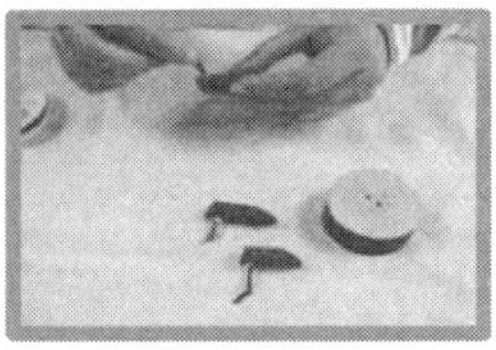

③ 대나무에다가 만들어놓은 기러기를 나무 풀로 고정시켜준다.

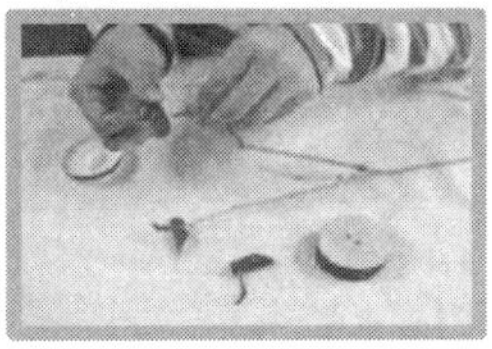

④ 둥근 나무에 대나무를 꽂아서 고정시킨다.

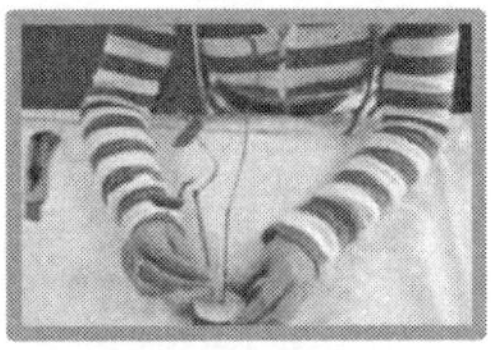

⑤ 완성품(라이터로 대나무 방향을 잡아준다.)

32. 여치집 만들기 (준비물 : 보릿대)

① 보릿대를 준비하고 물을 충분히 스며들게 적셔준다.

② 가위로 조금 굵은 보릿대를 골라서 2개를 잘라준다. 크기는 10cm정도로 해준다.

③ 보릿대 1개를 반을 접어서 접은 부분 양쪽을 가위로 잘라서 남은 하나를 구멍 사이로 넣어서 십자가 모양을 만들어 준다.

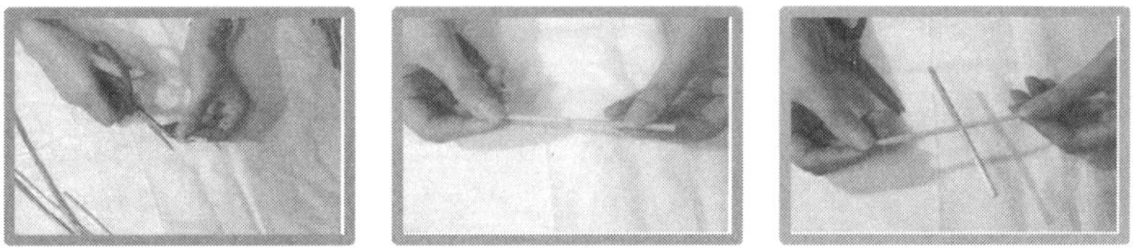

④ 십자모양의 보릿대에 4방향 구멍에다가 보릿대를 끼워 넣는다. 1군데에는 보릿대를 2개를 끼워 넣는다.

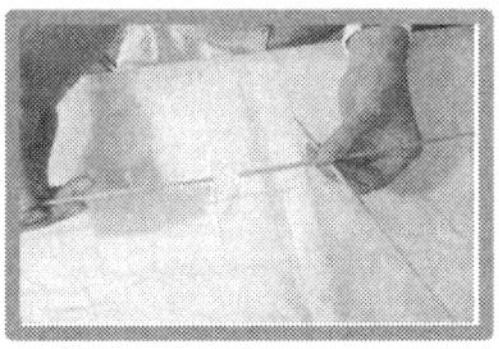

⑤ 2개 넣은 보릿대 중 1개의 보릿대를 꺾어서 뒤쪽에 있는 보릿대에 넘긴다. 그리고 그다음 보릿대로 같은 방법으로 계속 넘겨준다. 보릿대가 짧아지면 새로운 보릿대를 구멍 사이에 끼워 넣는다. 보릿대를 안쪽으로 넣을수록 여치집은 점점 줄어든다.

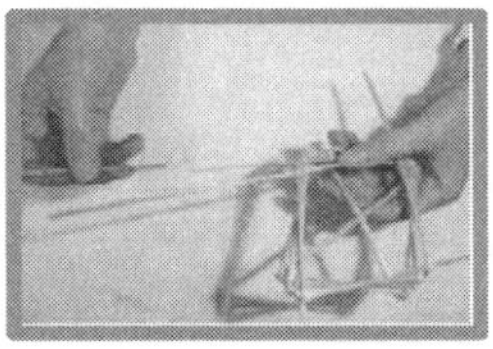
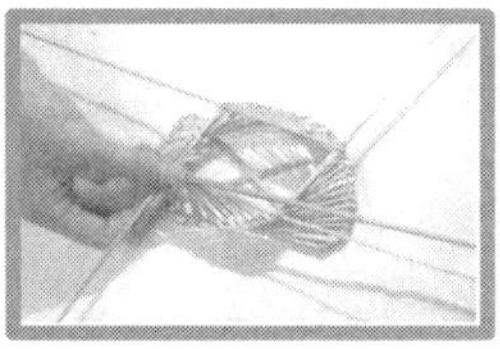
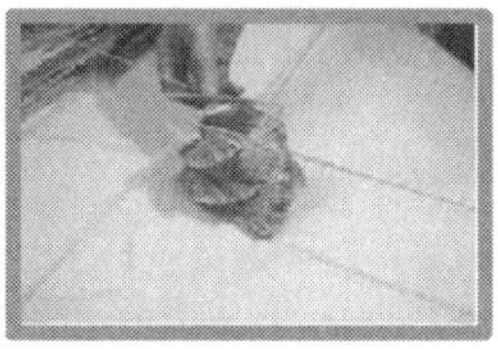

⑥ 완성품
다 좁아지면 보릿대 4개를 동시에 잡고 서로 묶어준다.

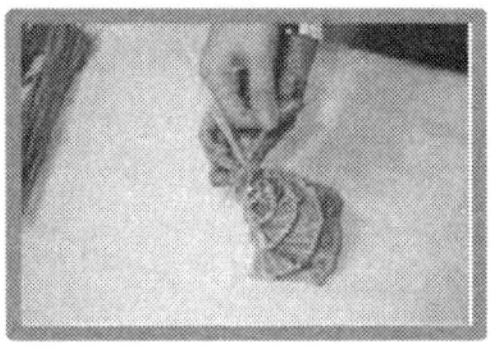

33. 금줄

① 새끼줄은 오른쪽으로 꼬는 것이나 금줄은 왼쪽으로 새끼를 꼰다. 짚을 여러 가닥 준비해서 무릎 사이에 끼워 고정시키고 양쪽의 짚을 손바닥에서 왼쪽으로 꼰다.

② 꼬아놓은 새끼줄을 뒤집어서 밑동끼리 서로 묶어준다.

③ 다시 무릎사이에 고정시키고 왼쪽으로 새끼를 꼬아서 짚이 모자라면 짚을 넣어주는 이때에 짚 1개를 4분의 1쯤에 넣어서 짚이 바깥으로 나오도록 한다.

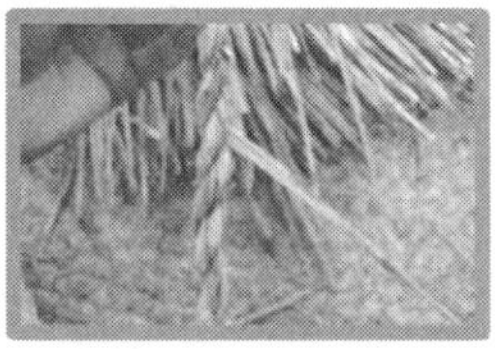

④ 계속 반복한다.

⑤ 완성품

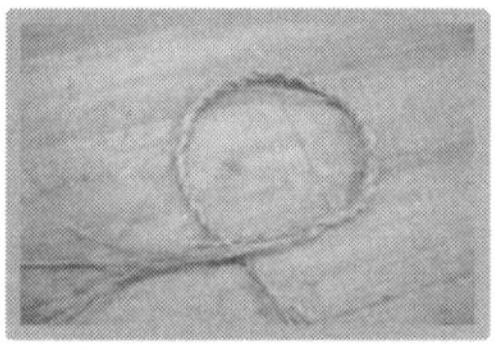

⑥ 숯이나 소나무가지, 고추 등을 달아준다.

34. 우장 (준비물 : 작업틀(섬틀), 새끼줄)

① 고드랫돌 10개를 준비하고 작업틀에 홈을 만들어 새끼줄이 들어갈 수 있도록 한다. 두 개의 고드랫돌을 한 쌍으로 해서 맨 처음 고드랫돌은 새끼줄 7m씩 반으로 해서 고드랫돌에다 감는다. 2번째는 6m, 3번째는 4m, 4번째는 3m, 5번째는 1.5m의 새끼줄을 고드랫돌에 감는다.

② 작업틀의 길이는 첫 번째 30cm, 2번째 37cm, 3번째 53cm, 4번째 73cm, 5번째 93cm에 홈을 파주고 새끼줄을 올린다. 그리고 짚을 3~4가닥 정도 나무틀의 길이에 맞게 짚을 올리고 새끼줄 첫 번째 고드랫돌을 앞뒤로 돌리고 짚을 새끼줄을 중심으로 꺾어 접어서 두 번째 있는 고드랫돌 새끼줄을 앞뒤로 돌리고 3번째도 앞뒤로 돌린다. 20cm가 될 때까지 같은 방법으로 한다.

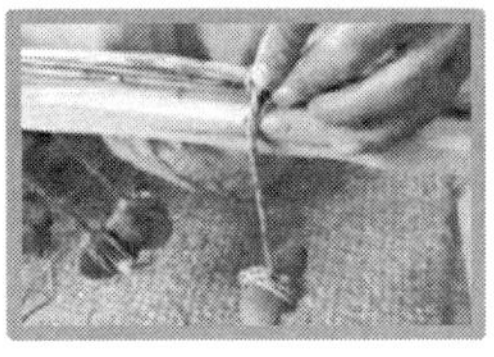

③ 20cm가 다 되면 4번째 고드랫돌을 사용한다. 같은 방법으로 짚을 넣고 첫 번째 고드랫돌을 돌리고 짚을 꺾어서 2번째 고드랫돌을 돌리고 짚을 또 넣어서 3번째 고드랫돌을 돌리고 짚을 꺾어서 4번째 고드랫돌을 돌린다. 15cm가 될 때가지 반복한다.

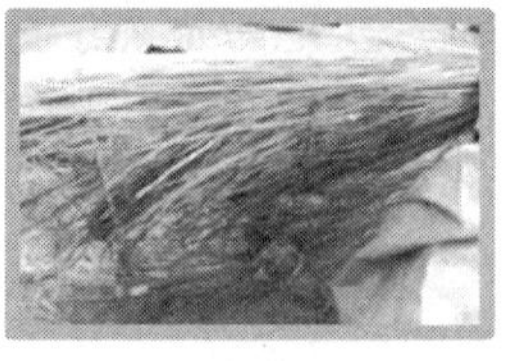

④ 15cm가 다되면 5번째 고드랫돌을 사용한다. 위와 같은 방법을 사용되고 3번째 고드랫돌을 돌리고 짚을 꺾어서 4번째 고드랫돌을 돌리고 5번째 고드랫돌을 돌린다. 이것 또한 15cm 반복한다.

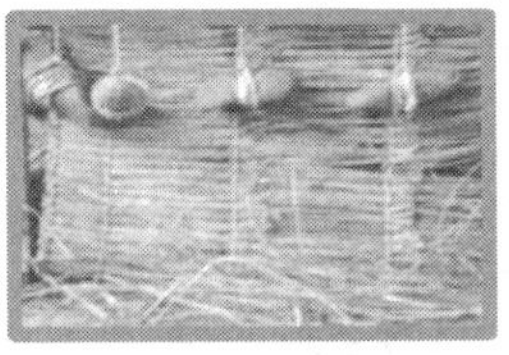

⑤ 마지막 15cm가 마무리 되면 5번째 고드랫돌 새끼줄을 잘라서 묶어준다. 그리고 ③번을 작업을 반복해 15cm를 마무리하고 4번째 조약돌 새끼줄을 잘라서 묶어준다. ②번의 작업을 반복하여 30cm를 마무리하고 1,2,3번 고드랫돌 새끼줄을 잘라서 묶어준다.

⑥ 완성품

새끼줄을 만들어서 어깨끈을 만들어서 묶어준다.

35. 명함꽂이 (가는 새끼줄)

① 가는 새끼줄을 명함의 밑면과 옆면이 되는 새끼줄을 10~15가닥 잘라서 준비한다. 망태기를 처음에 시작하는 것과 똑같으면 새끼줄이 아닌 짚으로 엮어준다. 새끼줄을 한 가닥 넣고 짚으로 엮어 새로운 새끼줄을 넣고 짚으로 엮어준다.

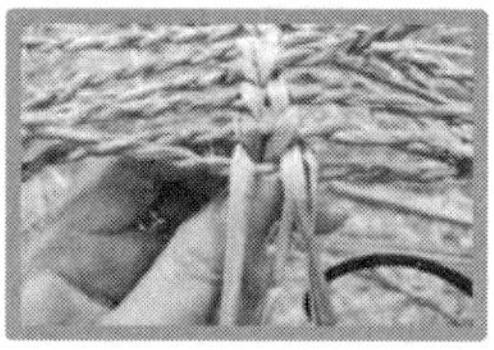

② 이때 새끼줄 가운데에서 엮지 말고 밑면이 되는 끝부분에서부터 새끼줄을 엮어 준다. 새끼줄을 끝까지 다 엮으면 마지막 새끼줄에서 짚을 한번 돌리고 나머지 짚을 위로 올려 두 번째 새끼줄 뒤쪽으로 넣어준다.

③ 계속 반복해서 엮어서 밑면을 완성한다. 짚이 없어지면 계속 새로운 짚을 넣어준다.

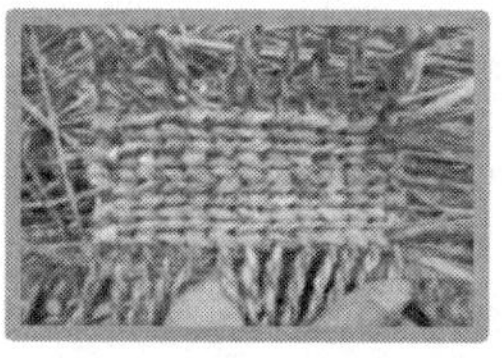

④ 밑면이 완성되면 나무 송곳으로 새끼줄이 없는 양쪽 짚사이를 구멍을 만들어 새끼줄을 넣어준다.

⑤ 새끼줄을 다 끼워 넣으면 짚으로 새끼줄을 돌아가면서 엮어준다.

 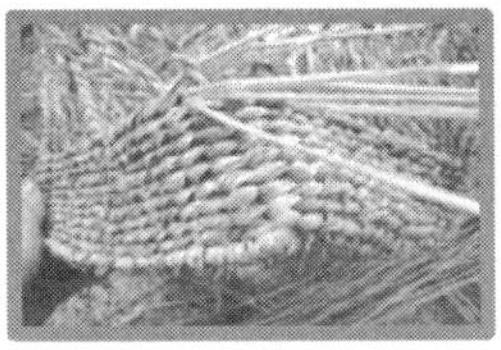

⑥ 완성품

3단 마무리를 하고 새끼줄은 가위로 잘라준다.

36. 짚모자

① 처음시작은 애완동물집 만들기와 똑같다. 모자의 끝부분 밑면이 만들어지는 부분이다. 지름 약 15cm정도의 크기로 면을 만들어 나간다.

② 면이 커질수록 짚을 많이 넣어서 잘 묶어준다.

③ 밑면이 다 만들어지면 옆면으로 올라간다. 이때도 약 15cm 정도 올라간다.

④ 모자의 밑 부분이 완성되면 옆으로 방향을 돌려서 엮어 나간다.

⑤ 옆면을 크기에 맞혀서 점점 늘려나간다.

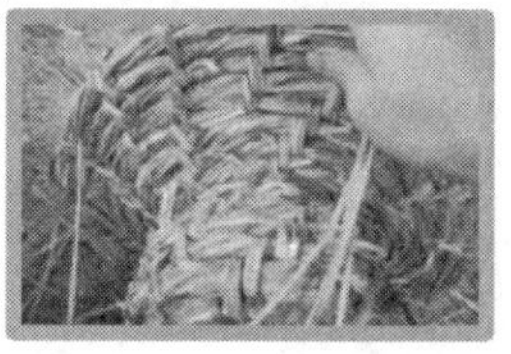

⑥ 완성품

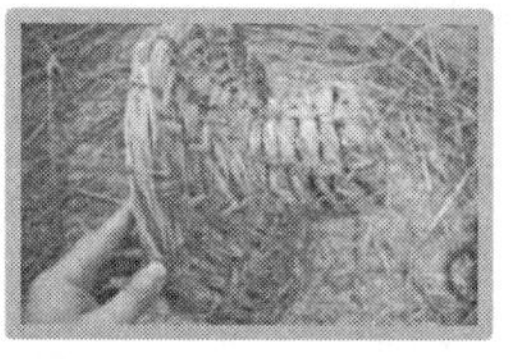
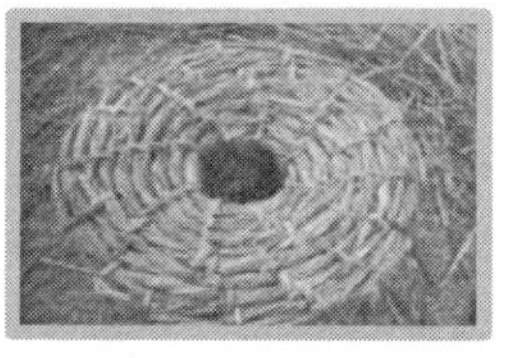

37. 짚신

① 짚신의 크기는 발 치수에 따라 정한다. 2cm정도 두껍게 새끼줄을 꼬아서 1.8m 준비하고 양쪽 끝을 서로 묶어서 원을 만든다. 줄의 다듬기를 하고 그것을 반으로 접어서 새끼줄로 묶어서 자신의 허리에 묶고 양쪽 고리는 양쪽 발가락에 넣어 고정시킨다.

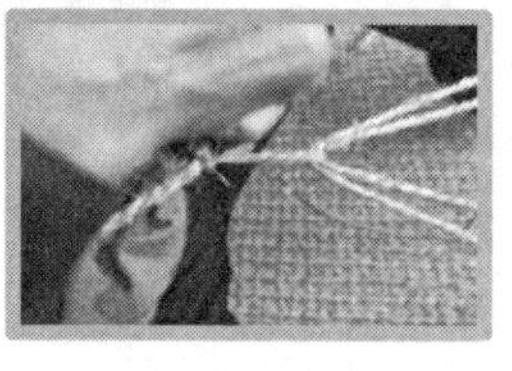

② 앞축을 짚으로 한번 감아주고 4가닥의 새끼줄에 짚을 넣어서 새끼줄 사이를 올리고 내리고 엮어준다. 짚이 없어지면 새로운 짚을 넣는다.

③ 신총을 만드는데 짚1가닥을 새끼줄로 꼬아서 한쪽에 12개씩 양쪽에 총 24개씩 만들어준다.(짚신이 클수록 신총을 많이 만들어주고 작을수록 작게 만들면 된다.) 만든 신총을 양쪽에 넣어서 짚으로 고정시킨다.

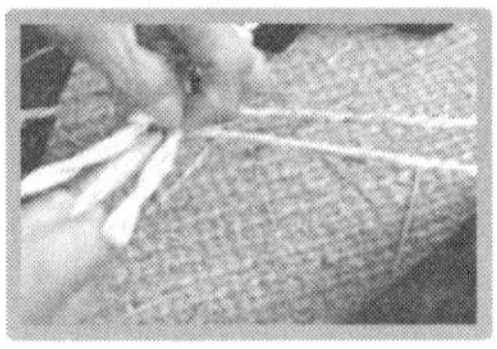

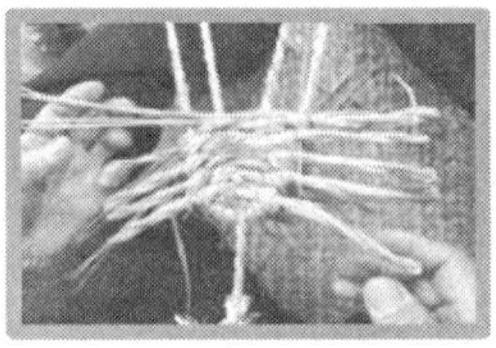

④ 신총을 넣어 가면서 중간쯤 왔을 때 양 옆으로 돌기총을 만든다.

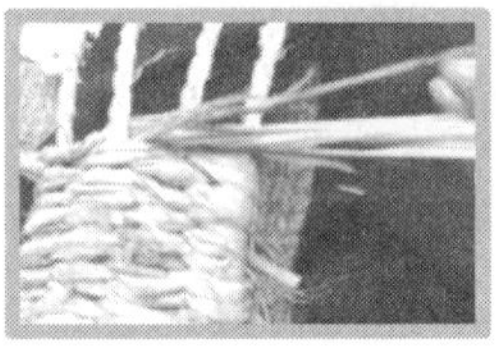

⑤ 바닥이 다되면 점점 줄여서 마무리한다. 양쪽 새끼줄을 포함한 4가닥의 줄 가운데 2가닥을 자르고 남은 2가닥을 새끼줄을 위로 꺾어서 짚으로 감아 도갱기를 만들어 감싸준다. 이때 도갱기가 너무 단단하면 덩두렁막개로 두들겨 부드럽게 만들어 준다.

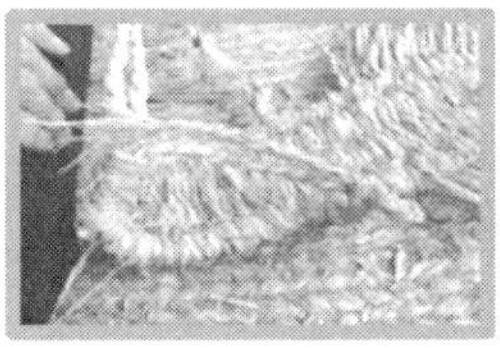
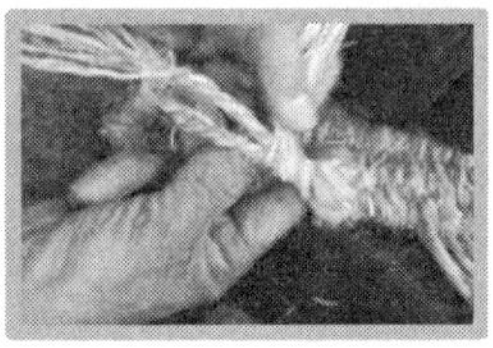

⑥ 위의 2가닥 중 1가닥을 꼬아 왼쪽 돌기총에 끼운다. 다른 1가닥은 오른쪽 돌기총까지 가서 한번 감고 신총을 계속 꿰어나간다. 그리고 짚으로 앞뒤갱기를 감고 신총 사이사이에 감아주고 마지막으로 신골을 쳐준다.

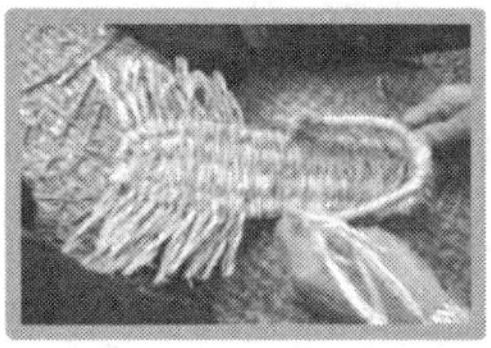

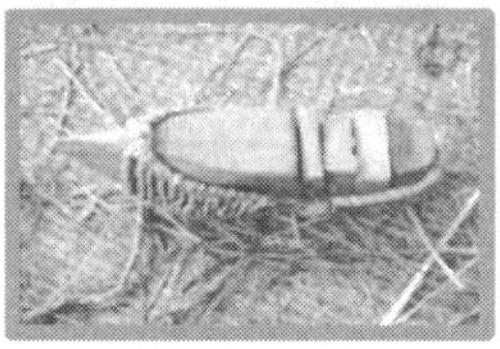

38. 짚신슬리퍼

① 처음 시작은 짚신 만들기와 똑같다.

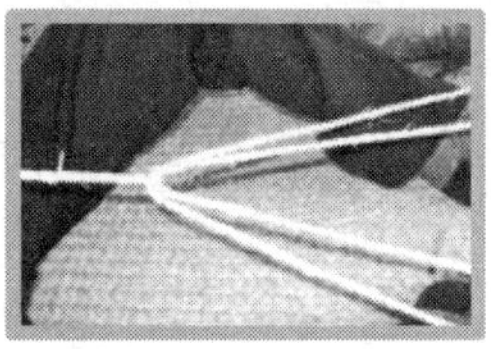

② 신총을 만들어서 새끼줄 양쪽 끝부분에 넣어서 짚으로 고정시켜준다.

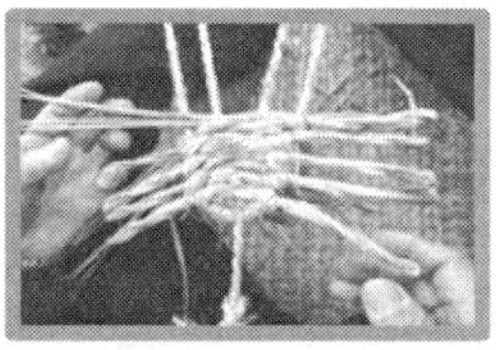

③ 슬리퍼는 가운데 신총이 들어가지고 짚만 계속 엮어준다.

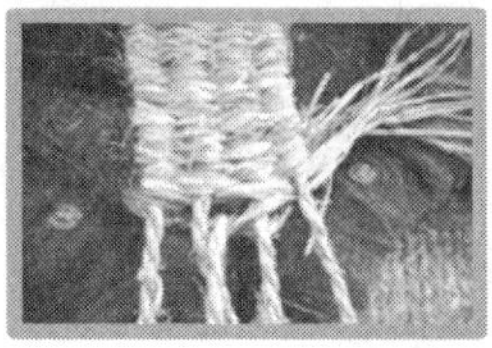
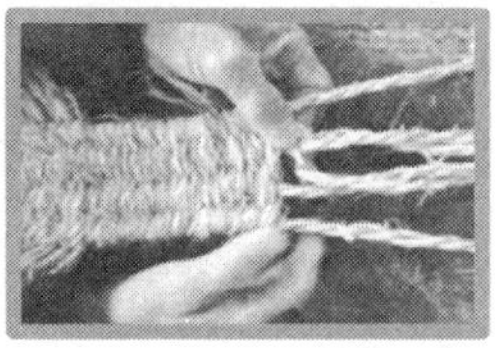

④ 바닥이 어느 정도 만들어지면 4가닥 새끼줄을 잘라서 고리를 만들어 고리에 짚을 3~4번 돌려서 새끼줄을 당겨서 뒤꿈치를 마무리 한다.

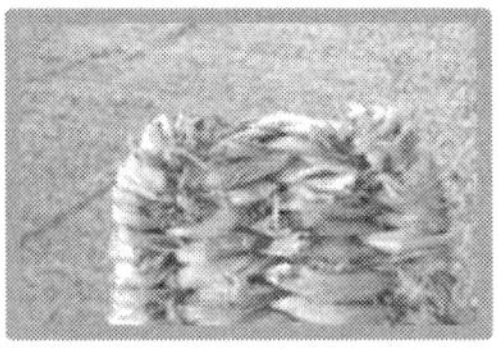

⑤ 가는 새끼줄을 만들어서 신총에 일자로 넣어서 마무리한다.

⑥ 완성품

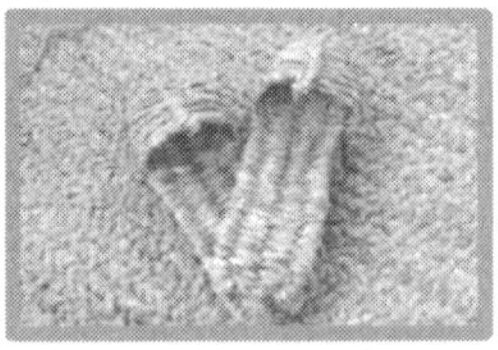

39. 사각둥구미 (준비물 : 새끼줄, 나무 송곳)

① 명함집 만들기와 똑같다. 다만 새끼줄을 굵은 새끼줄을 사용하며 크기를 크게 만든다.

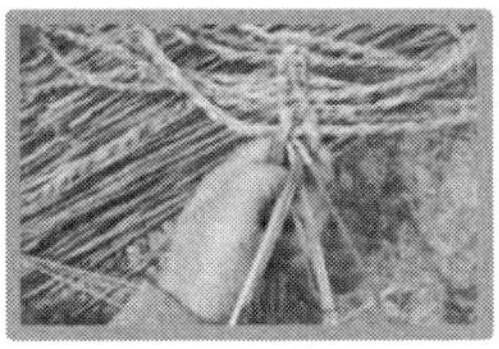

② 둥구미 크기가 명함집에 비해 많이 크기 때문에 새끼줄을 1M이상씩 잘라서 여러 가닥을 준비하고 짚으로 새끼줄을 엮는다.

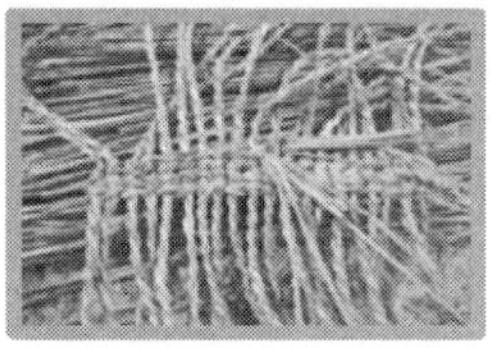

③ 밑면 완성

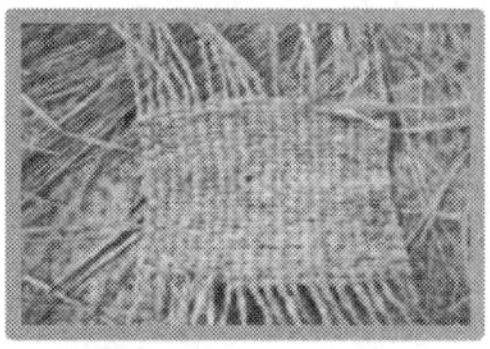

④ 양쪽 옆을 나무 송곳으로 구멍을 만들고 새로운 새끼줄을 넣어서 중간으로 맞혀준다.

⑤ 짚으로 새끼줄을 돌아가면서 엮어준다.

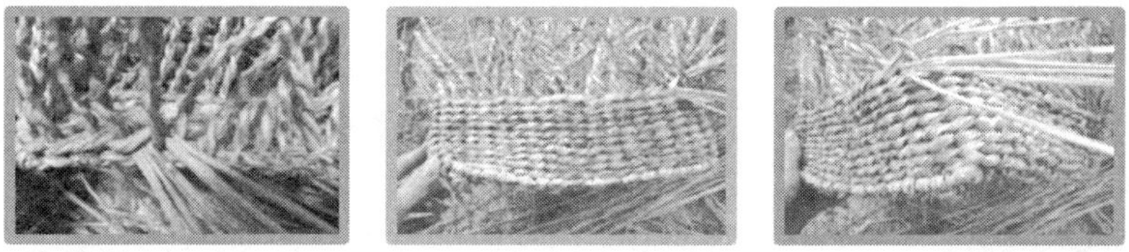

⑥ 완성품

옆면이 다되면 3단 마무리나 5단 마무리를 한다.

40. 여치 만들기 (준비물 : 종려나무 잎, 칼)

① 물을 충분히 적신 종려나무 잎을 한마디를 칼로 자른다. 그리고 나뭇잎 가운데 줄기 있는 부분을 칼로 잘라준다. 칼로 줄기를 자른 상태(끝부분은 5CM)정도 놓아두고 자른다.

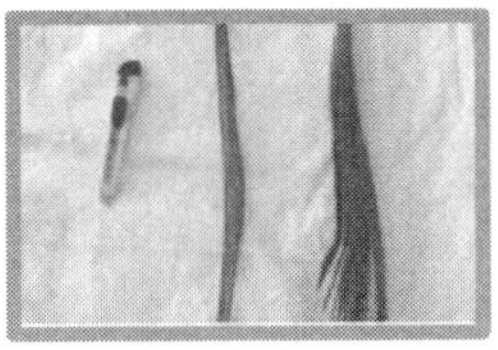
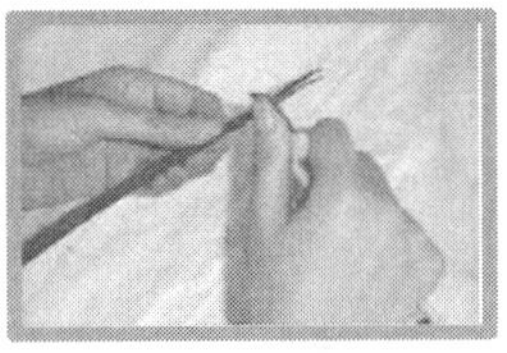
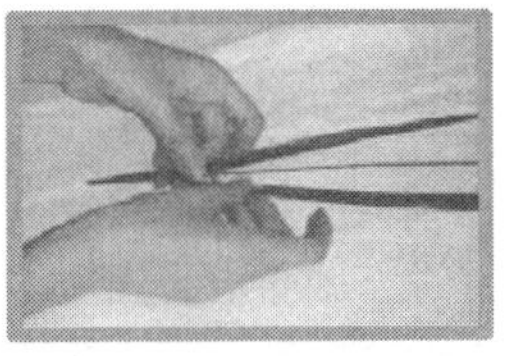

② 줄기부분을 반으로 접어서 자르지 않은 끝부분 안으로 넣어준다. 양쪽 잎을 펼친다.

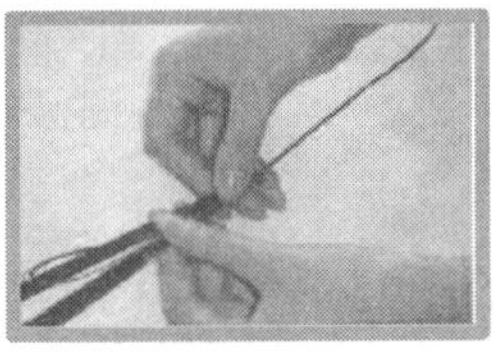
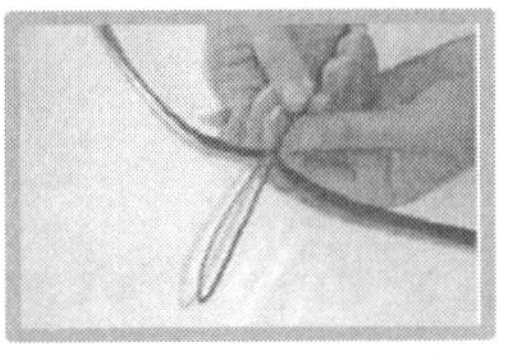

③ 한 쪽잎을 줄기부분으로 한번 감아서 묶어준다. (양쪽 다) 한 쪽잎을 위로 접어서 다시 앞으로 접어서 삼각형모양을 만든다.

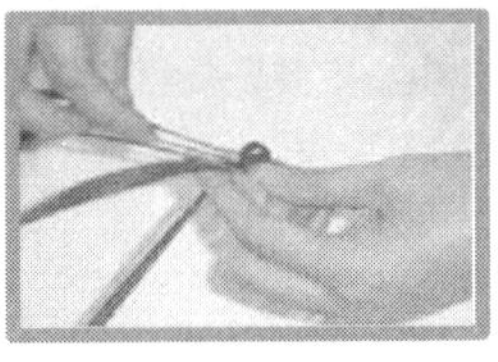
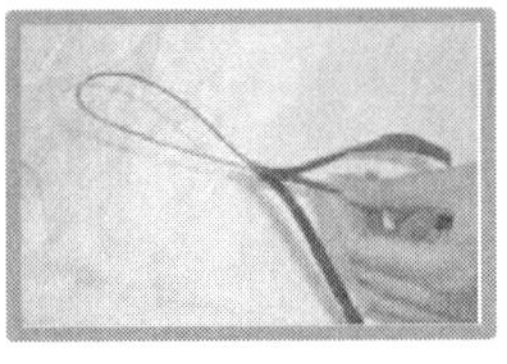

④ 접은 상태에서 줄기부분을 감아서 묶어준다. 계속이어 가면서 모양에 맞게 만든다.

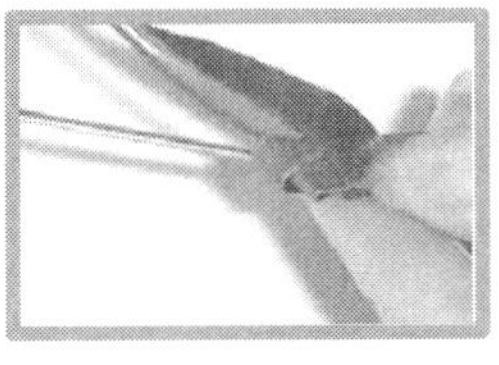
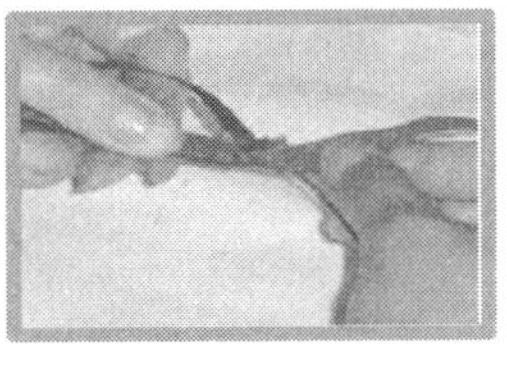

⑤ 남은 잎은 칼로 3부분을 잘라준다.

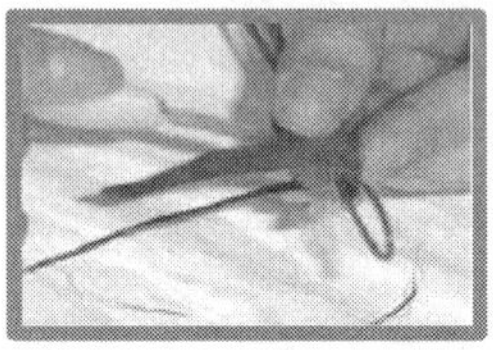

⑥ 완성품

6개중 2개를 줄기부분의 원안으로 넣어서 줄기를 당겨준다. 나머지 4개줄은 대각선으로 서로 묶어준다.

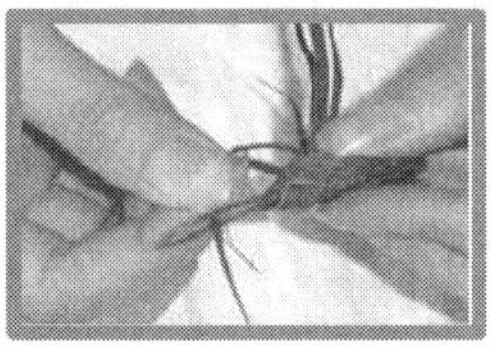
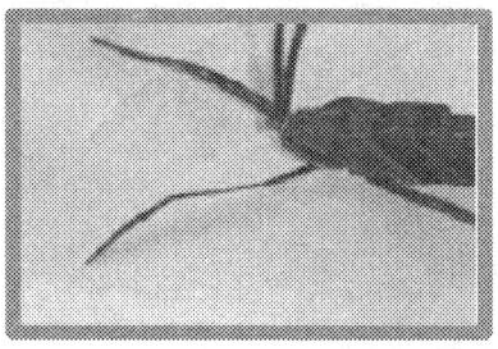